WESTEND

Peter Zudeick

TSCHÜSS, IHR DA OBEN

Vom baldigen Ende des Kapitalismus

WESTEND

Mehr über unsere Autoren und Bücher:
www.westendverlag.de

Die Deutsche Bibliothek verzeichnet diese Publikation in der Deutschen Nationalbibliografie. Detaillierte bibliografische Daten sind im Internet über http://dnb.ddb.de abrufbar.

ISBN 978-3-938060-30-8
2. Auflage 2009

Satz: Fotosatz Amann, Aichstetten
Druck und Bindung: CPI – Clausen & Bosse, Leck
Printed in Germany

Für Jutta und Jakob

Inhalt

Zuvor: Über alles

Als der große Robert Gernhardt einmal die Nase voll hatte davon, immer pfiffige und witzige und treffende Titel für seine Bücher finden zu müssen, hat er das nächste Buch einfach *Über alles* genannt. Das stimmt irgendwie immer. Mir ging das zunächst nicht so. Auf dem Höhepunkt der Debatte über unverschämte Managergehälter und die Gier der Reichen kam unversehens eine ganz alte Diskussion wieder hoch: Was denn das Gegenteil von unverschämt sei? Und wer denn, bitte sehr, darüber zu befinden habe und nach welchen Maßstäben? Mit anderen Worten: Der jahrtausendealte Disput über Gerechtigkeit und Ungerechtigkeit in dieser Menschenwelt wurde wieder aktuell. Und ich konnte arglos auf den Vorschlag eingehen, darüber doch mal etwas so Grundsätzliches wie Aktuelles zu schreiben und dabei – gleichsam im Vorbeigehen – dem Kapitalismus einen derart heftigen Schlag zu versetzen, dass Karl Marx sich das wirklich allerletzte Mal im Grabe herumdrehen und dann endgültig Ruhe geben würde.

Es ist, wie jeder weiß, anders gekommen. Die schnelle Abfolge von Immobilienkrise, Finanzmarktkrise, Automarktkrise, Weltwirtschaftskrise hat nicht nur dafür gesorgt, dass Karl Marx wieder senkrecht im Grab steht, sondern auch dafür, dass dieses Buch plötzlich eins »über alles« wurde: über die Wirtschaft als solche, den Menschen als solchen, die Gesellschaft als solche.

Da aber der Titel »Über alles« dummerweise vergeben ist, reifte die Überlegung, ob es denn nicht allmählich mal reicht mit dem systematischen Gemurkse, das »die da oben« uns schon so lange Zeit als Normalität verkaufen: die Wirtschaftsbosse, die Politiker, »der Staat«. Ob nicht endlich mal, wie so häufig in den vergangenen Jahrhunderten, die Zeit gekommen ist, »Tschüss, ihr da oben« zu rufen und die Sache wieder selbst in die Hand zu nehmen. Damit halten wir's gerne wie weiland Helmut Kohl: »Ich bejahe die Frage mit Ja.« Und haben dann die weitere Frage am Hals, wie das wohl zu bewerkstelligen sei. Leider können wir uns nicht mit einem anderen wunderbaren Satz aus dem Elementarbuch politischer Rhetorik herausreden: »Die Frage stellen heißt sie beantworten.« Das Leben ist komplizierter.

Wer noch vor einigen Jahren von sozialer Gerechtigkeit redete, galt als Träumer oder Spinner, bestenfalls als Traditionalist. Das sei »altes Denken«, hieß es. In postindustriellen Gesellschaften, vor allem im Zeichen der Globalisierung, hätten solche Begriffe aus der Mottenkiste der Sozialpolitik keinen Platz mehr. Das hat sich radikal geändert. Soziale Gerechtigkeit ist wieder ein Kernthema geworden. Keine politische Partei kann es sich mehr leisten, dieses Thema im aktuellen Diskurs auszulassen.

Besonders bemerkenswert an dieser Karriere ist, dass die Parteien auf eine gesellschaftliche Entwicklung reagieren, die so nicht vorgesehen war. Sie folgen der Stimme des Volkes, tun also etwas ansonsten durchaus Verpöntes: Sie sind »populistisch«. Solange die Debatten über Hartz-»Reformen«, sozialen Abstieg, neue Armut, gar Kinderarmut von den üblichen Verdächtigen geführt wurden, schien noch alles in Ordnung zu sein. Als sich dann aber die Erkenntnis durchsetzte, dass das »Prekariat« nicht nur den Unterschichten drohte, sondern dass die Mittelschicht allmählich auf die soziale Rutschbahn kam, da konnten auch die etablierten Parteien und die politischen Führungsriegen die Augen nicht mehr verschließen.

Auf einmal wurde auch den Hartleibigen der Republik klar,

dass man Gerechtigkeitsfragen nicht mehr als Neiddebatten abtun kann. Sie versuchen es stattdessen mit anderen bewährten Taktiken. Die eine ist die Verschiebungstaktik. Jahrelang galt als ausgemacht, dass Gerechtigkeit ein Thema für schlechte Zeiten ist. Als mit Agenda 2010 und Hartz IV die schlechten Zeiten gekommen waren, hieß es: Gerechtigkeitsdebatten sind purer Luxus, den kann man sich nur in Aufschwungphasen leisten. Als der Aufschwung kam, durfte der natürlich nicht kaputtdebattiert werden – und jetzt, in der großen, weltumspannenden Krise, geht den Verschiebetaktikern irgendwie die Puste aus.

Die andere Taktik besteht aus hinhaltender Zustimmung. Wirtschaftsbosse und die ihnen angeschlossenen Politiker sprechen gerne von »gefühlter Gerechtigkeit«, um klarzumachen, dass diese ganze Debatte mit Logik nichts zu tun hat, man aber trotzdem auf das »Gerechtigkeitsempfinden« der Bevölkerung einzugehen gewillt sei. Aus psychologischen und allgemein menschenfreundlichen Erwägungen.

In der Tat hat die Verwendung des Begriffs Gerechtigkeit in kurzer Zeit derart inflationär zugenommen, dass er kaum noch Konturen hat. Man kann darunter alles meinen – und damit eben auch nichts. Dem kommt die Politik gerne entgegen mit einer Vielzahl von »Bindestrich-Gerechtigkeiten«: Chancen-, Einkommens-, Leistungs-, Bedarfs-, Verteilungs-, Generationengerechtigkeit, die globale Gerechtigkeit und anderes mehr nicht zu vergessen. Ein netter, aber nicht besonders tauglicher Versuch, den Begriff beliebig und lächerlich zu machen und sich dadurch eine lästige Debatte vom Leibe zu halten.

Der Begriffssalat kann die meisten Menschen aber nicht von der Überzeugung abbringen, dass Gerechtigkeit etwas völlig Selbstverständliches ist. Für Philosophen von der Antike bis heute genau wie für die Menschen in ihrer Alltagswelt heißt eine zentrale Forderung: Es muss gerecht zugehen. Bloß: Wie ist das zu bewerkstelligen? Welche Kriterien gibt es für Gerechtigkeit?

»Keine andere Frage ist so leidenschaftlich erörtert, für keine andere Frage so viel kostbares Blut, so viel bittere Tränen vergossen worden, über keine andere Frage haben die erlauchtesten Geister – von Platon bis Kant – so tief gegrübelt. Und doch ist diese Frage heute so unbeantwortet wie je. Vielleicht, weil es eine jener Fragen ist, für die die resignierte Weisheit gilt, dass der Mensch nie eine endgültige Antwort finden, sondern nur suchen kann, besser zu fragen.«

Das schrieb Anfang der fünfziger Jahre des vorigen Jahrhunderts der Staatsrechtler und Rechtspositivist Hans Kelsen über Gerechtigkeit und demonstrierte damit eine in der Wissenschaft recht beliebte Form, sich ein Problem vom Halse zu schaffen. Nämlich indem man weise, aber resigniert und vor allem wortreich darüber redet.[1] Wir wollen gleichwohl seinem Ratschlag folgen, besser, und das heißt schärfer zu fragen. Ohne Interesse an wohlfeiler Resignation. Aber mit großem Interesse an der Frage, wem diese Resignation nützen könnte.

1 Neulich im Café Größenwahn

Eins der populärsten Bilder des 20. Jahrhunderts ist Edward Hoppers »Nighthawks«, also wörtlich »Nachtfalken«. Die Übersetzung »Nachteulen« wäre wohl treffender. Der deutsche Titel »Nachtschwärmer« dagegen führt ein wenig in die Irre. Denn auf diesem Bild wird nicht geschwärmt: Drei Gäste und ein Kellner im Neonlicht eines nächtlichen Cafés, maskenhaft starr, Ikonen der Einsamkeit. Wir stehen draußen, schauen zu, und es fröstelt uns angesichts der Kälte dieses Bildes. Freilich hat das alles auch mit uns zu tun, wir schauen auch uns zu, wenn wir die »Nighthawks« betrachten.

Ein nicht ganz so populäres Bild bietet sich den meisten von uns, wenn wir uns umschauen, ins Leben schauen in diesen bewegten, wirren Zeiten. Ähnlich wie bei Edward Hopper und doch auf vertrackte Weise ganz anders. Wieder stehen wir draußen, wieder schauen wir rein: ins Café Größenwahn. Da geht's hoch her. Da werfen merkwürdige Gestalten – mal finster, mal grellbunt – mit Geld um sich, jonglieren mit Aktien und Zertifikaten, halten Hof, schreiten gespreizt oder toben wie toll umher. Auch sie maskenhaft, selbst wenn's ganz schrill zugeht. Sie spielen ein Spiel, und wir schauen zu. Und wir wissen, das alles hat auch mit uns zu tun. Denn obwohl wir draußen stehen, ausgeschlossen sind, wird da auch unser Spiel gespielt. Mit uns wird gespielt. Und wir können nicht rein, können nicht eingreifen.

Es geht um – fast – nichts

Die Geschäfte gehn nicht. Kein Mensch hat Geld.
Es ist ein Elend auf der Welt!
Keine Kredite und keine Kunden!
Wie soll Deutschland dabei gesunden?
Geschäfte machen hat gar keinen Sinn.
Herzliche Grüße! Wir sitzen hier in
Lugano.
Kurt Tucholsky, Deutsche Pleite (1925)

Im Mai 2005 konnte Wendelin Wiedeking Hoffnung schöpfen. Die frohe Botschaft kam von Justizministerin Brigitte Zypries mit dem Satz: »Es geht nicht um die Einführung des Sozialismus auf Vorstandsebene.« Genau das hatte der Porsche-Chef angesichts der aufgeregten Diskussionen um Managergehälter nämlich befürchtet. Ob dieser Vorgang mehr über den Geisteszustand von deutschen Topmanagern oder den Humor von Spitzenpolitikern aussagt, sei dahingestellt. Uns mag dieses Aperçu dazu dienen, in verschärfter Form die Frage zu stellen, worum es bei der Debatte um Managergehälter denn damals ging. Und bis heute geht. Antwort: um nichts. Oder sagen wir: um fast nichts.

»Kontrolle durch Transparenz«, dieses Motto hatte Frau Zypries ausgegeben. Kontrolle von Managergehältern durch die Aktionäre von börsennotierten Kapitalgesellschaften. Das entsprechende Gesetz wurde im Sommer 2005 beschlossen, es trat 2007 in Kraft. Seither müssen Spitzenmanager von Aktiengesellschaften ihre Gehälter offenlegen. Auch Gewinnbeteiligungen, Rentenansprüche, Abfindungen und geldwerte Sachleistungen wie Dienstwagen oder Dienstvilla.

Wer gegen diese Vorschrift verstößt, muss bis zu 50 000 Euro Bußgeld zahlen.

Eine schreckliche Drohung für Spitzenmanager. Und da in diesen Zusammenhängen meist über Banken geredet wird, nehmen wir mal ein anderes Beispiel: die Stahlindustrie. 2005, als die erste große Woge der Empörung über Managergehälter übers Land kam, hatten die Stahlwerker gerade 3,5 Prozent mehr Lohn und eine Extrazahlung von 500 Euro erstritten. Der erste Stahlstreik seit 27 Jahren war dadurch gerade noch einmal abgewendet worden. Die Spitzenmanager von Thyssen-Krupp hatten sich im Jahr zuvor durchschnittlich 50 Prozent mehr genehmigt. Vorstandschef Ekkehard Schulz kam gar auf 64 Prozent plus, er kassierte damals 2,3 Millionen Euro pro Jahr, heute sind es über vier Millionen. Seine Angst vor einem 50 000-Euro-Bußgeld dürfte dem angemessen sein.

Wie gesagt: Es geht um fast nichts. Von Einschränkung oder Begrenzung der Managergehälter war nie die Rede, und auch deren Offenlegung kann verhindert werden: durch eine Dreiviertel-Mehrheit der Aktionäre. Deren Rechte wurden gestärkt. Sie können sich dank Frau Zypries ein Bild über Gehalt und Leistung von Topmanagern machen. Wenn sie wollen. Sie können allerdings nicht an der Gehaltsschraube drehen. Der Aufsichtsrat soll darauf achten, dass die Gesamtbezüge des Managements in einem angemessenen Verhältnis zu seinen Aufgaben und zur Lage der Gesellschaft stehen. So steht es im Aktiengesetz. Aber die Aktionärsversammlung kann keine Managergehälter regulieren. Sie kann höchstens Vorstände rausschmeißen, die es allzu unverschämt treiben.

Der staatliche »Eingriff in die Firmenpolitik«, über den Vorstände und Manager lautstark klagten, ist damals also abgewendet worden. Mit guten Gründen – aus Sicht der Unternehmen. Denn zur Firmenpolitik vor allem börsennotierter Unternehmen gehört es, Spitzenmanager mit Spitzengehältern zu ködern, damit sie ihren Job tun, und der heißt: die Rendite steigern. Solange das funktioniert, ist auch wenig dagegen zu sagen. Wenn ein Vorstandschef den Aktionären, also den Besitzern, mehr Reichtum verschafft, dann hat er seinen Job gemacht. Das ist die ökonomisch-technokratische Logik. Über deren Geltungsanspruch noch zu reden sein wird. Denn wenn dieser zusätzliche

Reichtum auf Kosten der Beschäftigten geht – durch Massenentlassungen, Lohn- und Gehaltseinschränkungen, Verschlechterung der Arbeitsbedingungen –, dann müsste man über diese Logik doch noch einmal nachdenken.

Inzwischen aber brachen immer wieder neue Wellen der Empörung über die Topmanager herein. Anfang 2008 stellt die Unternehmensberatung Kienbaum fest: Im Geschäftsjahr 2006/2007 waren die Gehälter von Vorständen deutscher Unternehmen im Schnitt um 17,5 Prozent gestiegen. Deutsche Chefs verdienen glänzend, vor allem die von börsennotierten Unternehmen: plus 23,3 Prozent. Die Grundvergütungen sind dabei weitgehend gleich geblieben, dafür wuchsen die erfolgsabhängigen Prämien und Zulagen. Josef Ackermann, Chef der Deutschen Bank, liegt mit 13,9 Millionen Euro Jahresgehalt an der Spitze und damit rund zehn Millionen über dem mittleren Einkommen von Vorstandsvorsitzenden in den größten deutschen Unternehmen: 3,9 Millionen Euro. Insgesamt sind die Vorstandsgehälter in den Dax-Unternehmen in den zwanzig Jahren seit Einführung des Deutschen Aktienindex um 650 Prozent gestiegen.

Warum müssen Topmanager so viel einnehmen? (Ob sie's verdienen, ist ja noch eine andere Frage.) Weil die Spitzenleute sonst aus dem Ausland weggekauft werden, lautet ein Argument. Freilich hat noch niemand eine besonders hohe Nachfrage nach deutschen Managern zum Beispiel aus den USA, aus Großbritannien, Frankreich oder der Schweiz bemerken können. Da kassieren Topmanager mehr. Je nachdem, wie man rechnet. Beim Bargehalt nämlich liegen deutsche Manager deutlich vor ihren französischen, schweizerischen und amerikanischen Kollegen. Im Schnitt kassiert ein Dax-Vorstandschef 3,82 Millionen Euro. In Frankreich käme er nur auf 2,3, in der Schweiz immerhin auf 2,99 und in den USA auf 3,03 Millionen Euro. Das hat die Deutsche Schutzvereinigung für Wertpapierbesitz (DSW) für 2007 ausgerechnet.

Allerdings sind da die Sahnehäubchen nicht mit drin: die Aktienoptionen. Da kommen in der Schweiz zum Beispiel noch einmal drei Millionen Euro im Schnitt drauf. Und in den USA kann man mit Aktienoptionen so richtig abräumen. Was auch daran liegt, dass für Aktien und Optionsscheine in den USA weniger als der halbe Steuersatz gezahlt werden muss. Das lohnt sich also doppelt. So schrauben sich die Jahreseinkommen von US-Spitzenmanagern auf 15,7 Millionen Euro hoch. Im Durchschnitt, versteht sich. Da machen sich die 13,9 Millionen von Josef Ackermann geradezu bescheiden aus.

In der Schweiz, wo Josef Ackermann herkommt, sind die Verhältnisse ähnlich wie in Deutschland. Da haben sich die Vorstandsbezüge in den zwanzig größten Aktiengesellschaften von 2005 bis 2006 um 17 Prozent erhöht. In einigen Unternehmen fiel die Steigerung in den vergangenen Jahren besonders üppig aus. Bei Nestlé bekamen die Chefs im Jahr 2002 insgesamt 17 Millionen Euro, 2006 waren es 33 Millionen. Ein Plus von 95 Prozent. Bei der Credit Suisse stiegen die Chefgehälter im selben Zeitraum um 88, bei der Zurich-Gruppe um 188 Prozent. »Solche Vergütungen sind wirtschaftskriminell, Diebstahl am Vermögen der Aktionäre.« Sagt Thomas Minder. Er ist Zahnpastafabrikant, Chef eines Familienunternehmens mit dreißig Angestellten. Seine Firma lieferte Zahnpasta und Mundwasser auch der Swissair – bis zum Konkurs der Fluggesellschaft. Minder blieb auf seinen Rechnungen sitzen, während der letzte Swissair-Chef sich im voraus fünf Jahresgehälter hatte auszahlen lassen – 7,6 Millionen Euro.

Da platzte dem Zahnpastamann der Kragen. Er gründete im Oktober 2006 eine »Volksinitiative gegen Abzockerei«. Inzwischen hat er 100 000 Unterschriften zusammen, genug für eine Volksabstimmung zur Begrenzung von Managergehältern. Darin wird gefordert, dass die Hauptversammlung »jährlich über die Gesamtsumme aller Vergütungen des Verwaltungsrates und der Geschäftsleitung abstimmen soll«. Außerdem sollen Anteilseigner elektronisch fernabstimmen können. Und: »Das Depotstimmrecht ist untersagt.« Wenn Minder Erfolg hat, könnte die Schweiz in ein neues Zeitalter eintreten.

Mit einer Volksinitiative kann Deutschland nicht aufwarten. Aber den Volksvertretern im Bundestag war die Beruhigungspille für Porsche-Chef Wiedeking von Ministerin Zypries angesichts der öffentlichen Empörung auf Dauer dann doch nicht genug. Sie wollen mehr als nichts. Die Linkspartei fordert schon länger eine Begrenzung der Gehälter, die Grünen setzen auf Begrenzung der steuerlichen Absetzung von Abfindungen, in der SPD sucht man nach Lösungen im Aktien-, Steuer- und Handelsrecht, und auch in der Union melden sich immer mehr Kritiker »exzessiver« Managergehälter zu Wort. Wobei aus der CDU Stimmen laut werden, man müsse dann auch über die Gehälter von GmbH-Geschäftsführern, Spitzensportlern und öffentlich-rechtlichen Fernsehstars diskutieren. Zumal die Honorare für Großverdiener wie Thomas Gottschalk von den Gebührenzahlern mitfinanziert werden. Während die FDP weiter von »Neidreflex« und »antimarktwirtschaftlicher« Politik spricht.

Schuld an alledem ist auf vertrackte Weise Brigitte Zypries. Denn ihr Offenlegungsgesetz hatte ja das unausgesprochene Ziel, die Entwicklung der Gehälter nach oben zu stoppen. Tatsächlich steigen die Einkommen der Manager, seit die neue Offenheit gilt. Ob nun um 17,5 Prozent, wie Kienbaum sagt, oder um 11 Prozent, wie die Deutsche Schutzvereinigung für Wertpapierbesitz herausgefunden hat. Fachleute hatten diese Entwicklung vorausgesehen. Transparenz führe zu einem »Wettlauf um das höchste Gehalt«, hieß es vor allem aus den USA. Dort war vor rund zwanzig Jahren die Offenlegung der Managergehälter eingeführt worden. Ergebnis: 1990 bekamen amerikanische Topmanager das Hundertfache eines Durchschnittslohns, 2006 schon das Vierhundertfache.

In Deutschland sorgten ganz andere Dimensionen für neue Aufregung, und wieder ging es um Porsche-Chef Wendelin Wiedeking. Ende 2007 kam heraus, dass er etwa 60 Millionen Euro jährlich einnimmt. Das ist geschätzt, denn Porsche veröffentlicht die Managerbezüge nicht, weil drei Viertel der Hauptversammlung das so beschlossen haben. Für 2008 wurde Wiedekings Gehalt sogar auf 100 Millionen geschätzt. Da ist der Bonus natürlich eingerechnet, den Porsche seinem Chef zahlt. Der ist höher als die Bonuszahlungen für die gesamte Belegschaft. Insgesamt verdient der Porsche-Chef das Zweitausendfache dessen, was er seinen Arbeitern bezahlt. Und die gehören nicht zu den Geringverdienern im Lande. Ist das gerecht? Ist das anständig? Oder eher sittenwidrig? Wird mit solchen Exzessen nicht der Zusammenhalt der Gesellschaft gefährdet? Wo bleibt die unternehmerische Ethik? Gute Fragen, schöne Fragen. Wir stellen sie einstweilen zurück.

Denn wir reden immer noch von Unternehmen, die entweder einem Eigner, einer Eignergruppe oder einer großen Eignergemeinschaft (Aktiengesellschaft) gehören. Und auf den ersten Blick ist der Standpunkt durchaus einleuchtend, dass niemand den Eignern vorschreiben kann und darf, wie viel sie ihren Angestellten bezahlen. Solange sie erfolgreich sind. Oder wie viel gezahlt wird, um sie loszuwerden.

Einiges kommt dabei recht harmlos daher. Robert Eaton war Chef des US-amerikanischen Autobauers Chrysler. Er organisierte die Fusion mit Daimler und durfte dann gehen. Mit einem Handgeld von 60 Millionen Euro, Thomas Middelhoff wurde die Trennung von Bertelsmann mit 25 Millionen versüßt, Clemens Börsig bekam für den Wechsel vom Finanzvorstand zum Aufsichtsratsvorsitzenden der Deutschen Bank rund 15 Millionen Euro. Das wird keinem normalen Menschen einleuchten, aber auch keine grauen Haare machen.

Ein ganz anderes Problem tut sich auf, wenn Manager scheitern, wenn sie ein Unternehmen an die Wand fahren und auch dafür noch hoch bezahlt werden. Die Schweizer Großbank UBS geriet Ende 2007 ins Straucheln, weil sie rund 19 Milliarden

Franken in faulen US-amerikanischen Hypotheken versenkt hatte. UBS-Chef Marcel Ospel erhielt zuletzt ein Jahresgehalt von 14 Millionen Euro und kassierte eine Abfindung von 12 Millionen Euro. Diese Misserfolgsgratifikationen gehören offenbar zum Alltag im ganz großen Geschäft.

Ob bei der UBS Arbeitsplätze verlorengehen, ist noch nicht entschieden. Aber auch das wäre kein Problem für diejenigen, die das große Rad drehen. 1994 erklärte Hilmar Kopper, Vorstandschef der Deutschen Bank, 50 Millionen Mark Verlust bei der Pleite des Baulöwen Jürgen Schneider seien »Peanuts«. Leidtragende waren Handwerker, die auf ihren Rechnungen sitzenblieben. Handwerker kommen in der Welt der Großen offenbar nicht vor.

Ackermanns Victory-Zeichen

Zehn Jahre später zeigten Josef Ackermanns Victory-Zeichen und Klaus Essers arrogantes Grinsen im Düsseldorfer Gerichtssaal, was sie von Recht und Gesetz halten. Esser hatte als Chef des Mannesmann-Konzerns versagt. Zumindest nach landläufigen Maßstäben. Er hatte eine Schlacht verloren, hatte die feindliche Übernahme durch die britische Mobilfunkgesellschaft Vodafone nicht verhindern können. Bei dieser Schlacht sollen mehr als 250 Millionen Mark an Abfindungen und Gratifikationen an führende Manager, Aufsichtsräte und Pensionäre des Konzerns geflossen sein. Allein rund 60 Millionen Mark an Esser, was dieser bestätigte.

Denn er hatte durchaus kein Unrechtsbewusstsein. Josef Ackermann, als Chef der Deutschen Bank für die Zahlung der Abfindungen zuständig, auch nicht. Die Essers und Ackermanns leben in einer Welt, die mit der »normalen« nichts zu tun hat. Sie haben jede Bodenhaftung verloren. Das bezieht sich nicht nur auf die Summen, um die es geht. Es geht ums System: Millionenprämien für die früheren Mannesmann-Manager sind »zulässige und angemessene Unternehmensentscheidungen«, erklärte Josef Ackermann. Schließlich hat Klaus Esser den Unternehmenswert von Mannesmann auf 160 Milliarden Euro gesteigert und damit mehr als verdoppelt. Dafür gibt's entsprechende Gratifikationen. Und die Herrschaften können gar nicht verstehen, wieso man ihnen mit dem Strafrecht kommt.

Da haben sie vermutlich nicht mal so unrecht. Untreue ist ein schwammiger Tatbestand, Gier und Raffsucht sind damit nicht zu fassen. Vor allem aber kann das Strafrecht nicht die Moral ersetzen. Die Herren Ackermann und Esser reagieren auch deshalb so verständnislos, weil sie diese Dimension nicht begreifen. Sie arbeiten für die Anteilseigner, die Aktionäre, englisch shareholder. Der sogenannte Shareholder-Value ist ihre Religion. Und die geht über Leichen. Buchstäblich und symbolisch. Wer Betriebe sterben lässt oder Massenentlassungen anordnet, sorgt für einen guten Börsenkurs. Dafür gibt es fette Prämien. So funktioniert das System. Moral kommt darin nicht vor, Menschen kommen darin nicht vor.

Ein anderes Beispiel: Jürgen Schrempp und Hilmar Kopper sorgten an der Spitze von DaimlerChrysler für einen steilen Abstieg des Konzerns. Sie sind dafür üppig belohnt worden. Jürgen Schrempp musste nicht einmal auf eine saftige Abfindung zurückgreifen. Er hat millionenschwere Aktienoptionen, deren Wert unaufhaltsam steigt. Weil seine Nachfolger den Laden erfolgreich sanieren, den Schrempp fast an die Wand gefahren hat. Dazu zahlt ihm Daimler Büro, Wagen, Chauffeur und Sekretariat auf Lebenszeit.

Ex-Siemens-Chef Heinrich von Pierer und sein Nachfolger Klaus Kleinfeld profitierten von horrenden Einkommenszuschlägen, die der Konzernvorstand sich selbst genehmigte. Während gleichzeitig Tausende von Arbeitsplätzen in der Handysparte verlorengingen, die der Weltkonzern Siemens schlicht pleite gehen ließ. Und Kleinfeld-Nachfolger Peter Löscher sorgt für einen Boom der Siemens-Aktie mit der Ankündigung, dass weltweit 17 000 Arbeitsplätze abgebaut werden, über 5000 allein in Deutschland. Und das alles vor dem Hintergrund eines beispiellosen Schmiergeldskandals. Peter Löscher kassiert 11,5 Millionen Euro im Jahr, Klaus Kleinfeld musste sich noch mit gut sechs Millionen begnügen.

Dafür bekam auch er einen goldenen Abschied. Weil man offenbar vergessen hatte, in seinen Vertrag die übliche Wettbewerbsklausel aufzunehmen, hätte er sofort zur Konkurrenz gehen können. Fast sechs Millionen Euro ließ Siemens es sich kosten, das zu verhindern. Kleinfelds nächster Arbeitgeber war aber gar kein Konkurrent, sondern der US-Rohstoffkonzern Alcoa. Wo der ehemalige Siemens-Mann neben Gehalt, Boni, Umzugshilfen und anderen Zulagen eine Antrittsprämie von 6,5 Millionen Dollar einstreichen konnte.

Warum müssen Topmanager so üppig verdienen? Weil sie so viel leisten und weil sie so viel Verantwortung tragen, heißt es. Dass Leistung nicht unbedingt ein Kriterium ist, haben wir gesehen. Und Verantwortung? Eigenes finanzielles Risiko jedenfalls tragen Spitzenmanager nicht. Sie sind keine Unternehmer im klassischen Sinn, die mit ihrer ganzen Existenz und ihrem ganzen Vermögen oder Teilen davon im Unternehmen aufgehen. Diesen Typus gibt es allenfalls noch in Familienunternehmen und in mittelständischen Betrieben.

Peter Löscher bekommt bei Siemens fast das Doppelte wie sein Vorgänger Klaus Kleinfeld, weil er angesichts der prekären Situation des Konzerns hoch pokern konnte. Verantwortung? So was kommt in den Verträgen von Spitzenmanagern nicht vor. Da steht Vollkasko ohne Selbstbeteiligung drin.

Üblich sind Fünfjahresverträge. Wird früher gekündigt, muss für den Rest der Laufzeit weiter gezahlt werden. Dazu kommen Pensionsansprüche, die beim Wechsel zu anderen Unternehmen mitgenommen werden. Da kann im Laufe der Jahre einiges zusammenkommen. Utz Claasen, Jahrgang 1963, bis September

2007 Chef der Energie Baden-Württemberg (EnBW), hatte vor seinem Engagement in Karlsruhe Führungspositionen bei McKinsey, Ford, Volkswagen, Seat und Sartorius. Die insgesamt angehäuften Pensionsansprüche verschaffen ihm ein relativ sorgenfreies Leben, zumindest bis zum Jahre 2026. Bis dahin muss EnBW ihm jährlich rund 400 000 Euro zahlen.

Verträge mit Spitzenmanagern garantieren organisierte Verantwortungslosigkeit bei optimaler Absicherung. Ein besonders kurioses, aber auch klassisches Beispiel ist Walter Deuss, der es als Pensionär zu einiger Berühmtheit brachte. Deuss war seit 1972 Vorstandschef der Karstadt AG, als solcher federführend an der Übernahme von Neckermann (1977) und Hertie (1994) beteiligt und auch an der Fusion von Karstadt und Quelle 1999. Nach Kritik an seiner Unternehmensführung ging er im September 2000 in Pension. Mit den üblichen vertraglich zugesicherten Zierleisten für einen angenehmen Ruhestand. Dazu gehörte ein angemessener Dienstwagen mit Fahrer bis ans Lebensende. Wobei der Fahrer rund um die Uhr zur Verfügung stehen musste.

Als der Konzern 2004 ins Schlingern geriet und 4000 Arbeitsplätze gefährdet waren, verfügte die Unternehmensleitung drastische Sparmaßnahmen. Auch ehemalige Manager sollten auf Privilegien wie Dienstwagen verzichten. Was einige auch taten. Der ehemalige Chef allerdings sollte Dienstwagen und Fahrer behalten. Nur die Überstunden des Chauffeurs wollte der Konzern nicht mehr bezahlen. Deuss verklagte Karstadt-Quelle, und das Landgericht Essen gab ihm recht. Er hat immer noch Wagen und Fahrer umsonst rund um die Uhr, dafür hat er von der Boulevardpresse den Ehrentitel Raffke-Boss verliehen bekommen.

Was treibt Spitzenmanager zu solch merkwürdigem Verhalten, das man genauso gut asozial nennen kann? Denn mit dem Begriff Vollkasko-Mentalität ist das Phänomen ja nur beschrieben, aber nicht erklärt. Nehmen wir Klaus Zumwinkel, den ehemaligen Chef der Post AG. Der Mann ist von Hause aus Multimillionär, zehn Kaufhäuser und fünfzig Discountläden hat er geerbt und versilbert. Die rund vier Millionen Euro Jahresgehalt der Post hätte er also gar nicht gebraucht. Wir dürfen aber annehmen, dass er nicht nur Erbe sein wollte, dass die Herausforderung einer Spitzenposition in einem Weltunternehmen ihm einige Genugtuung verschaffte.

Aber warum greift ein solcher Mann ganz tief in die Trickkiste, um sich noch einmal 4,7 Millionen Euro extra in die Tasche zu stecken? Und zwar durch den Verkauf von Post-Aktien in dem Augenblick, als er wusste, dass die Aktien nach der Entscheidung für den Mindestlohn anziehen würden. Das könnte man auch Insidergeschäft nennen, das war also schon mal hart an der Grenze der Strafbarkeit. Warum macht so einer so was? Und warum schiebt so einer am deutschen Fiskus vorbei Millionen auf eine Liechtensteiner Bank? Wegen dieses Verdachts musste Zumwinkel Anfang 2008 zurücktreten.

Spieltrieb, Gier, Image, Sucht

Eine Erklärung: Es ist der Spieltrieb. Der Mann will ausprobieren, was geht. Er will zocken. Immer nach dem Motto: »Recht ist, womit ich durchkomme.« Er muss testen, womit er durchkommt. Bei der Steuerhinterziehung kommt der Nervenkitzel dazu, da prickelt's bei dem Gedanken, den Staat, den Fiskus aufs Kreuz zu legen. Was für ein Gefühl, wenn man sagen kann: Ich habe sie alle geleimt. Mir kommt keiner auf die Schliche. Einschließlich des noch prickelnderen Gefühls, doch erwischt werden zu können. Oder ist Klaus Zumwinkel einfach eine Krämerseele, die jeden, aber auch jeden Euro rausholen will, den man rausholen kann? Egal wo, egal von wem?

Die zweite Erklärung: Es ist die Gier. Wer viel hat, will oder muss immer noch mehr haben. Oder er glaubt, es wollen zu müssen.[1] Nur: Was macht einer, der in einem Jahr 60, im nächsten

100 Millionen Euro einnimmt, mit der Differenz? Wo gibt Porsche-Chef Wiedeking die zusätzlichen 40 Millionen Euro aus? Er ist ja keineswegs ein Jet-Set-Typ, kein Glamour-Boy. Wiedeking steht nicht für Yachten, schmucke Villen, teure Klamotten, teure Frauen, nicht für Partys und Champagner und Kaviar. Nur für schnelle Autos. Porsche eben. Wiedeking selbst rechtfertigt sein astronomisch hohes Gehalt mit dem Erfolg seines Unternehmens. Ist das nur sein Erfolg? Oder anders: Ist Wiedekings Anteil an diesem Erfolg zweitausendmal größer als derer, die seine Autos zusammenschrauben?

Dritte Erklärung: Es geht ums Image. Josef Ackermann, auch nicht eben bekannt für ein aufwendiges, auffälliges Luxusleben, hat in einem Interview mal vom Marktwert eines Managers gesprochen. Als er 1996 bei der Deutschen Bank einstieg, bekam er zwei Millionen Euro im Jahr. 2002 wurde er Vorstandsvorsitzender, und wenn er in diesem Amt immer noch auf dem Gehaltsniveau von 2002 wäre, »würde ich jeden Respekt verlieren. Man würde sagen: Der hat keinen Marktwert.« Um diesen Marktwert zu demonstrieren, wurden bei der Deutschen Bank unter Ackermanns Ägide die Gehaltsstrukturen angehoben.

Das ist die Logik, nach der sich Ackermanns Gehalt in zwölf Jahren versiebenfachte. Von zwei auf über 14 Millionen Euro. In Ackermanns Worten: »Aber natürlich ist das aus der Logik einer Welt gesprochen, die nicht öffentlich darstellbar ist, das ist mir auch klar.« Warum denn nicht? Dass die abgehobenen und geschlossenen Gesellschaften von Vorständen und Aufsichtsräten in ganz primitiven Kategorien denken, wird niemanden verwundern. Oberkategorie: Wir müssen schauen, wer in welcher Liga spielt, und unsere Chefs dürfen nicht weniger verdienen als die Chefs der anderen Vereine in derselben Liga. Das ist eine ganz normale, wenn auch formalistische Konkurrenzlogik. Topmanager sind Sklaven ihrer eigenen und der Erwartungen ihrer Konkurrenten. Möglicherweise ticken auch die Kunden so: Wenn der Spitzenmann der Firma, an der ich beteiligt bin, ein Hundert-Millionen-Mann ist, dann bin auch ich mehr wert. Analysten und Ratingagenturen neigen ohnehin dazu, den Wert eines Unternehmens nach dem Gehalt des Spitzenmannes zu beurteilen. Weniger nach seiner Leistung, weniger nach der Stabilität und Seriosität des Unternehmens.

Vierte Erklärung: Es ist eine Art Sucht. Wie die Spielsucht. Das Spiel geht in dem Fall darum, wer das meiste Geld rafft – und damit auch – siehe oben – sozialen Status erwirbt, Ansehen, Image. Wer Geld als Mittel betrachtet, sich das Leben so angenehm wie möglich zu machen, gehört nicht in diese Liga. »Echtes Interesse an Geld setzt voraus, dass es zum Selbstzweck wird, ein Zweck, dem man alles andere unterordnet.« Das schreibt ein deutscher Banker im Oktober 2008 in einem anonymen Beitrag für die Tageszeitung *Die Welt*.[2] Und weiter. »Wer einmal Businessclass geflogen ist, will nie wieder in die Economy zurück. Und ist man vom Komfort der Businessclass auch noch so beeindruckt, steht fest: Das neue Ziel kann nur die First Class sein. Wer etwas anderes erzählt, lügt. So wird man angefixt – von nun an braucht man immer mehr Geld für immer mehr Status.« Wohlgemerkt: Nicht für ein angenehmes Leben im landläufigen Sinn. Denn das führen die Geldsüchtigen wohl wirklich nicht.

Freilich ist man inzwischen geneigt, das alles seinerseits für »Peanuts« zu halten. Denn die Welt des wirklich großen Geldes, der ganz großen Zahlen liegt woanders. Es ist die Welt der Multimilliardäre. Das US-amerikanische Magazin *Forbes* veranstaltet jedes Jahr eine Milliardärszählung. Aktueller Stand: 1125 Milliardäre weltweit. Noch nie gab es so viele Superreiche wie heute. Man spricht in den USA schon von einer Rückkehr des »Gilded Age«, also des vergoldeten Zeitalters. So nannte der Schriftsteller Mark Twain die Zeit zwischen 1875 und 1914, eine Zeit des technischen Fortschritts, des wirtschaftlichen Aufschwungs, eine Zeit der Anhäufung unermesslichen Reichtums, aber eben auch eine Zeit von Korruption und großer Armut. In dieser Epoche kamen die Rockefellers, die Vanderbilts, die Carnegies, die

Morgans zu ihren Imperien. Cornelius Vanderbilt war mit seinem Vermögen von rund 100 Millionen Dollar einer der reichsten Männer seiner Zeit. Heute wäre es über 140 Milliarden Dollar wert.

Das Spitzentrio der reichsten Männer der Welt heute – Bill Gates, Warren Buffett, Carlos Slim Helú – erreicht zwar nur rund 60 Milliarden Dollar pro Person, aber man kommt zurecht. Denn Geld verdient Geld, da muss man gar nichts tun. Ab einem bestimmten Punkt genügt es, Geld zu haben, und man wird automatisch immer reicher. Man kann nicht einmal was *dagegen* tun. Larry Ellison, Gründer und Präsident des US-amerikanischen Softwarekonzerns Oracle, erreicht mit seinem 25-Milliarden-Dollar-Vermögen gerade mal Platz 14 der *Forbes*-Liste. Aber es reicht für folgende Berechnung, die Austan Goolsbee, Wirtschaftsprofessor an der University of Chicago und Berater von US-Präsident Barack Obama, angestellt hat: »Ellison müsste 183 000 Dollar pro Stunde für Partys oder Essen ausgeben, bloß um zu verhindern, dass er reicher wird.« Das ist schon ein schweres Schicksal. Denn wenn Herr Ellison sich noch ein paar Hightech-Segelboote zulegen würde (er hat schon mal den America's Cup gewonnen) oder noch ein Düsenflugzeug (er hat die Flugerlaubnis für einen italienischen Kampfjet), er würde immer nur noch reicher. Ein Teufelskreis.

Ganz so schwer haben es Deutschlands Superreiche einstweilen noch nicht. Aber das kann ja noch kommen. In Deutschland stieg die Zahl der Millionärshaushalte im Jahr 2007 besonders stark, und zwar um 21 Prozent. Weltweit waren es nur gut 11 Prozent. Das sagt die Boston Consulting Group (BCG) in ihrem *Global Wealth Report 2008*. Danach gibt es 422 000 Millionärshaushalte in Deutschland. Die sind zwar auch von der Finanzkrise betroffen, aber es lässt sich aushalten. Der Reichtum wächst langsamer, weltweit nur noch um 4,9 statt um 7,6 Prozent wie im Jahr zuvor.

Die Deutschen haben über fünf Billionen Euro an Vermögen

angehäuft. Netto. Sagt das Deutsche Institut für Wirtschaftsforschung (DIW) in Berlin. Mit dem Geld könnte man 17 Jahre lang den kompletten Bundeshaushalt finanzieren. Aber es gehört nicht allen, sondern nur wenigen. Das reichste Prozent der Bevölkerung besitzt 21 Prozent des Nettovermögens. Das lohnt sich. Zwischen 2001 und 2006 stiegen die Unternehmens- und Vermögenseinkünfte um mehr als 36 Prozent. Sagt das Statistische Bundesamt. Löhne und Gehälter nur um 2,2 Prozent. Wobei es immer noch Reichtum gibt, der hart erarbeitet wird oder wurde. Die Milliarden der Aldi-Brüder Theo und Karl Albrecht, der BMW-Familie Quandt, der Versandhausfamilie Otto, der Boschs, der Mohns, des Schraubenherstellers Würth – das ist im wesentlichen altes Geld, auf herkömmliche Weise erworbener Reichtum. Aber manche Reichen und Superreichen sind auch ohne jede Anstrengung zu ihren Millionen gekommen. Weil Geld auf den Finanzmärkten eben die Eigenschaft hat, sich zu vermehren, ohne Werte zu schaffen, ohne Waren zu produzieren. Das Startkapital muss nur groß genug sein.

Und an das kommt man in diesen Zeiten besonders schnell. Wenn man Glück hat und zu den Erben gehört. Geld, Häuser, Schmuck, Bilder, Aktien und andere Vermögensformen im Wert von 150 Milliarden Euro werden jährlich vererbt. Es kommt aber noch viel besser. Die heute Dreißig- bis Sechzigjährigen gelten als »Erbengeneration«. Im laufenden Jahrzehnt stehen nach Angaben des Deutschen Instituts für Altersvorsorge Vermögen im Wert von gut 1,4 Billionen Euro zur Vererbung an, im nächsten Jahrzehnt werden es rund zwei Billionen Euro sein. Also zwei Millionen Millionen oder zweitausend Milliarden Euro. Ein hübsches Sümmchen. Zwar verteilt auf eine ganze Menge Nutznießer. Aber für ein paar von ihnen wird es zum Reichtum reichen. Auch auf diese Weise werden die Reichen immer reicher.

2 Die Obszönität des Systems

Was ist ein Dietrich gegen eine Aktie?
Was ist der Einbruch in eine Bank
gegen die Gründung einer Bank?
Bertolt Brecht

Über all dieses konnte man hierzulande eine ganze Weile recht gemütlich disputieren, und wenn man an lauen Samstagabenden so richtig radikal drauf war, wurde todesmutig das böse Wort von der »Obszönität« des Reichtums in die Runde geworfen. Herbert Marcuse hat das Stichwort geliefert: »Die Gesellschaft ist insofern obszön, als sie einen erstickenden Überfluss an Waren produziert und schamlos zur Schau stellt, während sie draußen ihre Opfer der Lebenschancen beraubt.«[1] Noch schöner freilich sein folgendes Zitat: »Nicht das Bild einer nackten Frau, die ihre Schamhaare entblößt, ist obszön, sondern das eines Generals in vollem Wichs.«[2] Mit diesem Zitat lässt sich besser schimpfen. Etwa so: Herbert Marcuse konnte Josef Ackermann nicht kennen. Und Klaus Esser natürlich auch nicht. Möglicherweise hätte er dann anders formuliert. Wie die sich aufführen, diese Kreuzbuben der deutschen Wirtschaftselite: feixend, großkotzig, Victory-Zeichen, fehlt nur noch die dicke Zigarre im Gerichtssaal – da sage noch einer, der Kapitalismus habe kein Gesicht mehr. Genau so sieht er aus, die Gardeleutnants der Shareholder-Value-Gesellschaft verkörpern ihn. Und wenn das nicht obszön ist, diese Peanuts-Gewissenlosigkeit von nadelgestreiften Ladenschwengeln – was dann? Ein General in vollem Wichs ist nichts dagegen.

So konnte man sich fröhlich reden – in den Zeiten vor der

großen Krise. Aber diese Samstagsabendgemütlichkeit ist vorbei. Managergehälter und möglicherweise obszöner Reichtum – Schnee vom vergangenen Jahr. So dass Wendelin Wiedeking eventuell doch wieder Sorgen haben muss, dass der Sozialismus eingeführt wird. Bloß dieses Mal nicht nur auf Vorstandsebene.

Schuld sind die internationalen Finanzjongleure. Deren große Zeit begann im Prinzip schon seit 1975, so richtig aber in den achtziger Jahren. Natürlich in den USA. Die »Reaganomics«, die Wirtschaftspolitik der Reagan-Ära, sorgte für massive Steuersenkungen für Unternehmen und Wohlhabende. Sie hinterließ einen gigantischen Schuldenberg und eine noch tiefere Kluft zwischen Arm und Reich. Finanzinvestoren wurden immer mächtiger, bedrängten etablierte Unternehmen, mehr Rendite zu erwirtschaften, nicht so sehr auf Produkte und Kunden zu achten, sondern in erster Linie auf die Shareholder. Und wenn die traditionellen Unternehmer nicht nach der Pfeife von Finanzinvestoren und Investmentbankern tanzen wollten, kauften sie Unternehmen, filettierten, zerschlugen sie. Und sie erfanden immer neue Finanzinstrumente, zum Beispiel Junk-Bonds oder Schrottanleihen, um diese Strategie an der Börse durchzusetzen.

Oliver Stone hat diesem Typus von Finanzakrobat in seinem Film *Wallstreet* ein »Denkmal« gesetzt. Gordon Gekko, gespielt von Michael Douglas, manipuliert Kurse, vernichtet Arbeitsplätze, zerstört Firmen und verdient dabei Millionen. Ob mit legalen oder illegalen Mitteln, ist ziemlich gleichgültig.

»Ich bin jetzt seit 69 im Geschäft«, sagt Gekko zu seinem »Schüler« Bud Fox. »Die meisten dieser Harvard-Absolventen taugen einen Scheißdreck. Ich brauche Jungs, die arm, clever und hungrig sind. Und ohne Nerven. Man gewinnt etwas, verliert etwas. Aber man kämpft weiter. Und wenn du 'nen Freund brauchst, kauf dir 'nen Hund. Draußen tobt der Nahkampf.« Für manche cleveren und hungrigen Wertpapierhändler und Anlageberater war dieser Gordon Gekko keineswegs eine Karikatur, kein Zerrbild, sondern ein Vorbild.

»Es gibt sie, die Zocker, die verantwortungslosen Berserker, die stolz auf ihre Gier sind, die damit angeben, dass sie sich um moralische Fragen nicht scheren.« Schreibt der anonyme Banker in der *Welt*. Und er fährt fort: »Ich habe Jungs in einem piekfeinen New Yorker Restaurant erlebt, die nach den Stunden auf dem Trading Floor nicht mehr wussten, ob sie ein Steak oder einen Hummer vor sich hatten – einfach, weil sie ihre letzte Transaktion so dermaßen gepusht hatte, dass das Essen für sie keine Rolle mehr spielte. Man hätte ihnen auch ein Stück Fertigpizza vorsetzen können, die hätten es nicht mitbekommen. Diese Jungs konnten über alles nur noch lachen, weil mal wieder ein Geschäftspartner dumm genug war, auf ihren Deal hereinzufallen.«[3] So kann man sich wohl die vielen kleinen Gekkos vorstellen. Nicht nur an der Wall Street.

Dumm genug: Das waren wohl viele in diesem Geschäft. Andrew Lahde, lange Jahre Manager eines kalifornischen Hedge-Fonds, stieg im Oktober 2008 aus dem Gewerbe aus und schrieb zum Abschied einen offenen Brief: »Ich werde es anderen überlassen zu versuchen, neun-, zehn- oder elfstellige Vermögen anzuhäufen. Währenddessen wird ihr Leben scheiße sein.«[4] Seinen Erfolg begründet Lahde damit, dass er immer irgendeinen Dummen für seine Wetten in einem zusammenbrechenden Immobilienmarkt finden konnte. Viele seiner Geschäftspartner seien »Idioten, deren Eltern ihnen ein Internat bezahlt haben«, die später in Harvard oder Yale ihre Eintrittskarte für Firmen wie American International Group (AIG) oder Bear Stearns oder Lehman Brothers gelöst hätten. Untergegangene Flaggschiffe der Versicherungs- und Investmentbranche.

Gier und Dummheit – eine fabelhafte Kombination. Ralph Cioffi und Matthew Tannin, die Manager zweier Hedge-Fonds von Bear Stearns, standen im Juni 2007 ziemlich auf dem Schlauch. Sie hatten die Risiken von »Subprime Loans« offenbar falsch eingeschätzt, die drohten abzustürzen. Aber die beiden Manager beruhigten nervöse Investoren und warben noch frisches Geld ein. Was nichts nutzte, die Fonds kollabierten, die Anleger verloren rund 1,6 Milliarden Dollar, und der Anfang vom Ende des Traditionshauses Bear Stearns war gemacht.

Ein Jahr später wurden Cioffi und Tannin verhaftet, nachdem Fahnder ihre E-Mails gelesen hatten. Darin sprach Tannin schon im März 2007 von einer drohenden »Kernschmelze« auf dem Finanzmarkt, im April schrieb er, der Markt sehe »verdammt hässlich« aus, hatte aber auch gute Nachrichten: »Du glaubst es nicht, aber wir haben nochmals Leute dazu überreden können, Geld nachzuschießen.« Darunter müssen auch Manager der Bank of America gewesen sein. Noch im Mai 2007, so erklären sie in einer Zivilklage, hätten die beiden Exkollegen ihnen Fondsanteile aufgeschwatzt, ohne sie auf die Risiken hinzuweisen.

Dummheit und Gier. Eine Kombination, die offenbar weltweit wirksam ist, wie ein weiterer Aussteiger aus der Branche bestätigt. »Geld ist eine Art Rauschmittel. Es wirkt wie eine Droge, die abhängig macht. Das ist auch mir passiert.«[5] Sagt Geraint Anderson, ein junger Banker, der Anfang 2008 aus dem Geschäft ausgestiegen ist. Zwölf Jahre hat er als Analyst in London gearbeitet, zuletzt bei der deutschen Investmentbank Dresdner Kleinwort. Jetzt hat er ein Buch geschrieben: *Cityboy – Geld, Sex und Drogen im Herzen des Londoner Finanzdistrikts*[6], in dem er das dekadente Leben der Londoner Banker beschreibt. Alkohol, Koks, Sex, jede Art von Luxus gehörten zum Tagesgeschäft. Und Anderson machte kräftig mit. »Cityboy« nennt er »jeden dreisten Idioten im Anzug, der sich an dir in der Bahn vorbeidrängelt; den egoistischen Witzbold, der laut angibt, wie viel Cash er auf dem Markt gemacht hat; den gierigen Wichser, der dazu beiträgt, dass diese Welt zu dem Misthaufen wird, zu dem sie sich immer rapider entwickelt. Eine Zeitlang war ich es.«[7]

Ohne Zweifel: Es geht »um Gier, Rausch und Ekstase«, sagt auch der Psychotherapeut Werner Gross aus Offenbach, der unter anderem Banker und Broker therapiert. »Viele Broker sind

Reizsucher und brauchen den ›Kick‹. Das ist eine spezielle Mentalität von Personen, vor allem jenen, die sich länger in dieser Branche bewegen.«[8] Und in der US-amerikanischen Hypothekenkrise und ihren Weiterungen hat sich gezeigt, dass diese Sucht nach dem Kick, diese Gekko-Manie branchenübergreifend und weltweit wirkt.

Dessen Ansprache an die Aktionäre einer Firma wie das Glaubensbekenntnis einer ganzen Branche klingt: »Gier ist gut, Gier ist richtig. Gier funktioniert. Gier schafft Klarheit, Gier trennt das Wichtige vom Unwichtigen, Gier ergreift das Wesen der Zukunft. Gier, in all ihren Formen – als Gier nach Leben, nach Geld, nach Liebe, nach Wissen – hat das Beste im Menschen hervorgebracht. Und Gier, Sie werden sich noch an meine Worte erinnern, wird nicht nur diese Firma, sondern auch noch ein anderes angeschlagenes Unternehmen retten, nämlich die Vereinigten Staaten.«

Das allerdings ist dann ein bisschen anders gelaufen, als die Gekkos der Wall Street sich das gedacht haben. Wobei der Mechanismus, der zu dieser Krise geführt hat, gar nicht so kompliziert ist, wie es zunächst scheint oder wie Täter und Mittäter es uns jetzt darstellen. Die Hypothekenkrise in den USA ist schlicht das Ergebnis einer – staatlich gestützten! – Geschäftspolitik, die außer Rand und Band geraten ist. Seit Mitte der neunziger Jahre drängten US-Regierung und Kongress die beiden größten Hypothekenbanken mit den putzigen Namen »Fannie« und »Freddie«, Hypotheken mit geringen Anzahlungen zu vergeben. Das ging bis zur »Null-Anzahlung«. Dann zwang die Politik die beiden Marktführer, anderen Banken Immobilienkredite von Ärmeren abzukaufen. Das war die große Stunde des Subprime-Markts. Schließlich wurden alle Banken mit dem »Community Reinvestment«-Gesetz ermutigt, Ärmere bei Kreditvergaben nicht zu »diskriminieren«. Präsident Bush hatte noch 2002 versprochen, mit einem »aggressiven Programm die Barrieren auf dem Weg zum Hauseigentum« einzureißen. Ziel seiner Politik war die

»Ownership Society«, in der jede amerikanische Familie im Eigenheim wohnt. Die Einladung zur großen Sause kam also von der Politik, und die Branche geriet vor Begeisterung ganz aus dem Häuschen.

Zum einen, weil die »Religionsgemeinschaft der Enthemmten«, wie Gabor Steingart im *Spiegel* formuliert, vorsätzliche Sorglosigkeit zum Geschäftsprinzip gemacht hat. »Der eine leiht dem anderen Geld, das er selbst nicht besitzt. Das hat er sich bei einem Dritten besorgt, der versprach, es vom Vierten zu holen. Und so weiter. Diese Religionsgemeinschaft ist die gläubigste von allen.«[9] Zum anderen ist hier kriminelle Energie am Werke: Wer Kredite ohne Sicherheiten vergibt, wer sich überhaupt nicht darum kümmert, ob die Schuldner das Geld jemals zurückzahlen können, ja, wer genau weiß, dass sie es niemals können werden – der will betrügen, der will sich an den Schuldnern bereichern. Denn wenn sie nicht mehr zahlen können, gehört das Haus der Bank. So weit, so kriminell, so normal. Bloß: Was haben deutsche Banken, was hat die internationale Finanzwelt, was haben große Investmenthäuser und Versicherungen damit zu tun?

Damit sind wir schon wieder bei Gier und Dummheit. Kredite an Schuldner zu vergeben, die keinerlei Sicherheiten bieten, ist nicht nur skrupellos im sozialen Sinne, sondern auch dumm im ökonomischen: Es entzieht dem Geschäft die Basis. Es sei denn, man will so lange Geschäfte machen, wie es geht, und dann auch noch vom Crash profitieren.

Irgendwann kamen Banker auf die Idee, Kredite zu Paketen zu verschnüren, und zwar mit anderen Papieren, meist Derivaten. Das Paket wurde als neues Produkt deklariert und von Ratingagenturen positiv bewertet. Das ist zum einen Betrug, der nicht etwa nur billigend in Kauf genommen wurde, wie man uns jetzt weismachen will, sondern mit vollem Vorsatz betrieben wurde. Denn die faulen Fische, die in diesem Paket waren, sollten durch die Beimischung anderer Produkte ja unkenntlich gemacht werden, damit sie weiterverkauft werden konnten. An alle möglichen Investoren: andere Banken, Hedge-Fonds, Lebensversicherungen. Deutsche Landesbanken haben dabei, wenn man dem FDP-Politiker Rainer Brüderle glauben darf, eine besonders heldenhafte Rolle gespielt. »Es galt an den internationalen Finanzmärkten die Regel: If you can't sell it, sell it to the Landesbank«, sagte Brüderle im Bundestag.

Das wirkte wie eine Lizenz zum Gelddrucken. Denn auf diese Weise musste sich keine Bank mehr darum kümmern, wie sie an das Geld der Schuldner kommen konnte, und musste auch nicht mit eigenem Kapital für den Kredit oder das Kreditpaket einstehen. Das Geld floss ja sofort bei Verkauf des Kreditpakets, und die Sorge um die Bonität ging an den Käufer über. Der aber häufig selbst wieder verkaufte, bis keiner mehr wusste, was in dem Paket eigentlich enthalten war. Und als dann die Hypothekenzinsen stiegen und die Preise für Immobilien sanken, brach das ganze schöne Schneeballsystem in sich zusammen. Weltweit. Mit dem Ergebnis, dass die Steuerzahler für die Spielchen der Zocker geradestehen müssen. Weltweit.

Denn an dem Grundsatz, dass die Reichen immer reicher werden, hat auch die Finanzkrise nichts geändert. Die »Big Players« müssen vielleicht auf einen Bugatti, auf eine Yacht, auf eine Luxuswohnung verzichten. Um ihre Existenz geht es nicht. Die Bilder gingen um die Welt: Banker und Broker, die nach dem Crash der US-amerikanischen Investmentbank Lehman Brothers Kartons mit ihrer persönlichen Habe wegtrugen. Symbole gescheiterter Existenzen. Dachte man. Sollte man denken. Einer dieser Männer sagte in die Kameras: »Die meisten von uns werden jetzt erst einmal ein paar Wochen Urlaub machen. Bahamas, Cayman Islands, irgendwas Schönes für die Seele.«

Ein besonders pfiffiger Spaßvogel stellte Anfang Oktober ein Bild ins Internet: Fünfundzwanzig rote Ferraris stehen vor einem Werkstor, ein schwarzer Porsche mittendrin. Überschrift: »Angestellte von Lehman Brothers demonstrieren für ihre Arbeitsplätze«. Und ein anderer Spaßvogel fügte hinzu: »Der Typ mit dem Porsche muss der Bürogehilfe sein.« So ist es dann wohl.

Das vorläufige Ergebnis des Crashs: Drei von fünf US-amerikanischen Investmentbanken stehen unter staatlicher Verwaltung, dazu zwei Immobilienbanken und ein Versicherungskonzern. Die Automobilindustrie in den USA ringt um ihre Existenz, während die nächste Großkrise schon in Vorbereitung ist: Die Kreditkartenblase könnte bald platzen. Denn in den USA lebt seit Jahrzehnten nahezu jeder auf Pump, und den Kreditkartenfirmen geht allmählich die Luft aus. Das Weltfinanzsystem ist aus den Fugen geraten, die Steuerzahler dürfen dafür geradestehen nach dem schönen Satz von Ernst Bloch: »Da es nicht für alle reicht, springen die Armen ein.«[10]

Von den ganz Großen freilich muss kaum jemand persönlich kürzertreten oder zurückstecken. Gleichgültig, was sie angerichtet haben. Joseph Cassano, der als Topmanager den internationalen Versicherungsriesen American International Group (AIG) mit halsbrecherischen Risikogeschäften fast in den Bankrott getrieben hatte, bekam 34 Millionen Dollar Abfindung. Und er wird auch nicht darben müssen, wenn die aufgebraucht sind: AIG beschäftigt ihn weiter als Berater mit einer Million Dollar Monatshonorar. Man will auf seine langjährige Erfahrung um keinen Preis verzichten. Und mitten im größten Chaos findet in München eine Millionärsmesse statt, pardon, eine »Millionaire Fair«. Drei Tage »voll Luxus, Genuss und Lifestyle«, wie die Veranstalter werben, an denen eine Diamantschleiferei auf besonders herzliches Besucherinteresse stößt. »Man darf das kaum laut sagen«, sagt die Besitzerin, »aber wir profitieren von der Bankenkrise.«[11] Schließlich braucht der Millionär eine verlässliche Anlagemöglichkeit. Fitnessgeräte mit Leopardenfell werden feilgeboten, lederbezogene Strandkörbe, beleuchtete Fußwärmer. Denn man hat's gerade in der Krise nicht gerne kalt.

Sarrazins Pullover

Berlins Finanzsenator Thilo Sarrazin (SPD) war mal wieder gut drauf. Angesichts explodierender Energiekosten und der Furcht, die Armen müssten winters frieren, war er mit gutem Rat zur Stelle: »Wenn die Energiekosten so hoch sind wie die Mieten, werden sich die Menschen überlegen, ob sie mit einem dicken Pullover nicht auch bei 15 oder 16 Grad Zimmertemperatur vernünftig leben können«, sagte er im Juli 2008 der *Rheinischen Post*. Der Senator konnte auf Nachfrage mit eigenen Erfahrungen aufwarten: »Bei uns waren es zu Hause immer 16 Grad. Am Morgen hat mein Vater die Koksheizung befeuert und sie erst am Abend, wenn er von der Arbeit zurückkam, wieder angemacht. Das hielt dann immer gerade für 16 Grad. Ich habe es überlebt.«

Die Parallele ist interessant: Bei den Problemen armer Menschen im Deutschland des 21. Jahrhunderts fällt einem führenden SPD-Politiker Not und Elend der Nachkriegszeit ein, in der es ums nackte Überleben ging. So ganz nebenbei stellt er damit seiner Partei, deren Politik die gegenwärtige Lage entscheidend mit herbeigeführt hat, ein bemerkenswertes Zeugnis aus. Denn es geht in solchen Diskussionen in erster Linie um die Armut in Deutschland, die durch die Agendapolitik und vor allem die sogenannte Hartz-IV-Reform zusätzlich erzeugt worden ist. Es geht um Energiekosten-Zuschüsse für einkommensschwache Haushalte, es geht um die Anhebung der Hartz-IV-Regelsätze. Für Thilo Sarrazin ist so was ein Angriff auf die Agendapolitik, der um jeden Preis abgewendet werden muss. Auch um den Preis der Lächerlichkeit.

Damit hat Sarrazin sowieso kein Problem. Zur Mindestlohndebatte fiel ihm ein: »Für fünf Euro würde ich jederzeit arbeiten gehen. Das wären 40 Euro pro Tag.« Das muss nach seiner Einschätzung ein Vermögen sein. Denn er machte sich auch die Mühe, Hartz-IV-Empfängern vorzurechnen, dass man sich mit 4,28 Euro am Tag fabelhaft ernähren kann. Das ist nämlich der

Regelsatz für einen Erwachsenen. Sarrazins Speiseplan: zwei Brötchen zum Frühstück, eins mit Käse, eins mit Marmelade, dazu ein Apfel. Mittags 125 Gramm Spaghetti Bolognese, abends eine Scheibe Leberkäse, 200 Gramm Kartoffelsalat und eine halbe Gurke. Dazu eine Tasse Kaffee und ein Joghurt als Zwischenmahlzeit.

Selbst wenn ein Erwachsener davon satt werden sollte: Mit der ausgewogenen Ernährung, die Gesundheitsministerin Ulla Schmidt, auch SPD, den Bundesbürgern anempfiehlt, hat das nichts zu tun. Wie Heranwachsende mit dieser Ernährung auskommen sollen, kümmert Sarrazin offenbar genauso wenig wie die Frage, wie etwa ein Zwölfjähriger mit 2,71 Euro am Tag satt werden soll. Das ist nämlich der Hartz-IV-Satz für Kinder bis 14 Jahre.

Solche Fragen interessieren deshalb nicht, weil es nicht um Menschen, sondern um Grundsätzliches geht. Ums Rechthaben. Weil nicht sein kann, was nicht sein darf, muss die Agendapolitik auf Biegen und Brechen verteidigt werden, Logik und Seriosität spielen da keine so große Rolle. Damit die Politiker damit nicht so alleine sind, gesellt sich auch gerne mal der eine oder andere Wissenschaftler dazu. Ein besonders hübsches Beispiel: Professor Dr. Friedrich Thießen, Wirtschaftswissenschaftler an der Technischen Universität Chemnitz, ein Fachmann für Bank- und Börsenwesen, internationale Finanzmärkte, Investment Banking. In einer Studie zum Mindestbedarf stellt er fest: 132 Euro im Monat reichen für einen normalen deutschen Mann (1,70 groß, 70 Kilogramm schwer). Wenn er sein Essen bei Aldi, Lidl oder in anderen Billigläden kauft, Kleidung und Schuhe von der Resterampe, hin und wieder Möbel von sozialen Einrichtungen. Das sei die untere, durchaus zumutbare Grenze.

Der Professor hat aber auch an der Obergrenze recherchiert. Wenn der deutsche Durchschnittsmann in normalen Supermärkten, Kaufhäusern und Fachgeschäften einkauft, benötigt er 278 Euro monatlich, da ist dann auch Alkohol und Tabak enthalten. Und diese Luxusausführung der sozialen Mindestsicherung nach Thießens Lesart liegt immer noch deutlich unter dem Hartz-IV-Regelsatz von 351 Euro. Auch an Freizeit, Unterhaltung, Kultur ist dabei gedacht: Ein Euro im Monat muss einem Arbeitslosen für diese Bedürfnisse reichen.

Kino, Theater und dergleichen ist da natürlich nicht drin, weshalb der Herr Professor als Freizeitgestaltung »Gespräche« und »Spaziergänge« und die »Teilnahme an öffentlichen Festen« empfiehlt, sofern der Eintritt frei ist, denn mit einem Euro kommt man nirgendwo rein. Zeitungen lesen kann man in Stadtbüchereien, gelegentlich auch das Internet nutzen. Wer auf dem Land lebt, hat da allerdings schlechte Karten. Telefonieren ist gar nicht vorgesehen.

Ob man die Hartz-Reformen als Erfolg oder Misserfolg wertet, hängt natürlich davon ab, ob man solchen Rechnungen folgen will oder nicht. Demnächst wird sich das Bundesverfassungsgericht mit dieser Frage beschäftigen müssen, weil das Landessozialgericht Hessen in einer Entscheidung vom 29. Oktober 2008 die Hartz-IV-Regelsätze für zu niedrig hielt und die entsprechenden Passagen des Sozialgesetzbuchs II Karlsruhe zur Prüfung vorgelegt hat. »Das Bundesverfassungsgericht fordert einen Schutz des Existenzminimums ohne Wenn und Aber«, heißt es in der Begründung der hessischen Sozialrichter. Der Gesetzgeber habe die Regelsätze aber so begrenzt, dass gerade mal das »nackte Überleben« gewährleistet sei. Und dies verstoße gegen die Menschenwürde der Arbeitslosen, gegen den Gleichbehandlungsgrundsatz, gegen das Schutzgebot für Ehe und Familie und gegen das Rechts- und Sozialstaatsprinzip.

Schon häufiger haben Sozialgerichte versucht, die Hartz-IV-Regelsätze auszuhebeln. Bislang ohne Erfolg. Das Bundesverfassungsgericht hat 2007 die Verfassungsbeschwerde eines Arbeitslosen nicht angenommen. Begründung: Der Arbeitslose müsse nachweisen, dass sein Bedarf über die staatlichen Leistungen hinausgeht.

Die Familie, die in Hessen klagte, hat genau das getan. Und Gutachter haben dem Landessozialgericht vorgetragen, dass die Hartz-IV-Sätze sich an Ein-Personen-Haushalten orientieren, aber für Familien nicht zutreffen und vor allem den unterschiedlichen Bedarf von Kindern verschiedener Altersgruppen nicht berücksichtigen. Mit knapp 830 Euro im Monat – 622 Euro für die Eltern und 207 Euro für die vierzehnjährige Tochter – ist nach Meinung der Kläger vor allem der Bildungsbedarf der Tochter nicht zu decken.

Als im März 2008 fünfjähriges Jubiläum der Agenda 2010 gefeiert wurde, waren die Bilanzen natürlich sehr unterschiedlich. 1,7 Millionen neue Arbeitsplätze, eine Million offene Stellen, gute Chancen für Zeitarbeiter auf einen Dauerarbeitsplatz – verkündete stolz die Bundesregierung. Die führenden Wirtschaftsverbände sind selbstredend auch dieser Meinung, und das Deutsche Institut für Wirtschaftsforschung (DIW) erklärt: Hartz IV ist ein voller Erfolg, die Agenda 2010 hat auf dem zentralen Feld des Arbeitsmarktes gewirkt. Und zwar so: Der prozentuale Anteil der Langzeitarbeitslosen an den Arbeitslosen insgesamt ist im Konjunkturzyklus 2007/2008 besonders stark gesunken. Das könne man weder auf die Konjunktur noch auf die aktive Arbeitsmarktpolitik zurückführen, also liege es nahe, so das Argument, »dass die Arbeitsmarktreformen der Agenda 2010 dafür verantwortlich sind«. So steht es in einem DIW-Papier vom März 2008. Untersuchungen bestätigen angeblich eine steigende »Suchintensität« der Arbeitslosen. »Offenkundig hat die Orientierung hin zu einem verstärkten ›Fordern‹ Wirkung gezeigt.« Aber so genau weiß man das auch nicht.

Das Münchener Ifo-Institut des Herrn Professor Sinn vertritt diese These ebenfalls, allerdings ließ sich der Herr Professor im Dezember 2008 zu einer verräterischen Formulierung hinreißen: »Das ist ja das Thema, was also Ifo und auch das IAB (Institut für Arbeitsmarkt- und Berufsforschung) definitiv auf die Agenda 2010 schieben«, um sogleich erschrocken hinzuzufügen: »Also was heißt schieben, die Agenda hat sich hier in einer substantiellen Verbesserung der Situation auf dem Arbeitsmarkt ausgewirkt und hat impliziert, dass wir diesen verhängnisvollen Trend der letzten 35 Jahre nun verlassen haben.« Aber mehr als die Vermutung, dass es so gewesen sein könnte, hat auch Professor Sinn nicht.

Kritiker der Agendapolitik sehen das alles ein bisschen anders. »Die Zumutbarkeit fast jeder Arbeit hat vielen einen bisher unvorstellbaren finanziellen und sozialen Abstieg gebracht«, erklärte DGB-Chef Sommer anlässlich des Agenda-Jahrestags. »Die gewollte Zunahme prekärer Beschäftigung im Niedriglohnbereich und in der Leiharbeit verschlechtert die Lebenschancen der meisten Betroffenen.«

Über fünf Millionen Menschen bezogen Anfang 2008 Arbeitslosengeld II, rund 1,1 Millionen Arbeitslosengeld I. Dazu kommt über eine halbe Million Arbeitslose, die keine staatliche Hilfe bekommen. Insgesamt rund 6,8 Millionen Menschen, die ohne Erwerbsarbeit sind. Und das mitten im Aufschwung. Mitten in der Krise, Anfang 2005, waren es rund 7,6 Millionen. Wo bleibt also der Riesenerfolg der Agendapolitik?

Arm durch Hartz IV

Ziemlich genau allerdings weiß man, dass Hartz IV zu mehr Armut führt. Vor der »Reform« lebte rund die Hälfte der Leistungsempfänger unter der Armutsgrenze, danach waren es rund zwei Drittel. Das ist das Ergebnis einer Studie des DIW vom Dezember 2007. Auch das Argument, die Zusammenlegung von Arbeitslosenhilfe und Sozialhilfe habe zumindest für viele Sozialhilfeempfänger Verbesserungen gebracht, wird deutlich relativiert. Unter dem Strich bedeutet Hartz IV für mehr als die Hälfte der Betroffenen Einbußen. Nur ein Drittel profitierte von der Zusammenlegung.

Zu den Verlierern zählen vor allem die Langzeitarbeitslosen. Und das war so gewollt. Mit der Agendapolitik und speziell der Hartz-IV-Reform wird von Staats wegen der Versuch unternommen, Langzeitarbeitslose als die Ursache der Misere zu definieren, nicht als deren Folge. Zwar heißt die offizielle Devise »fördern und fordern«, kommuniziert wird aber: Langzeitarbeitslose ruhen sich im sozialen Netz aus, denen muss man endlich Beine machen, und dann ist das Problem der Arbeitslosigkeit im wesentlichen gelöst. Damit wird ein gängiges Vorurteil bedient, obwohl jeder weiß oder wissen könnte, dass es keiner Wirklichkeitsprüfung standhält. Natürlich gibt es in jedem System Schmarotzer, die es sich auf Kosten anderer gemütlich machen. Aber alle einschlägigen Studien belegen, dass die Missbrauchsquote in den sozialen Systemen unter fünf Prozent liegt.

Das hat vor allem Bundeskanzler Schröder und seinen Arbeits- und Wirtschaftsminister Wolfgang Clement nicht gestört. Ihre Propaganda signalisierte: Die Langzeitarbeitslosen sind im Prinzip selbst schuld, sie verlassen sich zu sehr auf den Staat, wir müssen mehr Eigenverantwortung fordern, also erst mal Leistungen streichen, die Arbeitslosen zu billiger Arbeit zwingen, und dann schauen wir mal, wo wir fördern können. Damit ist es aber bis heute nicht weit her. Andere europäische Länder, zum Beispiel Dänemark, führen uns seit Jahren vor, was intensive Förderung heißt und was sie bewirken kann.

Das Sozialgesetzbuch II (SGB II) trat am 1. Januar 2005 in Kraft. Im September desselben Jahres veröffentlichte Clements Ministerium eine Broschüre, in der Langzeitarbeitslosen pauschal vorgeworfen wurde, sie plünderten den Sozialstaat aus. Zu dem Zeitpunkt steckte die Zusammenarbeit zwischen den Kommunen und den Agenturen für Arbeit noch in den Anfangsschwierigkeiten, es gab Organisations-, Struktur- und Bürokratieprobleme, aber absolut noch keine Erfahrungen mit Hartz-IV-Empfängern. Da wurde nur eine alte Stammtischparole regierungsamtlich – und vom Steuerzahler finanziert – unter die Leute gebracht.

Arm durch Arbeit

Dazu kommt, dass trotz verschärfter Bedingungen die Zahl der Bedürftigen nach SGB II stetig wächst. Rund 1,3 Millionen Menschen sind – nach Angaben der Bundesagentur für Arbeit – sogenannte Aufstocker. Sie verdienen so wenig, dass sie zusätzlich staatliche Leistungen in Anspruch nehmen müssen. Rund eine halbe Million dieser Aufstocker verdient in einem Minijob höchstens 400 Euro im Monat.

Der Niedriglohnsektor ist der größte Wachstumsbereich der deutschen Wirtschaft. Diese Tendenz ist zwar schon seit 1997 zu beobachten, sie hat durch die Agendapolitik aber noch einmal einen entscheidenden Schub bekommen. Inzwischen erreichen fast sechs Millionen Deutsche mit »normaler« Arbeit weniger als zwei Drittel des Durchschnittsverdienstes (Institut für Arbeitsmarkt- und Berufsforschung [IAB]). Nur ein Drittel der Armutslöhner schafft den Sprung über die Niedriglohnschwelle, zwei Drittel bleiben unten. Kein anderes europäisches Land bietet Niedriglöhnern so schlechte Aufstiegschancen wie Deutschland. Normal-Arbeitsverhältnisse werden immer seltener, der Trend geht zu Zeitarbeit, Leiharbeit, Minijobs, befristeten Arbeitsverhältnissen, Arbeit ohne Tarifvertrag, ohne Kündigungsschutz, ohne Urlaubsgeld, ohne Weihnachtsgeld, ohne Betriebsrenten – also das, was unter dem Begriff »prekäre Arbeitsverhältnisse« in den Sprachgebrauch eingegangen ist. Der Anteil sogenannter atypischer Erwerbsformen ist nach einer Analyse des IAB um rund 50 Prozent gestiegen. Zwischen 1994 und 2005 nahm die Zahl der Teilzeitarbeiter von 6,5 auf 11,2 Millionen zu, die der befristeten Arbeitsverhältnisse von 1,9 auf 2,7 Millionen.

Aktuellere Zahlen gibt es bei den Ein-Euro-Jobs, also Möglichkeiten für Arbeitslose, in Kommunen oder bei Wohlfahrtsverbänden gemeinnützige Arbeit für einen Minilohn zu verrichten. Mit denen ist genau das passiert, was zu erwarten war: massenhafter Missbrauch. Im Jahr 2007 hatten rund 750 000 Arbeitslose vorübergehend einen Ein-Euro-Job. Und der Bundesrechnungshof hat festgestellt, dass dadurch vielerorts reguläre Arbeitsplätze verlorengehen. Vor allem in Ostdeutschland sehen Kommunen eine willkommene Gelegenheit, Geld und Arbeitskräfte zu sparen. In fast einem Drittel der ostdeutschen Betriebe, in denen diese Minijobber arbeiten, stellen sie die Mehrheit der Belegschaft. Der Staat zahlt also Milliardenbeträge, um den Niedriglohnsektor auszuweiten und Arbeitsplätze abzubauen.

So war das eigentlich nicht gedacht. Sondern Ein-Euro-Jobs sollten vor allem einen Einstieg oder Wiedereinstieg in feste Arbeitsverhältnisse ermöglichen. Dieser Versuch ist eindeutig gescheitert. Nur 15 Prozent finden nach Ende ihres Ein-Euro-Jobs einen regulären Arbeitsplatz, bei Jugendlichen unter 25 Jahren ist der Anteil so gering, dass er nicht in Prozenten messbar ist. Und diese Gruppe stellt ein Viertel der Ein-Euro-Jobber. Was wunderbar funktioniert: Die Statistik sieht schöner aus. Wer einen Ein-Euro-Job hat, wird nicht als Arbeitsloser gezählt.

Dieser großflächige Abschied vom Normalarbeitsverhältnis trägt zwar – statistisch oder real – zum Rückgang der Arbeitslosenzahlen bei, im Herbst 2008 auf unter drei Millionen. Aber die meisten neuen Jobs sind nicht nur schlecht bezahlt, sondern auch weitgehend ungesichert. Die gehen als erste wieder verloren, wenn die weltweite Finanzkrise sich auf den Arbeitsmarkt auswirkt.

Ob nun arm durch Hartz IV oder arm durch Arbeit: In Deutschland driften Arm und Reich immer weiter auseinander. Nach einer OECD-Studie haben die Ungleichheit bei den Einkommen und die Armut – gerade von Kindern – in Deutschland in den vergangenen Jahren stärker zugenommen als in anderen Ländern. 2005 lebten danach 10,5 bis 11 Prozent der Bevölkerung unterhalb der Armutsschwelle. Ob man hier allerdings wirklich von Armut sprechen kann, ist heftig umstritten. Arm ist, wer mit weniger als einem US-Dollar am Tag auskommen muss. Das ist die Definition der Vereinten Nationen. Von daher hat kaum ein

Deutscher eine Chance, als arm zu gelten. Aber Armut ist kein absoluter Wert. In Deutschland gibt es relative Armut, und die nicht zu knapp. Jeder achte Bürger des Landes ist relativ arm, sagt der Armutsbericht der Bundesregierung. Relativ arm ist, wer weniger als sechzig Prozent des mittleren Nettoeinkommens zur Verfügung hat. Das sind 781 Euro im Monat. Danach wären 13 Prozent der Deutschen arm.

Nach dem »Sozio-ökonomischen Panel« des Deutschen Instituts für Wirtschaftsforschung Berlin (DIW) gilt dagegen als arm, wer weniger als 880 Euro monatlich verdient. Danach würden in Deutschland 18 und nicht nur 13 Prozent zu den Armen zählen. Interessant ist der europäische Vergleich auch noch aus einem anderen Grund: In Deutschland sind rund 43 Prozent aller Arbeitslosen arm, im europäischen Durchschnitt nur 38 Prozent. Ein weiterer Hinweis darauf, dass Hartz IV die Verarmung fördert.

Um die Verwirrung vollständig zu machen, kommt eine DIW-Studie vom September 2008 wieder zu anderen Ergebnissen. Sie wertet Zahlen von 2006 aus, also aus einem Aufschwungsjahr. Während der Armutsbericht der Bundesregierung auf EU-Zahlen aus den Jahren 2002 bis 2005 basiert. 2006, sagt das DIW, lebten nur noch 16,5 Prozent der Deutschen unter Armutsrisiko, was auf den Abbau der Arbeitslosigkeit zurückzuführen sei. Was nun wieder von anderen Wissenschaftlern bezweifelt wird.

Die Angst kriecht die Bürotürme hinauf

Wie auch immer: Das alles betrifft Arbeitslose, Sozialhilfeempfänger, Niedriglöhner – zwar einen immer größeren Teil, aber nicht das Gros der Bevölkerung. Trotzdem ist allenthalben die Rede davon, dass gerade die einstmals stabile Mitte der Gesellschaft unsicher wird, Angst vor dem Absturz hat. Es herrscht ein Klima der Verunsicherung, seit Entlassungswellen auch Büroangestellte erreicht haben. Nach einer Allensbach-Umfrage sind 72 Prozent der Deutschen beunruhigt, dass die Arbeitsplätze selbst in Firmen, denen es gut geht, nicht mehr sicher sind. »Die Angst vor Armut ist von den Rändern der Gesellschaft zur Mitte gewandert«, sagt der Soziologe Ulrich Beck, und der Mainzer Soziologieprofessor Stefan Hradil spricht von der Angst, »die die Bürotürme hinaufkriecht«.[12]

Die Mitte hieß früher Mittelstand, sie wurde zu Wahlkampfzwecken immer mal wieder neu erfunden, zuletzt als »neue Mitte« im Wahlkampf 1998. Soziologisch gilt als Angehöriger der Mittelschicht, wer 70 bis 150 Prozent des mittleren Realeinkommens verdient. Das waren im Jahr 2006 für einen Alleinstehenden knapp 1100 bis gut 2300 Euro.[13] Diese Mitte ist nach einer Untersuchung des DIW in den Jahren 2000 bis 2006 von 62 auf 54 Prozent gesunken. Dafür stieg – wie gesehen – der Anteil der Niedrigverdiener, aber auch der Anteil der Spitzenverdiener. Eine Untersuchung des Instituts für Wirtschaft und Gesellschaft Bonn von 2008 bestätigt diesen Trend: »Seit 1996 hat die Bevölkerung um insgesamt 0,7 Millionen zugenommen. Zugleich nahm die Zahl mittlerer Einkommensbezieher um 5,5 Millionen ab und die Zahl Einkommensschwacher um knapp 4,1 Millionen zu.«[14]

Es gibt also objektive Gründe für die Angst der »Mitte« vor dem sozialen Absturz. Subjektiv rührt sie auch daher, dass bei fast sieben Millionen Menschen im Dunstkreis von Hartz IV inzwischen jeder mindestens einmal eine Reportage gelesen, gesehen, gehört hat oder sogar einen Betroffenen kennt. Die Angst, bald zum »Prekariat« als neuer gesellschaftlicher Klasse gehören zu können, ist zur Angst der Mitte geworden. »Die Mitte selber fängt an, prekär zu werden«, sagt der Soziologe Heinz Bude. »Wir haben eine armutsgefährdete Schicht, die wirklich wächst und bis in die Mitte hineinreicht.«[15]

Wer einmal unten ist, der bleibt es zu einem hohen Prozentsatz auch. 66 Prozent der Unterschichtler sind auch nach vier Jahren noch dort, vor einigen Jahren waren es nur 54 Prozent.

Diese hohe »Beharrungsquote« macht die Angst vor dem Abrutschen noch stärker. Andererseits haben die Aufstiegschancen deutlich abgenommen. Nur elf Prozent schafften es zwischen 2000 und 2006 aus der Mitte nach oben. Der Anteil der Spitzenverdiener an der Bevölkerung ist in diesem Zeitraum von 8,8 auf 20,5 Prozent gewachsen. Das ist die Gruppe, die einen Großteil des volkswirtschaftlichen Reichtums unter sich aufteilen kann.

Zur Angst vor dem Absturz in die Armut kommt immer stärker die vor dem Ausschluss aus der Gesellschaft. Seit den neunziger Jahren des 20. Jahrhunderts wird in der soziologischen Armutsdiskussion neben reinen Einkommens- und Statusfragen verstärkt das Thema Ausschluss oder Exklusion diskutiert. Wie viel Geld man verdient, wie man versorgt ist, wie man wohnt, wie man sozial und kulturell vernetzt ist, das entscheidet über Zugehörigkeit oder Nichtzugehörigkeit zu einer Gesellschaft. Über Teilhabe oder Nichtteilhabe. Wenn das Erwerbseinkommen kaum noch oder gerade so zur Befriedigung der Grundbedürfnisse reicht, dann ist Ausgrenzung, Ausschluss die Folge. »Soziale Ausgrenzung wird definiert als Ausschluss von gesellschaftlichen Teilhabemöglichkeiten: als Marginalisierung am Arbeitsmarkt verbunden mit gesellschaftlicher Isolation oder allgemeiner als Vorgang eines kumulativen Ausschlusses von Personen aus einer Mehrzahl unterschiedlicher, für die Lebensführung relevanter Funktionsbereiche der Gesellschaft.«[16] Schreibt die Soziologin Petra Böhnke.

Das gilt traditionell für Milieus, denen man »ansehen« kann, dass sie von Armut, Arbeitslosigkeit, sozialem Abstieg betroffen sind. Man sieht es daran, wie sie wohnen, wie sie sich kleiden, sich ernähern. Die aktuelle soziologische Debatte beschäftigt sich darüber hinaus mit Individuen und Gruppen, die nicht unbedingt im materiellen Elend leben, aber trotzdem im Abwärtsstrudel stecken oder sich davor fürchten. Ärzte, Ingenieure, Lehrer, überhaupt Akademiker. »Die Frage ist nicht, wer oben und wer unten, sondern wer drinnen und wer draußen ist«, schreibt Heinz Bude. Wir kennen »die Ausgeschlossenen, die in den Bezirken der müden Gesellschaft exiliert sind, die Ausgeschlossenen, die von einem Knick in der Karriere aus der Bahn geworfen worden sind, und die Ausgeschlossenen, die in der Sphäre des Konsums auftauchen«.[17] Wer Angst vor der Exklusion hat, hält sich entweder krampfhaft an Äußerlichkeiten der bürgerlichen Existenz fest, oder er rutscht noch weiter ab, resigniert, mag nicht mehr mittun, auch politisch nicht. »Die soziale Stufenleiter ist überall glitschiger geworden. Der Absturz scheint von überall möglich.«[18]

Die Lage war noch nie so ernst, meint die Bertelsmann-Stiftung nach einer Umfrage. 63 Prozent der Deutschen machen die gesellschaftlichen Veränderungen Angst, 49 Prozent fürchten, ihren Lebensstandard nicht halten zu können, 44 Prozent sehen sich vom Staat alleingelassen. 14 Prozent fühlen sich aus der Gesellschaft ausgeschlossen und sehen keine Chance, das zu ändern.

Der Graben wird tiefer

Der Graben wird tiefer. Zwischen arm und reich. Zwischen oben und unten. Zwischen drinnen und draußen. Zuallererst wird das immer noch am Einkommen gemessen. Zwischen 2002 und 2005, auch das steht im Armutsbericht der Bundesregierung, sind die Einkommen aus unselbständiger Arbeit um 4,7 Prozent gesunken. Das reichste Zehntel der Bevölkerung hat im selben Zeitraum sein Einkommensvolumen um 1,6 Prozent erhöht. Vermögen sind dabei nicht berücksichtigt. Vom Aufschwung 2007/2008 konnten vor allem Kapitalanleger profitieren, während die Einkommen der privaten Haushalte kaum gestiegen sind.

Die Einkommen der ärmeren Schichten sind von 1992 bis 2008 um 13 Prozent gesunken (preisbereinigt), Spitzenverdiener bekamen im selben Zeitraum fast ein Drittel mehr. Das reichste Zehntel der Bevölkerung besitzt fast 60 Prozent des Immobilien-, Aktien- oder Geldvermögens in Deutschland. Geht es gerecht zu in Deutschland, was Besitz und Verdienst betrifft? Auf diese Frage der Bertelsmann-Stiftung antworteten 2007 etwa 56 Prozent der Befragten mit Nein. Ein Jahr später waren es 73 Prozent. Nie zuvor war dieser Wert höher.

Das heißt: Noch während es aufwärts ging, war die Stimmung mies. Mitten im Wirtschaftsboom fühlten sich die meisten wie mitten in der Krise. Nur 15 Prozent erwarteten Ende 2007, dass sie von Aufschwung profitierten. Nur noch fünf Prozent der Befragten meinten, dass Deutschland noch eine soziale Marktwirtschaft sei. Ein historischer Tiefststand, sagt die Bertelsmann-Stiftung, die gefragt hatte. Ein Jahr vorher waren noch 28 Prozent dieser Meinung. Selbst der Aufschwung wird als Krise empfunden, das Gefühl der Ungerechtigkeit greift geradezu rasend um sich. Denn auch im Boomjahr 2007 musste der Durchschnittsverdiener reale Einkommensverluste hinnehmen, weil die Lohnerhöhungen die Inflation nicht auffingen. Und am Ende des Ganzen – Ende 2008 – war sowieso allen klar, dass die Opfer der neuen, weltweiten Krise mal wieder die üblichen Verdächtigen waren.

3 Richtige und falsche Armut

Armut ist – wie gesehen – ein relativer Begriff. International gilt als arm, wer weniger als einen Dollar am Tag zur Verfügung hat. Daran gemessen, leben Arme in westlichen Industrieländern in der Tat in paradiesischen Zuständen. Aber das macht den Armutsbegriff nicht untauglich für unsere Analysen. Wenn wir sehen, dass es in reichen Ländern Armut und Not gibt, heißt das nicht, dass wir Not und Elend in den armen Regionen übersehen. Und wenn wir von dieser Not und diesem Elend sprechen, kann das nicht heißen, dass wir die »richtige« Armut irgendwo draußen in der Welt gegen die »falsche« Armut in den Industrieländern ausspielen. Die Kluft zwischen Arm und Reich in den westlichen Industrieländern setzt sich fort in der Kluft zwischen armen und reichen Ländern – und auch die wird immer größer.

Besonders augenfällig wird der Unterschied zwischen Arm und Reich bei dem, was die Herstellung des Reichtums eines Teils dieser Welt in der ganzen Welt angerichtet hat. Also bei der Klimakatastrophe. Die bedroht zwar auch unseren Reichtum, vor allem aber die Existenz, die Lebensgrundlagen der Ärmsten der Armen. Die Reichsten der Reichen – also vor allem die USA und Westeuropa – haben die Atmosphäre in einer gemeinsamen jahrzehntelangen Anstrengung gleichermaßen verpestet. Und sie haben Geld und Mittel genug, sich selbst vor den Folgen der Katastrophe zu schützen.

Es sieht allerdings nicht so aus, als würden die erfolgreichsten Volkswirtschaften dieser Tage, also China und Indien, darauf verzichten wollen, es ihren Vorbildern gleichzutun. Auch wenn die Einsicht in die Notwendigkeit von Klimapolitik weltweit steigt, so bleibt doch der Argwohn der Aufsteiger, dass die Arrivierten ihnen den Platz ganz oben streitig machen wollen, wenn sie weiterer Umweltverschmutzung Einhalt gebieten wollen. Also könnte sich eher die Frage stellen: »Werden die Reichen ihre Emissionen reduzieren, damit die Armen Platz für Wachstum erhalten?«[1]

Hier zeigt sich die Macht der scheinbar Machtlosen: Der Klimakatastrophe entgehen wir möglicherweise gar nicht, auf keinen Fall aber ohne weltweit gerechte Kontrollverfahren. Der Soziologe Ulrich Beck schreibt: »Nur wer die anderen, die Armen, in die eigenen Entscheidungen einbezieht, kann letztlich auch sich selbst wirkungsvoll vor den Folgen des Klimawandels schützen.«[2] Das würde freilich nichts weniger als einen Paradigmenwechsel der Politik notwendig machen.

Wie wenig es danach aussieht, zeigt sich beim elementarsten Problem der Kluft zwischen armen und reichen Ländern, dem Hunger. In den reichsten Ländern verbrauchen die Menschen vierhundert Mal so viel wie die in den ärmsten Ländern. Täglich verhungern weltweit 50 000 Menschen, vor allem Kinder. Dabei könnten alle satt werden: Allein die Menge des weltweit geernteten Getreides könnte die Weltbevölkerung ernähern. Aber Getreide wird in den Industrieländern vorzugsweise als Viehfutter verwendet.

Wie sehr dies alles von den Regeln abhängt, die in der ersten und zweiten Welt gemacht und gegen die dritte Welt durchgesetzt werden, zeigt dieser Vorgang: Anfang des Jahres 2008, als die große Wucht der weltweiten Finanzkrise allenfalls zu erahnen war, suchte eine Nahrungsmittelkrise den Globus heim. Mais, Weizen, Reis wurden plötzlich sprunghaft teurer, im April stieg der Preis für Reis zum Beispiel in der haitianischen Hauptstadt Port-au-Prince um fast 80 Prozent. Hungerrevolten waren die Folge, nicht nur in Haiti. Auch im Senegal, in Burkina Faso, Mauretanien und Kamerun gingen die Menschen auf die Straßen. Die Weltbank sah in 33 Ländern die Gefahr von gewaltsamen Unruhen und forderte deshalb 500 Millionen Dollar von Geberländern, um die Uno beim Kauf von Lebensmitteln zu unterstützen.

Ein Grund für die Preisexplosion: Spekulationen an der Board of Trade in Chicago, der einzigen Terminbörse, an der Reis gehandelt wird. Was hier passiert, wirkt sich auch auf regionale und lokale Preise aus. Agrarrohstoffe sind in den vergangenen Jahren immer mehr zum Spekulationsobjekt geworden. Banken, Hedge-Fonds, Pensionskassen, aber auch Kleinanleger schließen die für Terminbörsen typischen Wetten ab: Sie kaufen Lieferverträge, die zu einem festen Termin weiterverkauft werden. In der Hoffnung, dass Reis, Mais, Weizen in dieser Zeit teurer werden. Und wenn – wie beim Beispiel Reis – nur wenig Ware auf dem Weltmarkt gehandelt wird, dann führt auch relative Knappheit zu spekulationsbedingten Preissprüngen.

Dabei könnte die weltweite Nachfrage nach Reis problemlos befriedigt werden. Der Bedarf beträgt gut 424 Millionen Tonnen pro Jahr, geerntet werden gut 425 Millionen Tonnen. Das Problem ist nur, dass viele Länder sich in den vergangenen Jahren von billigen Reisimporten abhängig gemacht haben. Entweder weil ihnen schlaue westliche »Experten« dazu geraten haben, ihre eigene »teure« Produktion zugunsten der billigen Importe zurückzufahren, oder weil »der Westen« insgesamt ihnen die Regeln diktiert hat.

In den achtziger Jahren haben Internationaler Währungsfonds (IWF) und Weltbank arme Länder auf der ganzen Welt dazu gezwungen, ihre Märkte zu öffnen. Sonst hätten sie keine Chance auf Millionenkredite gehabt. Diese Erpressungspolitik wurde »Strukturanpassung« genannt. Sie führte dazu, dass Länder wie Haiti Entwicklung und Ausbau der heimischen Landwirtschaft vernachlässigten und sich mehr und mehr von billigen Importen aus den Industrieländern abhängig machten – das ist der Weg, auf dem die Nahrungsmittelkrise »plötzlich und unerwartet« über die Welt kam.

Eine weitere Ursache für diese Krise war die Biosprit-Hysterie. Je mehr Grundstoffe wie Mais, Raps, Palmöl, Soja, Zuckerrohr, Getreide zur Herstellung von Autotreibstoff verwendet werden, umso weniger steht für die Nahrungsmittelproduktion zur Verfügung, umso größer wird der Druck auf andere Nahrungsmittel, der weltweite Hunger wird größer. Ganz abgesehen von der Finanzspekulation, die auch hier wieder einsetzt, und vor allem von den verheerenden Umweltschäden, die mit der Produktion eines vermeintlich umweltfreundlichen Betriebsstoffs angerichtet werden. Agrarsprit zerstört Regenwälder, Savannen und Moore, sorgt für die Vertreibung von Kleinbauern und indigenen Völkern von ihrem Land.

Inzwischen ist die Nahrungsmittelkrise überstanden, die Preise der landwirtschaftlichen Rohstoffe haben sich weltweit wieder normalisiert. Zwar liegt es auf der Hand, dass die Weltfinanzkrise nicht nur die großen Weltmarktakteure trifft. Die Industrieländer sind schwer angeschlagen, aber auch auf die Schwellenländer schlägt die Krise durch, und die Ärmsten der Welt trifft sie mit voller Wucht. Aber die Finanzkrise hat nicht für eine Verschärfung der Nahrungsmittelkrise gesorgt, sondern eher für eine Atempause. Die Strukturen sind ja geblieben, und das heißt: Armut und Hunger in weiten Teilen Afrikas und Asiens sind Probleme der landwirtschaftlichen Produktivität. Erst wenn die Produzenten Zugang zu hochwertigem Saatgut, Dünger und moderner Technologie haben, wenn gegen Bodenerosion und für Ertragssteigerung investiert werden kann, ist die Erhöhung der eigenen Nahrungsmittelproduktion möglich. Nur so sind neue Hungersnöte mittel- und langfristig zu vermeiden. Wenn nicht, werden die Hungerrevolten zunehmen, und sie werden irgendwann nicht mehr nur Hungerrevolten sein.

4 Was ist gerecht? Die Philosophen haben das Wort

Gerecht oder ungerecht – wer definiert das? Das vermeintlich »gesunde« Volksempfinden ist ein zweifelhafter Ratgeber. Natürlich hält jeder gerne das, was ihn benachteiligt, für ungerecht. Gerechtigkeit und Ungerechtigkeit werden im Alltagsparlando schnell zu Allerweltsbegriffen, die nichts mehr aussagen und keiner Prüfung mehr standhalten. Fragen wir also diejenigen, die fürs Begriffeschmieden sozusagen von Berufs wegen zuständig sind: die Philosophen.

Jede anständige Erörterung eines philosophischen Themas fängt an mit der Formel: »Schon die alten Griechen haben …« In der Tat. Sie haben auch in diesem Falle immer schon gesagt, was richtig ist. Man kann allerdings noch weiter zurückgehen und feststellen, dass schon in archaischen Zeiten ein Begriff von Gerechtigkeit existierte, der als prägend für die gesellschaftliche Ordnung verstanden wurde. So in Ägypten, Mesopotamien, im alten Israel. Häufig aufgefasst als göttliches oder kosmisches Prinzip, das in die Menschenwelt hineinwirkt. So hat auch der griechische Philosoph Anaximander (610–546 v. Chr.) Gerechtigkeit verstanden und hergeleitet: Die Dinge dieser Welt stehen sich als Gegensätze gegenüber, sie liegen im Streit. Das ist ihre »Natur« oder ihr »Schicksal«.

Dieser Streit freilich ist »ungerecht«, und darüber waltet eine ausgleichende Gerechtigkeit, die δίκη (Dike). Sie ist nicht von menschlicher Rechtsprechung abhängig, sie ist unantastbar und unentrinnbar. Gerechtigkeit durchwaltet den Kosmos, die »Weltordnung ist zugleich Rechtsordnung«, das Recht ist »kosmisches Gesetz«.[1]

Dieser göttlich-kosmische Bereich ist Maßstab für das Individuelle und das Soziale.[2] Das gilt zum Beispiel auch für den menschlichen Körper: In der hippokratischen Medizin ist von einem »gerechten« Körperzustand die Rede, wenn alle vier Leibessäfte in einem ausgeglichenen Verhältnis zueinander stehen. Das Göttliche ist Garant einer Gerechtigkeit, die in der realen Welt – wenn überhaupt – immer nur sehr unzureichend verwirklicht werden kann.

Die Schönheit der Gerechtigkeit

Die Gerechtigkeit zählt »zu der schönsten« Form des Guten, nämlich »zu der, die man ihrer selbst und um ihrer Folgen willen lieben muss, wenn man glücklich werden will«.[3] So hat der griechische Philosoph Platon (428–348 v. Chr.) über die Gerechtigkeit geschwärmt. Sie ist ein zentraler Begriff seiner Philosophie.[4]

Wobei er auf die archaischen Deutungsmuster zurückgreift, aber mit einem entscheidenden Unterschied: Die Gerechtigkeit ist für ihn ein weltliches Prinzip. Er nennt sie zwar gelegentlich »göttlich« und verlegt die Idee des Gerechten an einen »überhimmlischen Ort«. Auf Erden mag es so oder so zugehen, aber vielleicht »ist sie im Himmel als Musterbild für den aufgestellt, der es sehen will und der sein Leben nach dem einrichten will, was er da sieht.«[5] Aber sie ist nicht mehr religiös verbürgt, sondern Garant der Gerechtigkeit ist die – individuelle und gesellschaftliche – Hierarchie der Tugenden. Der sozialen Hierarchie entspricht eine Hierarchie der seelischen Kräfte, und die Tugend der Gerechtigkeit ist für beide Ordnungen zuständig.[6]

Interessant bei Platon ist vor allem, dass er Gerechtigkeit als Tugend definiert, als etwas, das dem Individuum innewohnt. Gerechtigkeit ist ein innerer Zustand, und der Mensch ist gerecht, insofern seine Seele an der Idee der Gerechtigkeit teilhat. Zwar geht es auch Platon um Gerechtigkeit als Handeln anderen gegenüber, aber dies wäre nicht möglich ohne die innere Tätigkeit »in Absicht auf sich selbst und das Seinige, indem einer nämlich jegliches in ihm nicht Fremdes verrichten lässt, noch die verschiedenen Kräfte seiner Seele sich gegenseitig in ihre Geschäfte einmischen, sondern jeglichem sein wahrhaft Angehöriges beilegt, und sich selbst beherrscht und ordnet und sein eigener Freund ist«.[7] Die Gerechtigkeit als Ordnungsprinzip ist für beides zuständig: für die Ordnung der Seele und für die Ordnung der Gemeinschaft. Gerechtigkeit heißt demnach, dass jeder das Seine tut[8], oder auch, dass jeder »hat und tut«, was ihm zukommt[9], also jeder erfüllt die soziale Rolle, für die er sich eignet, und erhält die Güter, die ihm zustehen.

Allerdings haben an dieser Gemeinschaft nicht alle gleichen Anteil: Gleichheit ist für das antike Griechenland keine Kategorie. Nur die freien männlichen Bürger nehmen am Leben der Polis teil. Frauen nicht, Sklaven nicht, Einwanderer nicht. Auch nicht alle Bürger, die es könnten, beteiligen sich an den öffentlichen Dingen. Kaufleute und Handwerker überlassen die Politik – allerdings freiwillig – den Adligen. Die griechischen Stadtstaaten sind ganz selbstverständlich Klassengesellschaften und Sklavenhaltergesellschaften. Das schmälert den Beitrag zur Entwicklung des Gerechtigkeitsbegriffs aber nicht.

Gerechtigkeit bedeutet, dass jeder das Seine tut und dass jedem das Seine zukommt. Das ist die große Formel, die von Platon aus die Theoriegeschichte des Abendlandes maßgeblich beeinflusst hat. Aristoteles, die Stoiker, Cicero, Augustinus, Thomas von Aquin leiten aus dieser Formel ihr Verständnis von Gerechtigkeit ab. Freilich wird sie häufig verkürzt wiedergegeben, und schon Platon hat dieser Verkürzung widersprochen. Er zitiert die Auffassung, Gerechtigkeit sei, »jedem das ihm Gebührende zukommen zu lassen« im Sinne von »Freunden Gutes zu tun und Feinden Böses«.[10]

Jemandem Böses zuzufügen kann zum einen nach Platon nicht gerecht sein.[11] Zum anderen greift aber die Formel »jedem das ihm Gebührende zukommen zu lassen« zu kurz. Sie ist – noch einmal verkürzt – in der Formel »suum cuique« um die Welt gegangen. Sie taucht so schon in Ciceros Abhandlung *De legibus* auf und wird in der Definition des römischen Rechtsgelehrten Ulpian kanonisch: »Iustitia est constans et perpetua voluntas ius suum cuique tribuendi« – Gerechtigkeit ist der feste und dauerhafte Wille, jedem das Seine zuzuteilen.

In dieser Verkürzung – »suum cuique« – liegt eine große Gefahr. Jedem das Seine, das kann auch heißen, jedem sein Schicksal, eben das, was ihm »zusteht«. So kann man Sklaverei und Leibeigenschaft rechtfertigen, wie Thomas von Aquin das getan hat. Und man kann den Zynismus auf die Spitze treiben und die Formel »Jedem das Seine« über dem Tor eines Vernichtungslagers anbringen. Wie die Nazis das im KZ Buchenwald getan haben.

Mit Platon ist derlei nicht zu begründen. Für ihn hat Gerechtigkeit zum einen eine soziale Dimension: Jeder soll das Seine bekommen, niemandem darf das Seine genommen werden.[12] Aber er besteht darauf, dass das Zuteilen alleine nicht entscheidend sein kann. Gerechtigkeit herrscht, »wenn man das Seine tut und nicht vielerlei Dinge treibt«.[13] Jeder soll das Seine (für die Gemeinschaft, den Staat) tun, und zwar so, wie es seinem Wesen und seinen Möglichkeiten entspricht. Aber das ist eben kein Handeln an sich und für sich, sondern ein Handeln in der und für die Gemeinschaft, die Polis. »Nicht ›jedem das Seine‹, sondern ›jeder das Seine‹ ist die Formel der Gerechtigkeit. So wird die individuelle Gerechtigkeit als der sozialen strukturgleich erwiesen.«[14]

Abendstern und Morgenstern

»Und deshalb gilt die Gerechtigkeit oft als oberster unter den Vorzügen des Charakters, und weder Abendstern noch Morgenstern sind so wundervoll.«[15] Ähnlich wie Platon schwärmt auch Aristoteles von der Gerechtigkeit. Auf ihn geht der zweite bedeutende Entwurf einer Gerechtigkeitstheorie in der Philosophiegeschichte zurück. Er wird gelegentlich als Gegenentwurf zu Platon bezeichnet, weil Aristoteles Gerechtigkeit explizit als Tugend bezogen auf einen anderen, pros heteron, definiert habe. Von daher wäre der Begriff »soziale Gerechtigkeit« ein Pleonasmus, weil Gerechtigkeit grundsätzlich nur intersubjektiv zu verstehen sei. Es bleibt allerdings bei der von Platon eingeleiteten Säkularisierung, die Aristoteles fortführt und radikalisiert: Er holt die Gerechtigkeit von Platons Ideenhimmel endgültig auf die Erde. Und er definiert Kategorien, die bis heute die Grundlage philosophischer Gerechtigkeitsdiskurse bilden.

Grundsätzlich unterscheidet Aristoteles zwischen einer allgemeinen und einer besonderen Gerechtigkeit. Die allgemeine Gerechtigkeit ist eine Tugend wie bei Platon, und sie meint wie bei Platon den Menschen, das Subjekt, seine Haltung, nämlich alles freiwillig zu tun, was Gesetz und Sitte vorschreiben. Gerechtigkeit wird also verstanden als »Rechtschaffenheit«, und das heißt: Auch Aristoteles kennt und akzeptiert den Grundsatz »jeder das Seine«.

Die besondere Gerechtigkeit bezieht sich auf das Zusammenleben in der Gemeinschaft, und da kennt Aristoteles die Verteilungsgerechtigkeit und die ausgleichende Gerechtigkeit. Bei der ersten geht es um die »Verteilung von öffentlichen Ämtern, von Geld und sonstigen Werten, die den Bürgern eines geordneten Gemeinwesens zustehen«.[16] Das Kriterium für die Verteilung dieser Güter ist das erworbene Verdienst des Bürgers. »Der Tugendhafte macht sich um sein Vaterland verdient; und die Polis belohnt ihn durch Ehrungen, die seiner würdig sind.«[17]

Die ausgleichende Gerechtigkeit ist zuständig für Geschäfte (Tauschgerechtigkeit), Verträge und dergleichen und für die Wiederherstellung des gesellschaftlichen Gleichgewichts, das durch Unrecht, durch Straftaten gestört wurde. Sie straft aber nicht nur, sondern gleicht aus und sorgt für Wiedergutmachung.

Es ist evident, dass die Verteilungsgerechtigkeit in diesem Sinne das ist, was modern im engeren Sinne unter »sozialer Gerechtigkeit« verstanden wird. Und es bleibt bemerkenswert, dass auch für Aristoteles die Verdienste des einzelnen Bürgers, die er im Einsatz für die Polis erworben hat, ausschlaggebend sind für das, was die Polis ihm »zurückgibt«. Genauso evident ist das Problem, das darin steckt: Wenn dieses ethische Anreizsystem seinen Geltungsanspruch verliert, wird Gerechtigkeit als Voraussetzung des guten Lebens in der Polis obsolet.

Herrschaft und Gerechtigkeit: Neuzeitliche Theorien

Die Beschäftigung mit Platon und Aristoteles in Spätantike und Mittelalter ist geprägt von Vermittlungsversuchen der antik-philosophischen mit christlichen Aspekten des Gerechtigkeitsbegriffs. Mit Albertus Magnus und seiner Antrittsvorlesung in Köln 1250 – einer Interpretation der *Nikomachischen Ethik* – beginnt dann eine neue, vor allem qualitativ andere Auseinandersetzung auch mit dem Gerechtigkeitsproblem. Allerdings bleibt es eine Auseinandersetzung unter Gelehrten. In Humanismus und Renaissance des 15. und 16. Jahrhunderts wurde zwar viel über Naturrecht geredet, aber recht wenig explizit über Gerechtigkeit.

Der große Neuansatz kam mit den Vertragstheoretikern vom 17. bis ins späte 18. Jahrhundert. Von den englischen Sozialphilosophen Thomas Hobbes (1588–1679), John Locke (1632–1704) und David Hume (1711–1776) über den Wahlfranzosen

Jean-Jacques Rousseau (1712–1778) bis zum deutschen Aufklärer Immanuel Kant (1724–1804). Ausgehend von Thomas Hobbes geht es um die Erklärung und Legitimierung von staatlicher Herrschaft durch die Vorstellung, dass die in vorstaatlichen Zuständen lebenden Menschen – als Freie und Gleiche – sich vertraglich auf ein Staatsgebilde einigen und einlassen. Die Ansätze und Erklärungsmuster sind allerdings zum Teil sehr unterschiedlich.

Dabei ist interessant, dass es bei den englischen Theoretikern ganz selbstverständlich um individuellen Besitz und dessen Sicherung geht. Eine gerechte Gesellschaft wird verstanden als eine, die Eigentum garantiert und sichert. Besonders deutlich bei David Hume: Für ihn ist Gerechtigkeit ein soziales Konstrukt. Eigentlich ist die menschliche Gier grenzenlos, und Gerechtigkeit ist eine soziale Fiktion, »vergleichbar den abwegigsten Formen des Aberglaubens und den bizarrsten religiösen Riten«.[18] Aber diese Fiktion, meint Hume, ist nützlich, ja sogar notwendig, nämlich zur Stabilisierung der gesellschaftlichen Eigentumsordnung. Gerechtigkeit hat nichts mit Menschenliebe, angeborenem Wohlwollen oder dergleichen zu tun, sondern entsteht aus Eigentumsinteresse und dem daraus resultierenden Vertragsgedanken.

Der Eigentumsbegriff regiert damit über die Vorstellungen von Gerechtigkeit. »Die sozialen Güter, deren öffentliche Verteilung die gerechtigkeitsphilosophische Aufmerksamkeit des Aristotelismus fand, sind aus dem neuzeitlichen Naturrecht ebenso verschwunden wie die ethisch-zivile Verdienstlichkeit, die anzuspornen und zu belohnen die iustitia distributiva der klassischen Politik etabliert worden war.«[19] Damit verbunden ist eine Entpolitisierung und Entmoralisierung der Gerechtigkeitsdebatte. »Der Markt ist jetzt der Ort der proportionalen Gleichheit, der differenzsensiblen Zuteilung. Die materiale Verteilungsgerechtigkeit wird privatisiert; daher verschwindet sie als politikphilosophisches Thema.«[20]

Sie verschwindet nicht ganz. Jean-Jacques Rousseau denkt sich die Entstehung des Gesellschaftsvertrags und damit der Eigentumsordnung als Folge einer Okkupation: »Der erste, der ein Stück Land eingezäunt hatte und es sich einfallen ließ zu sagen: *dies ist mein*, und der Leute fand, die einfältig genug waren, ihm zu glauben, war der wahre Gründer der bürgerlichen Gesellschaft.«[21] Die Starken und Klugen lassen sich diese Landnahme und das ausschließliche Nutzungsrecht von den Schwachen und Dummen vertraglich zusichern. »Aus der Bebauung des Grund und Bodens folgte notwendigerweise seine Aufteilung; und aus dem Eigentum, war es einmal anerkannt, die ersten Regeln der Gerechtigkeit.«[22] Ein Akt der Ungerechtigkeit bildet den Anfang gesellschaftlicher Ungleichheit, die durch die Vertiefung der Arbeitsteiligkeit immer stärker verfestigt wird. Das geht einher mit einer Verfestigung der Herrschaftsverhältnisse, der Etablierung des Konkurrenzprinzips und der Selbstentfremdung des Menschen.[23]

Dass Eigentum Ergebnis von Okkupation ist, ist kein ganz neuer Gedanke: John Locke und einige andere Theoretiker sind der Meinung, dass es so was wie eine ursprüngliche Erwerbung geben kann, dass man etwas auf eigene Faust in Besitz nehmen kann, zum Beispiel ein herrenloses Stück Land. Oder die Besitznahme erfolgt erst durch die Bearbeitung des okkupierten Landes und erreicht dadurch Rechtsförmlichkeit. Dagegen argumentieren Konsenstheoretiker wie Samuel von Pufendorf: »Wir können nicht verstehen, wie eine lediglich körperliche Handlung, wie es eine Bemächtigung und Besitzergreifung ist, in der Lage sein könnte, Rechtswirkung zu entfalten und das Recht und die Verfügungsmacht anderer einzuschränken, wenn nicht deren bestätigende und sanktionierende Zustimmung hinzu käme, wenn nicht ein Vertrag geschlossen würde.«[24]

Der Augapfel Gottes

»Niemals empört etwas mehr, als Ungerechtigkeit; alle anderen Übel, die wir ausstehen, sind nichts dagegen.« Diese Bemerkung Immanuel Kants mag als typisch für den großen Moralisten erscheinen. Sie stammt freilich aus dem handschriftlichen Nachlass[25], und das gibt uns einen Hinweis auf den Stellenwert: In Kants Philosophie, auch in seiner politischen Philosophie, scheint Gerechtigkeit keine zentrale Rolle zu spielen.[26] Das ist schon deshalb verwunderlich, weil in der gegenwärtigen Diskussion – nicht zuletzt im Gefolge des US-amerikanischen Philosophen John Rawls (siehe Seite 70) – ausdrücklich auf Kants »kategorischen Imperativ« rekurriert wird: »Handle nur nach derjenigen Maxime, durch die du zugleich wollen kannst, dass sie ein allgemeines Gesetz werde.«[27] Einen eigenen Gerechtigkeitsimperativ kennt Kant nicht, er thematisiert auch nicht Gerechtigkeit als personale Tugend oder als Eigenschaft von Handlungen. Das mag daran liegen, dass sein kategorischer Imperativ »das wesentliche Ergebnis seiner Moralphilosophie und seine Lösung des Problems der Gerechtigkeit« ist, wie der Staatsrechtler und Rechtspositivist Hans Kelsen anmerkt.[28]

Gerecht ist nach Kant, was die Rechtsordnung festlegt, und das, was dem Vernunftrecht entspricht. Das Vernunftrecht kennt ein Recht an der eigenen Person und ein Recht am Eigentum (»inneres und äußeres Mein und Dein«). Dieses Recht am Eigentum sichert der Staat.[29] Da ist Kant ganz bei den englischen Vertragstheoretikern. Der Eigentümerstaat ist der Inbegriff der Gerechtigkeit auf Erden, da er »jedem das, was für das Seine anerkannt werden soll, gesetzlich bestimmt und durch hinreichende Macht … zu Theil« werden lässt.[30] Wer mehr Gerechtigkeit will, als die Marktgesellschaft anzubieten hat, dem hilft die Religion.[31]

Kant lässt sich, anders als Rousseau, nicht auf den Begriff des Guten ein, sondern beruft sich genau auf den Typus Bürger, gegen den Rousseau argumentiert, »den Typus des eigeninteressierten, liberalen Individualisten, der die Gesetze daraufhin beurteilt, wie sie sich auf die Verwirklichung der eigenen Interessen auswirken«.[32] Sein Begriff der Gerechtigkeit ergibt sich aus seinem Begriff des Rechts im Zusammenleben der Menschen. Die Idee der Gerechtigkeit entspringt aus dem Gefühl der Gleichheit, und das heißt der gleichen Freiheit. Das Recht ist danach »der Inbegriff der Bedingungen, unter denen die Willkür des einen mit der Willkür des anderen nach einem allgemeinen Gesetze der Freiheit zusammen vereinigt werden kann«.[33] Darüber hinaus spricht Kant von einem »Recht der Menschen«, das er »das Heiligste, was Gott auf Erden hat« und den »Augapfel Gottes«[34] nennt.

So emphatisch diese Äußerungen auch sein mögen, sie bleiben Randbemerkungen, Kant spricht nur beiläufig von Gerechtigkeit. Sein Zentralbegriff ist Freiheit: »Das angeborene Recht ist nur ein einziges. Freiheit.«[35] Die Organisation der Freiheit, das heißt, wie die »Freiheit (...) eines jeden mit jedermanns Freiheit (...) zusammen bestehen kann«, das ist für Kant »allgemeines Prinzip des Rechts«[36], nicht die Gerechtigkeit. Eine Haltung, die nicht nur für den deutschen Idealismus des 19. Jahrhunderts kennzeichnend bleibt, sondern auch für seine wichtigsten Kritiker.

Hegel und Marx

Hegels Philosophie ist eine Philosophie der Freiheit, die sich erst im Staat verwirklichen kann. Der Staat ist das sittliche Ganze, er ermöglicht erst soziale Freiheit über die individuelle Freiheit hinaus, damit auch soziale Gerechtigkeit. »Denn die Gerechtigkeit in ihrer Realität und Wahrheit ist allein im Staate«, sagt Hegel in seiner Auseinandersetzung mit Platon. »Das Recht ist Dasein der Freiheit, Wirklichkeit des selbstbewussten, die reale

Seite und Weise des Geistes. Der Staat ist objektive Wirklichkeit des Rechts.«[37] An anderer Stelle heißt es, dass Platon, »was die Gerechtigkeit an und für sich sei, (...) nur in der objektiven Gestalt der Gerechtigkeit, nämlich der Konstruktion des Staates als des sittlichen Lebens darstellen zu können zeigte.«[38] Das mag man aus Platon herauslesen, ganz offensichtlich handelt es sich aber um Hegels ureigene Definition von Gerechtigkeit.

Karl Marx ist mit dem Freiheitsdiskurs Hegels durchaus einverstanden. Er kritisiert lediglich, dass der Geist der Gemeinschaft als der Inbegriff der sozialen Gerechtigkeit sich in der konkreten Person des Monarchen realisieren soll. Der Monarch als Einzelperson, so Marx in der *Kritik der Hegelschen Rechtsphilosophie*, kann nicht der Inbegriff der sozialen Wirklichkeit der Menschen sein. »Statt dass daher der Staat als die höchste Wirklichkeit der Person, als die höchste soziale Wirklichkeit des Menschen, wird ein *einzelner* empirischer Mensch, wird die empirische Person als die höchste Wirklichkeit des Staats hervorgebracht.«[39]

Bemerkenswert ist, dass auch der Hegelianer Karl Marx von Gerechtigkeit nur sehr beiläufig spricht. Gerechtigkeit gehört für ihn zum Komplex der überlieferten Moralbegriffe, die er einer scharfen Kritik unterzieht. So ist auch das Versprechen des *Kommunistischen Manifestes* Freiheit, nicht Gerechtigkeit. Dort heißt es: Die Kritiker des Kommunismus beklagen, dass er die Religion und die Moral abschaffen wolle, »statt sie neu zu gestalten, er widerspricht also allen bisherigen geschichtlichen Entwicklungen«.[40] Außerdem gebe es doch »ewige Wahrheiten, wie Freiheit, Gerechtigkeit usw., die allen gesellschaftlichen Zuständen gemeinsam sind«. Dagegen das Argument von Marx und Engels: Die Geschichte der Gesellschaft bewegte sich in Klassengegensätzen, die verschiedene Formen angenommen haben. Aber »die Ausbeutung des einen Teils der Gesellschaft durch den anderen ist eine allen vergangenen Jahrhunderten gemeinsame Tatsache. Kein Wunder daher, dass das gesellschaftliche Bewusstsein aller Jahrhunderte, aller Mannigfaltigkeit und Verschiedenheit zum Trotz, in gewissen gemeinsamen Formen sich bewegt, in Bewusstseinsformen, die nur mit dem gänzlichen Verschwinden des Klassengegensatzes sich vollständig auflösen.«[41]

Der Widerwille gegen Moralbegriffe wie Gerechtigkeit führte so weit, dass Marx und Engels dafür sorgten, dass der »Bund der Gerechten« in »Bund der Kommunisten« umbenannt wurde. »Wo der Klassenkampf als unliebsame ›rohe‹ Erscheinung auf die Seite geschoben wird, da bleibt als Basis des Sozialismus nichts als ›wahre Menschenliebe‹ und leere Redensarten von ›Gerechtigkeit‹.«[42]

Marx will da ganz konsequent sein. Auch im *Kapital* heißt es: »Weiß man etwa mehr über den Wucher, wenn man sagt, er widerspreche der ›ewigen Gerechtigkeit‹ und der ›ewigen Billigkeit‹ und der ›ewigen Gegenseitigkeit‹ und andern ›ewigen Wahrheiten‹, als die Kirchenväter wussten, wenn sie sagten, er widerspräche der ›ewigen Gnade‹, dem ›ewigen Glauben‹ und dem ›ewigen Willen Gottes‹?«[43] Damit versucht Marx den französischen Sozialisten Proudhon und dessen Vorstellung abzufertigen, die aus der Warenproduktion sich ergebenden Rechtsverhältnisse könne man nach dem Ideal der »ewigen Gerechtigkeit« ummodeln. Will sagen: Für Marx ist es unsinnig, mit »ewigen Wahrheiten« gegen Rechtsverhältnisse ankämpfen zu wollen, die nur Ausdruck ökonomischer Verhältnisse sind, diese ökonomischen Verhältnisse selbst aber nicht zu kritisieren und zu bekämpfen. »Die Zivilisation und Gerechtigkeit der Bourgeoisordnung tritt hervor in ihrem wahren, gewitterschwangern Licht, sobald die Sklaven in dieser Ordnung sich gegen ihre Herren empören. Dann stellt sich diese Zivilisation und Gerechtigkeit dar als unverhüllte Wildheit und gesetzlose Rache. Jede neue Krisis im Klassenkampf zwischen dem Aneigner und dem Hervorbringer des Reichtums bringt diese Tatsache greller zum Vorschein.«[44]

Diese Formulierungen zeigen, dass Marx zwar moralische Kategorien peinlichst zu vermeiden sucht, dass sie aber stets mitschwingen, weil sie die Grundierung all seiner Überlegungen sind. Ernst Bloch spricht von einem »Kältestrom« und einem »Wärmestrom« im Marxschen Denken.[45] Der Kältestrom bezeichnet die kühle, scharfe Analyse der bestehenden Verhältnisse, der Wärmestrom die Anteilnahme am Schicksal der Menschen. Marx schreibt in der *Kritik der Hegelschen Rechtsphilosophie:* »Die Kritik der Religion endet mit der Lehre, dass der *Mensch das höchste Wesen für den Menschen* sei, also mit dem *kategorischen Imperativ, alle Verhältnisse umzuwerfen*, in denen der Mensch ein erniedrigtes, ein geknechtetes, ein verlassenes, ein verächtliches Wesen ist. Verhältnisse, die man nicht besser schildern kann als durch den Ausruf eines Franzosen bei einer projektierten Hundesteuer: Arme Hunde! Man will euch wie Menschen behandeln!«[46] Deutlicher kann man nicht an »Gerechtigkeit« appellieren. Ähnlich im *Kommunistischen Manifest*, wo es zur Rolle der Bourgeoisie heißt: »Sie hat die persönliche Würde in den Tauschwert aufgelöst und an die Stelle der zahllosen verbrieften und wohlerworbenen Freiheiten die eine gewissenlose Handelsfreiheit gesetzt. Sie hat, mit einem Wort, an die Stelle der mit religiösen und politischen Illusionen verhüllten Ausbeutung die offene, unverschämte, direkte, dürre Ausbeutung gesetzt.«[47]

So sehr sich Marx auch müht, Moralbegriffe zu vermeiden: »Sein ganzes wissenschaftliches Werke ist vollgestopft mit Begriffen und Symbolen, welche das irdische Elend, die Selbstzerrissenheit des menschlichen Daseins denunzieren und dagegen protestieren.«[48] Das sagt Oskar Negt in seiner Abschiedsvorlesung über Kant und Marx und fährt fort: »Selbst in betont wissenschaftlichen, scheinbar wertfreien Passagen des *Kapital* bedient sich Marx der Kategorien von Moral und Gerechtigkeit, um seine Analyse in die Gefühlswelt der Empörung einzubinden.«[49] Ein besonders schönes Beispiel für diese These liefert Negt gleich mit: Eine Passage aus dem *Kapital*, in der Kapitalist und Lohnarbeiter die Sphäre der einfachen Zirkulation verlassen und in den Produktionsprozess eintreten. »Der ehemalige

Geldbesitzer schreitet voran als Kapitalist, der Arbeitskraftbesitzer folgt ihm nach als sein Arbeiter; der eine bedeutungsvoll schmunzelnd und geschäftseifrig, der andere scheu, widerstrebsam, wie jemand, der seine eigene Haut zu Markte getragen und nun nichts anderes zu erwarten hat als die – Gerberei.«[50]

Allerdings bleibt es dabei: Da, wo Marx sich explizit mit dem Thema beschäftigt, kommt die Gerechtigkeit nicht gut weg. Am ausführlichsten tut er das in seinen »Randglossen zum Programm der deutschen Arbeiterpartei«. Darin geht es um den Entwurf zum Gothaer Programm, das beim Vereinigungsparteitag der Sozialdemokratischen Arbeiterpartei mit dem Allgemeinen Deutschen Arbeiterverein im Mai 1875 verabschiedet wurde. Den »Wortschrauben« und »hohlen Phrasen« dieses Entwurfs setzt Marx eigene Kernsätze entgegen, aus denen auch auf seinen Gerechtigkeitsbegriff geschlossen werden kann.

Besonders hat es ihm die Forderung nach »gerechter Verteilung des Arbeitsertrags« angetan. Daran stört ihn zum einen der Begriff »Arbeitsertrag«, eine »lose Vorstellung« statt ökonomischer Begriffe wie Produkt oder Wert. Und dann fragt er, was »gerechte Verteilung« (auch eine Phrase) heißen soll. »Behaupten die Bourgeois nicht, dass die heutige Verteilung ›gerecht‹ ist? Und ist sie in der Tat nicht die einzige ›gerechte‹ Verteilung auf Grundlage der heutigen Produktionsweise? Werden die ökonomischen Verhältnisse durch Rechtsbegriffe geregelt, oder entspringen nicht umgekehrt die Rechtsverhältnisse aus den ökonomischen? Haben nicht auch die sozialistischen Sektierer die verschiedensten Vorstellungen über ›gerechte‹ Verteilung?«[51]

Marx legt dann dar, dass das Gothaer Programm zwar einen Fortschritt bedeute, dass die darin entworfene kommunistische Ordnung aber »in jeder Beziehung, ökonomisch, sittlich, geistig, noch behaftet ist mit den Muttermalen der alten Gesellschaft, aus der sie kommt«.[52] Die Leistung des Arbeiters soll danach wie im Warenaustausch bewertet werden. Für ein Quantum Arbeit bekommt er von der Gesellschaft ein Quantum Konsumtionsmittel, und zwar genauso viel, wie gleich viel Arbeit kostet. »Dasselbe Quantum Arbeit, das er der Gesellschaft in einer Form gegeben hat, erhält er in der andern zurück.«[53]

Das ist die »bürgerliche Schranke« des Gothaer Programms, sie steckt im Gleichheitsprinzip. Die Gleichheit des Austauschs hängt am Gleichheits*maßstab*, der Arbeit. »Der eine ist aber physisch oder geistig dem andern überlegen, liefert also in derselben Zeit mehr Arbeit oder kann während mehr Zeit arbeiten; und die Arbeit, um als Maß zu dienen, muss der Ausdehnung oder der Intensität nach bestimmt werden, sonst hörte sie auf, Maßstab zu sein. Dies *gleiche* Recht ist ungleiches Recht für ungleiche Arbeit. Es erkennt keine Klassenunterschiede an, weil jeder nur Arbeiter ist wie der andre; aber es erkennt stillschweigend die ungleiche individuelle Begabung und daher Leistungsfähigkeit der Arbeiter als natürliche Privilegien an. *Es ist daher ein Recht der Ungleichheit, seinem Inhalt nach, wie alles Recht.*«[54]

Die Individuen sind von ihrer individuellen Ausstattung her ungleich, ihre sozialen, familiären etc. Umstände sind ungleich, aber sie werden – oh Gleichheit! – nach *einem* Maßstab gemessen, nämlich insofern sie Arbeiter sind. »Um alle diese Missstände zu vermeiden, müsste das Recht, statt gleich, vielmehr ungleich sein.« Müsste – sagt Marx. Aber er fordert es nicht. Sondern erklärt, dass in einer ersten Phase der kommunistischen Gesellschaft solche Missstände unvermeidbar sind. »In einer höheren Phase der kommunistischen Gesellschaft, nachdem die knechtende Unterordnung der Individuen unter die Teilung der Arbeit, damit auch der Gegensatz geistiger und körperlicher Arbeit verschwunden ist; nachdem die Arbeit nicht nur Mittel zum Leben, sondern selbst das erste Lebensbedürfnis geworden; nachdem mit der allseitigen Entwicklung der Individuen auch ihre Produktivkräfte gewachsen und alle Springquellen des genossenschaftlichen Reichtums voller fließen – erst dann kann der enge bürgerliche Rechtshorizont ganz überschritten werden und die Gesellschaft auf ihre Fahne schreiben: Jeder nach seinen Fähigkeiten, jedem nach seinen Bedürfnissen!«[55]

Voraussetzung für derart paradiesische Zustände ist und bleibt für Marx, dass die kapitalistische Produktionsweise aufgehoben wird. Die im wesentlichen darin besteht, dass die sachlichen Produktionsbedingungen (Kapitaleigentum, Grundeigentum) den Nichtarbeitern zugeteilt sind, »während die Masse nur Eigentümer der persönlichen Produktionsbedingung, der Arbeitskraft ist«.[56] Soll Gerechtigkeit herrschen, müssen diese Verhältnisse aufgehoben werden. Das sagt Marx so nicht, es ergibt sich aber aus seiner Argumentation. Was bisher unter Gerechtigkeit verstanden wurde, ist den aus den kapitalistischen Produktionsbedingungen hervorgehenden Rechtsverhältnissen geschuldet. Sind beide aufgehoben, tritt eine andere Gerechtigkeit ein. Oder: Man müsste über Gerechtigkeit nicht mehr reden.

5 John Rawls und die Folgen

»Die Gerechtigkeit ist die erste Tugend sozialer Institutionen, so wie die Wahrheit bei Gedankensystemen.«
John Rawls

Seit dem späten 19. bis zum mittleren 20. Jahrhundert hat der Begriff Gerechtigkeit in der Philosophie keine gute Presse. In der Ökonomie sowieso nicht, doch davon später. Gerechtigkeitskritische Theorieansätze stehen im Mittelpunkt. Für den Rechtspositivismus gilt das, was in Gesetzen festgeschrieben ist, und nichts darüber hinaus. Für die Systemtheorie besteht die moderne Gesellschaft aus eigenständigen Teilsystemen, die ihrer eigenen Logik und Funktionalität gehorchen. Begriffe wie Moral und Gerechtigkeit liegen außerhalb dieser Funktionalität, kommen also theoretisch wie praktisch nicht vor.

Eine intensive philosophische Debatte über Gerechtigkeit setzt erst in den siebziger Jahren des 20. Jahrhunderts wieder ein, nämlich mit dem Erscheinen von John Rawls' *Theory of Justice*[1]. Dieses Buch hat umfangreiche Diskussionen angeregt, hat nicht nur in die Philosophie, sondern auch weit in die Soziologie, die Wirtschaftswissenschaften und andere Disziplinen gewirkt und beherrscht noch heute, über dreißig Jahre nach seinem Erscheinen, die einschlägigen Debatten.

Der Kieler Rechtsphilosoph Wolfgang Kersting bezeichnet das Werk sogar als »argumentativ dichteste und elaborierteste Theorie der Gerechtigkeit, die in der Geschichte der praktischen Philosophie entwickelt worden ist«.[2] Ob man dieser Einschätzung folgt oder nicht: Unbestritten ist, dass Rawls mit seinem

Hauptwerk eine Renaissance der politischen Philosophie eingeleitet hat, die bis heute wirksam ist.

»Die Gerechtigkeit ist die erste Tugend sozialer Institutionen, so wie die Wahrheit bei Gedankensystemen.«[3] Das ist Ausgangspunkt der Theorie von Rawls, die er explizit als Fortführung der klassischen Vertragstheorien versteht. »Ich möchte eine Gerechtigkeitsvorstellung darlegen, die die bekannte Theorie des Gesellschaftsvertrages etwa von Locke, Rousseau und Kant verallgemeinert und auf eine höhere Abstraktionsebene hebt.«[4] Wobei er sich der kantischen Tradition besonders verbunden fühlt. Zwar thematisiert er Gerechtigkeit auch als Eigenschaft von Personen; er spricht von einem Gerechtigkeitssinn, der die Menschen dazu bringt, »gemäß den Grundsätzen der Gerechtigkeit zu handeln«,[5] die Regeln einzuhalten und die Institutionen zu unterstützen. Es geht also eher um die Stabilität der Gesellschaft als um eine »Tugend« im Sinne Platons. Es kommt, ganz im Sinne Kants, weniger auf die Moralität der handelnden Personen als vielmehr darauf an, dass die Menschen sich rational über ihre Interessen klar werden und auf dieser Grundlage staats-vertraglich übereinkommen. »Selbst für ein Volk von Teufeln«, sagt Kant, ist die Errichtung eines Staates möglich, »wenn sie nur Verstand haben«.[6]

Im Zentrum von Rawls' Überlegungen steht nun die Frage, wie gesellschaftliche Grundgüter zu verteilen sind. »Gesellschaftlich« im Unterschied zu natürlichen Grundgütern wie Kraft, Intelligenz, Ideenreichtum. Rawls nennt vier Arten von gesellschaftlichen Grundgütern: Rechte und Freiheiten, Chancen und Macht, Einkommen und Wohlstand, Selbstachtung. Für jeden Menschen und für jede Art von Lebensplan, so Rawls, sind diese Grundgüter unabdingbar.

Daran knüpft er Gerechtigkeitsgrundsätze. Der erste betrifft bürgerliche und politische Rechte: »Jedermann hat gleiches Recht auf das umfangreichste Gesamtsystem gleicher Grundfreiheiten, das für alle möglich ist.«[7] Der zweite betrifft materielle und nichtmaterielle Interessen: »Soziale und wirtschaftliche Ungleichheiten müssen folgendermaßen beschaffen sein:

(a) Sie müssen unter der Einschränkung des gerechten Spargrundsatzes den am wenigsten Begünstigten den größtmöglichen Vorteil bringen, und
(b) sie müssen mit Ämtern und Positionen verbunden sein, die allen gemäß fairer Chancengleichheit offenstehen.«[8]

Das bedeutet, dass Ungleichheiten im Gerechtigkeitskonzept von Rawls nicht ausgeschlossen sind. Aber sie sind zum einen nur im wirtschaftlichen und gesellschaftlichen Bereich zulässig, nicht im Bereich der Freiheits- und Menschenrechte. Und im ersten Bereich auch nicht, um natürliche Vorteile (physisch, psychisch, intellektuell) mit höherem Sozialprestige oder mehr materiellen Gütern zu belohnen. Ungleichheiten sind nur dann erlaubt, wenn sie den Benachteiligten möglichst weitgehend nutzen.

Zum anderen müssen alle Positionen und Ämter allen offenstehen. Also: Hautfarbe, Religion, Alter, Geschlecht, sozialer Status dürfen keine Rolle spielen, sondern in erster Linie Leistungsfähigkeit und Leistungsbereitschaft. Daraus erwächst die Forderung, »dass Menschen mit gleichen Fähigkeiten und gleicher Bereitschaft, sie einzusetzen, gleiche Erfolgsaussichten haben sollten, unabhängig von ihrer anfänglichen gesellschaftlichen Stellung. In allen Teilen der Gesellschaft sollte es für ähnlich Begabte und Motivierte auch einigermaßen ähnliche kulturelle Möglichkeiten und Aufstiegschancen geben. Die Aussichten von Menschen mit gleichen Fähigkeiten und Motiven dürfen nicht von ihrer sozialen Schicht abhängen.«[9]

Was Rawls da formuliert, ist weitgehend fester Bestandteil freiheitlich-demokratischer Gemeinwesen und wissenschaftlich weitgehend unstrittig. Ein Problem ist natürlich die Frage von Begabung und Bildung. Begabung gehört zu den physischen Grundgütern, also solchen, die vom Individuum nicht zu beeinflussen sind. Bildung gehört zu den gesellschaftlichen Faktoren, die im einzelnen auch nur indirekt beeinflusst werden können. Diesem Problem begegnet Rawls mit einer selbst wieder problematischen Forderung, nämlich die Schlechtestgestellten möglichst gut zu stellen. Rawls' Begründung: Unverdiente Ungleichheiten sollen damit kompensiert werden. »Sobald man sich für eine Gerechtigkeitsvorstellung entschieden hat, die die Zufälligkeiten der natürlichen Begabung und der gesellschaftlichen Verhältnisse nicht zu politischen und wirtschaftlichen Vorteilen führen lässt, gelangt man zu diesen Grundsätzen.«[10]

Zur Etablierung von Gerechtigkeitsvorstellungen kommt es durch eine Art Gesellschaftsvertrag. Der ist – wie bei den historischen Vertragstheoretikern – nicht als historisches Faktum gedacht, es geht nicht um einen rekonstruierbaren Naturzustand, den man rudimentär noch bei heutigen Naturvölkern auffinden könnte. Es geht um ein Gedankenexperiment: Angenommen, mehrere Individuen setzen sich zusammen, um über ihr Zusammenleben zu entscheiden. Sie wissen zwar Bescheid über die Bedingungen, wissen, dass die natürlichen und sozialen Ressourcen begrenzt sind, aber sie kennen sich selbst nicht. Sie wissen nichts über ihre Fähigkeiten und Talente, nichts über ihre soziale und ökonomische Lage. Und das bedeutet auch: Sie wissen nicht, welche Stellung sie in der künftigen Gesellschaft einnehmen werden, ob Koch oder Kellner, Topmanager oder Laufbote, Operndiva oder Klofrau. »Es wird also angenommen, dass den Parteien bestimmte Arten von Einzeltatsachen unbekannt sind. Vor allem kennt niemand seinen Platz in der Gesellschaft, seine Klasse oder seinen Status; ebenso wenig seine natürlichen Gaben, seine Intelligenz, Körperkraft usw.«[11]

Dieser »Schleier des Nichtwissens« (veil of ignorance) ist für Rawls Voraussetzung für Unparteilichkeit: »Sie wissen nicht, wie sich die verschiedenen Möglichkeiten auf ihre Interessen auswirken würden, und müssen Grundsätze allein unter allgemeinen Gesichtspunkten beurteilen.«[12] Dadurch kommt es zu einem Minimalkonsens: Man entscheidet sich für eine Ordnung, in der man auch dann noch große Vorteile erwarten kann, wenn man in der wirtschaftlichen und sozialen Ordnung ganz unten landet. Wer kollektiv zu entscheiden hat, nach welchen Grundsätzen eine künftige Gesellschaft eingerichtet werden soll, muss sich in die Lage derjenigen versetzen, die in Zukunft am schlechtesten gestellt sein werden. Das ist der »Fairnesstest«, und die daraus hervorgehenden Prinzipien sind in der Lage, im Zentrum einer »wohlgeordneten Gesellschaft« zu stehen.

Nun ist eine solche Konstruktion nicht so unmittelbar einleuchtend, wie Rawls sich das gedacht hat. Gegen den Vorwurf, das sei alles abstrakt und habe mit den konkreten Menschen nichts zu tun, hat er allerdings ein schönes Argument: Sein Experiment setze »ebenso wenig eine besondere metaphysische Doktrin über die Natur der Person« voraus »wie die Tatsache, dass wir in einem Theaterstück die Rolle von Macbeth oder Lady Macbeth spielen, uns glauben macht, wir wären tatsächlich König und Königin in einem verzweifelten Kampf um die Macht«.

Andere Kritiker werfen Rawls vor, seine Annahmen seien normativ, reine Setzungen und schwer nachzuvollziehen. Damit hat Rawls sich intensiv auseinandergesetzt und 1990 ein »Restatement«, eine Art Replik und Ergänzung, veröffentlicht: *Justice as Fairness*[13]. Rawls muss hier einräumen, dass eine Theorie der Gerechtigkeit unterschiedliche Vorstellungen davon berücksichtigen muss, was denn erstrebenswert in einer Gesellschaft sei. Die normativen Annahmen der Theorie müssen zustimmungsfähig sein, werden also Gegenstand des Diskurses freier und gleicher Bürger.

Außerdem relativiert er die Bedeutung der Verteilungsgerechtigkeit. Zwar bleibt es dabei, dass Zufälligkeiten wie Herkunft, Aussehen, Begabungen etc. nicht zu ungerechter Chancenverteilung führen dürfen. Es gibt keine »natürlichen« Ansprüche auf Güterverteilung, die Verteilung individueller Talente wird als »gemeinschaftliches Guthaben« interpretiert. Aber statt Verteilungsgerechtigkeit rückt jetzt die Herstellung einer »reinen Hintergrund-Verfahrensgerechtigkeit« in den Mittelpunkt. Damit sind die institutionellen Rechte und Freiheiten der Bürger gemeint: Die politischen, sozialen, wirtschaftlichen Institutionen sollen so gestaltet sein, dass keine ungerechtfertigten Ungleichheiten entstehen. Und damit verbunden geht es dann auch um faire Chancen auf Einkommen und Vermögen.

Was heißt das nun alles politisch-praktisch? Mit John Rawls ließe sich zum Beispiel Hartz IV kaum begründen: Zur Förderung des Wohls der Arbeitslosen deren Mittel zu kürzen, darauf käme er nicht. Auch plädiert er keineswegs für ausgeprägte Ungleichheiten des Eigentumsbesitzes, die zu ungleicher sozialer und politischer Macht führen. Unklar bleibt aber, wie dehnbar dieser Ungleichheitsbegriff ist. Ungleichheiten sind hinzunehmen, wenn sie zur Besserstellung der Schlechtestgestellten führen, sagt Rawls. Das kann man auch als philosophische Rechtfertigung des ordinären Kapitalismus lesen, der ja behauptet, dass es den Armen gut geht, je besser es den Reichen geht. Wie lange ist der tiefe Graben zwischen Arm und Reich zu erdulden? Wie lange dürfen Kapitalgesellschaften steuerlich begünstigt werden, wie lange muss man warten auf die Einlösung des Versprechens, dass dies und natürlich die Lohnzurückhaltung der Arbeitnehmer als begleitende Maßnahme zur Schaffung von Arbeitsplätzen führt? Wird hier in Jahren, Jahrzehnten, Jahrhunderten gerechnet?

Hier zeigt sich, dass John Rawls seine Gerechtigkeitstheorie zu einer Zeit geschrieben hat, als der US-Kapitalismus noch gesund und munter war und auf jede – überschaubare – Krise ein Aufschwung folgte, der wenn nicht allen, so doch vielen zugute kam. Auch die Zeiten sind vorbei.

Gerechtigkeit und Gleichheit

Die majestätische Gleichheit vor dem Gesetz verbietet es Reichen wie Armen, unter den Brücken zu schlafen, auf den Straßen zu betteln und Brot zu stehlen.
Anatole France

Wir hatten gesehen, dass Gleichheit ein wesentliches Element in Rawls' Konzept von Gerechtigkeit darstellt, freilich keinen absoluten Rang einnimmt: Soziale Ungleichheit wird unter bestimmten Umständen akzeptiert. Der Egalitarismus radikalisiert diesen Ansatz. Und zwar mit der Radikalisierung der Frage: Wie soll eine Gemeinschaft, Gesellschaft, ein Staat auf die Tatsache reagieren, dass die Menschen genetisch höchst unterschiedlich ausgestattet sind und sozial höchst unterschiedlich in die Welt wachsen? Durch Ausgleich, das versteht sich. Diese Ausgleichsforderung bezieht sich allerdings meist auf das Soziale: Wer in schwierigen familiären und sozialen Verhältnissen groß wird, soll unter diesen Bedingungen nicht leiden, soll dadurch keine Nachteile erfahren. Das ist rechts- und sozialstaatlicher Standard, zumindest in der Theorie. Anders: »Niemand soll aufgrund von Dingen, für die er nichts kann, schlechter dastehen im Leben als andere.«[14]

Aber was ist mit den »natürlichen« Voraussetzungen, mit physischen und psychischen Tatbeständen?[15] Wer mit körperlichen Vorzügen, mit Talent, Selbstbewusstsein, Durchsetzungsvermögen ausgestattet ist, der hat das genauso wenig »verdient« wie derjenige, der auf diesen Gebieten benachteiligt ist. Das bedeutet: Es gibt keine gesellschaftliche Legitimation für Lebenskarrieren, die von genetischen und/oder sozialen Vorteilen abhängen. Der egalitaristische Ansatz zieht daraus die Konsequenz, dass jeder einzelne nur das verdient, was das Ergebnis seiner eigenen Leistung und seiner Entscheidungen ist.

Gerechtigkeit würde danach bedeuten, dass nur die Ungleichheiten von der Gemeinschaft ausgeglichen werden, die mit der

Ausstattung (endowment) des Menschen zu tun haben, also mit den physisch-geistigen Kräften, auf die er keinen Einfluss hat. Während das, was sich auf seine Vorlieben, Absichten, Entscheidungen (ambitions) zurückführen lässt, auf seine Kappe geht, im negativen Fall also nicht kompensiert, im positiven aber auch nicht angetastet wird. Gerechtigkeit soll absichts-sensitiv (ambition-sensitive) und ausstattungs-insensitiv (endowment-insensitive) sein, sagt Ronald Dworkin, einer der prominenten Vertreter des Egalitarismus.[16]

Das ist ohne Zweifel ein in seiner Konsequenz und Radikalität überzeugender Ansatz. Er bedeutet allerdings, dass eine Gesellschaft über hochdifferenzierte Methoden und Einrichtungen verfügen müsste, um mit hinreichender Trennschärfe herauszufinden, »which aspects of any person's economic position flow from his choices and which from advantages and disadvantages that were not matters of choice«.[17]

Machen wir den Praxistest: Wovon hängt der Erfolg eines Opernsängers ab? Von seiner physischen Ausstattung, vom Aussehen, vom sozialen und Wohnumfeld, von familiärer oder auch schulischer Förderung, von Fleiß, persönlichem Einsatz, Durchsetzungs- und Beharrungsvermögen, von musikalischen Moden – welcher Faktor spielt welche Rolle, welche Voraussetzung hat welchen prozentualen Anteil am Gesamterfolg? Wie hoch ist der Einkommenserfolg, wie hoch der soziale Erfolg, der Status, die persönliche Zufriedenheit zu werten? Der ist nicht zu beneiden, der diese Fragen gesellschaftlich-praktisch zu beantworten hätte.

Ein anderes Bespiel. Gleichheit ist der Inbegriff der Gerechtigkeit, sagt auch Stefan Gosepath, Politikphilosoph an der Universität Bremen.[18] Ungleiche Verteilung von Gütern ist nur zu rechtfertigen als »Ergebnis der eigenen Leistung aufgrund der persönlichen Entscheidung, die eigenen Anlagen zu nutzen«. Die Anlagen selbst sind nicht das Verdienst des einzelnen. »Also nicht die natürliche Schönheit oder die körperliche Mitgift für sportliche Leistungen und auch nicht die sozialen Verhältnisse, in die man hineingeboren wird. All das ist kein Verdienst. Wenn natürliche Anlagen und soziales Umfeld aber entfallen, dann bleibt nur noch die autonome Entscheidung von Individuen.«[19] Wenn ein Spitzensportler also mehr Geld und Ruhm einheimst als ein durchschnittlich körperlich begabter Mensch, dann wird er entlohnt für den Entschluss, seine Kräfte zu nutzen, und für die Beharrlichkeit, an sich zu arbeiten.

»Der Inbegriff von Gerechtigkeit ist Gleichheit – so sieht es der Mainstream heutiger politischer Philosophie.«[20] Die Kritik am Egalitarismus bestreitet die Gültigkeit dieser Annahme. Sie sagt, »dass zumindest die besonders wichtigen, elementaren Standards der Gerechtigkeit nicht-relationaler Art sind und Gleichheit nur als Nebenprodukt ihrer Erfüllung mit sich führen«.[21] Zu deutsch: Gleichheit hat keinen Eigenwert, es ist nicht wichtig, wie jemand im Vergleich zu anderen dasteht, sondern wie er absolut dasteht. Wer am unteren Rand der Gesellschaft lebt, muss nicht unbedingt unzumutbar schlecht leben. Das ist die These von Harry Frankfurt, einem besonders radikalen Vertreter dieser Richtung. »Das Übel liegt nicht in dem Umstand, dass die minderwertigen Leben zufällig in einem Verhältnis der Ungleichheit zu anderen Leben stehen. Das Übel, dass manche Menschen ein schlechtes Leben führen, entsteht nicht dadurch, dass andere Menschen ein besseres Leben führen. Das Übel liegt einfach in der unverkennbaren Tatsache, dass schlechte Leben schlecht sind.«[22]

Jeder Mensch hat Rechte, und zwar allein dadurch, dass er Mensch ist. Dieser »menschenrechtlichen Allgemeinheit«, sagen die Kritiker des Egalitarismus, wird nichts hinzugefügt durch die Aussage, dass alle Menschen »gleichermaßen« Rechte haben. Allgemeinheit ist das Kriterium, nicht Gleichheit.

Das entscheidende Prinzip sei vielmehr Achtung, sagt Harry Frankfurt.[23] Wir achten Menschen in ihrer Andersheit. Wäre Gleichheit das Prinzip, müssten alle gleichen Normen unterworfen werden. Nur das Gleiche ist gleich zu behandeln – wer schwanger ist, bedarf besonderer Schonung. Gleichgültig, wer das ist. Und das ist keine Frage der Gleichheit, sondern der Geltung von Regeln.

Das ist ohne Zweifel eine akzeptable Ergänzung der herkömmlichen Gerechtigkeitsdiskussion:[24] Ich werde dem anderen gerecht, indem ich ihn in seiner Selbstheit achte, also in dem, was er ist, zum Beispiel anderen Menschen ziemlich ungleich, und indem ich ihn nicht an dem messe, was mir richtig erscheint. Aber das löst nicht das Kernproblem der anti-egalitaristischen Position. Das besteht in der Behauptung, dass es reicht, wenn jedes Mitglied einer Gesellschaft »genug« hat, gleichgültig, wie viel mehr der andere hat.

Und wer definiert, was genug ist? Vor allem: Wer schaut darauf, wie es zu der ungleichen Verteilung gekommen ist, ob also derjenige, der ganz unten ist (und nach Meinung von Harry Frankfurt trotzdem nicht elend lebt), nicht von den anderen übers Ohr gehauen worden ist? Die Relation zu anderen spielt in sozialen Zusammenhängen eben doch eine Rolle. Gerechtigkeit fragt einerseits danach, was dem Menschen »gemäß« ist, andererseits aber auch, was ihm »zusteht« im Verhältnis zu den anderen. Und das betrifft nicht nur die »Verteilung« von Gütern. Es ist fatal, dass der Begriff »Verteilungsgerechtigkeit« die Debatte über weite Strecken beherrscht. Menschen sind nicht »Empfänger« von Gerechtigkeit, sondern Hersteller. Sie müssen die Chance bekommen, »autonome Subjekte der Gerechtigkeit«[25] zu werden.

Darüber hinaus müssen »die Verhältnisse«, müssen soziale Beziehungen, müssen geltende Normen gerechtfertigt werden. »Darin liegt die fundamentale moralische Gleichheit begründet, die den Boden für weitergehende Ansprüche auf politische und soziale Gerechtigkeit darstellt«, wie Rainer Forst zutreffend erläutert. »Gerechtigkeit heißt zuallererst, dass die sozialen Beziehungen innerhalb eines sozialen Kooperationssystems gerechtfertigt werden können; die grundlegende Gleichheit ist die Rechtfertigungsgleichheit der einzelnen.«[26]

Die Diskussion um Gleichheit krankt häufig daran, dass die Gleichheitsforderung als Aufforderung zur Gleichmacherei missverstanden wird. Aber es geht darum, dass (soziale) Gerechtigkeit ohne Gleichheitsprinzip nicht denkbar ist.

Grundvoraussetzung für Gerechtigkeit ist die Annahme, dass alle Menschen im ersten Zugang als gleich, als ausgestattet mit gleichen Rechten verstanden werden. Gleichheit bedeutet, dass zunächst einmal von zufälligen Besonderheiten abstrahiert wird, dass zuerst das gesehen wird, was alle Menschen ausmacht. Und nicht zuerst der Manager, die Kanzlerin, der Banker, der Halbstarke, der Mörder. »Gleichheit ist nicht schon in allgemeiner Einbeziehung enthalten. Es ist zweierlei, ob alle Menschen Rechte haben oder ob sie gleiche Rechte haben. Das zweite ist ein substantieller Zusatz, nicht nur eine Erläuterung dessen, was ›alle Menschen‹ meint.«[27]

Das gilt auch für das Argument der Achtung. »Moderne Achtung gilt dem allen Menschen Gemeinsamen. Sie ist nicht Würdigung dieser oder jener Fähigkeit, dieser oder jener Herkunft.«[28] Sondern Würdigung des Menschseins. »Ihr politisch-moralisch wichtigster Ausdruck sind die Menschenrechte. Sie sind gleiche Rechte oder sie sind nicht. Wer nicht als Gleicher gilt, gilt nicht als Subjekt von Menschenrechten.«[29]

Das bedeutet allerdings nicht, dass alle gleich behandelt werden sollen. Die Würdigung und Achtung von Gleichheit können auch höchst ungleiche Behandlung nach sich ziehen.

»Man achtet eine Schwangere und einen Bauarbeiter nicht gleich, indem man beide in allen Belangen gleich behandelt.«[30] Wer chronisch krank ist, soll seine teuren Medikamente nicht aus der eigenen Tasche bezahlen müssen. Aber das Badeöl für das Wellnessbad wird man sehr wohl selbst finanzieren können. Wollte man alle gleich behandeln, alle über einen Kamm scheren, käme schreiende Ungerechtigkeit dabei heraus. Keiner will alle Menschen, ob behindert oder nicht, gleichermaßen mit Rollstühlen ausstatten. Und kein vernünftiger Mensch wird die Gelder der Sporthilfe an völlig unsportliche Menschen verteilen wollen. Alle Menschen sollten als Gleiche behandelt werden, aber nicht alle sollten gleich behandelt werden – das ist ein Grundsatz des Egalitarismus.

Und damit sind wir wieder bei John Rawls. Der zwar – wie gesehen – in seinem Spätwerk sein Konzept der Verteilungsgerechtigkeit relativiert und »entschärft« hat, er hat es in Beziehung auf Gleichheit aber auch radikalisiert. Ziel der Hintergrundgerechtigkeit ist es, »in den Basisinstitutionen die Idee der Gesellschaft als faires System der Kooperation zwischen Bürgern umzusetzen, die als freie und gleiche Personen gesehen werden«. Rawls geht sogar noch einen Schritt weiter: »Um das zu erreichen, müssen diese Institutionen dafür sorgen, dass genügend Produktionsmittel nicht nur in die Hände weniger, sondern von Anfang an in die Hände aller Bürger gelegt werden, so dass sie als Gleiche voll kooperierende Angehörige der Gesellschaft sein können.«[31] Produktionsmittel für alle, das klingt gar nicht mehr so brav-liberal, wie Rawls meist interpretiert wird. Und hätten die regierenden Sozialdemokraten in Deutschland und anderswo da ein bisschen genauer hingeschaut, sie hätten vermutlich nicht so begeistert in den philosophischen Handwerkskasten gegriffen.

Rawls und die Politik

Denn der Entwurf von Rawls hatte nicht nur großen Einfluss auf Philosophie, Soziologie und andere Wissenschaften, sondern auch auf Politik, Wirtschaftsethik und dergleichen mehr. In der Politik waren es vor allem Labour-Politiker in Großbritannien und Sozialdemokraten in Deutschland, die sich Anfang des neuen Jahrtausends gerne auf John Rawls beriefen, besonders gerne auf das Prinzip der »gerechten Ungleichheiten«.

Es war eine Zeit der großen Euphorie. Die Börsenkurse gingen weltweit steil nach oben, die New Economy boomte, eine neue Generation von Leistungsträgern schien herangewachsen: jung, hungrig, bereit zur Selbstausbeutung, staats- und gesellschaftsfern bis zur Karikatur. Kanzler Schröder und die Seinen gehörten zu denen, die – gleichsam besoffen vor Begeisterung – die neue Zeit besangen, die jungen Leistungseliten, die den Wohlfahrtsstaat zum Relikt alten Denkens erklärten. Gleichheit? Eine Chimäre! Eigenverantwortung, Risikobereitschaft, Flexibilität, Mobilität waren die Trendvokabeln.

Deutschland müsse, um den Anschluss an die Weltentwicklung nicht zu verlieren, endlich den Reformstau überwinden. Damit war nicht etwa das Bildungssystem gemeint, nicht etwa die Kinderbetreuung, nicht etwa Schulen und Hochschulen – Pisa war noch weit. Sondern die sozialen Sicherungssysteme, der Schutz des Arbeitsplatzes, der Schutz vor dem Absturz durch Arbeitslosigkeit – das alles sei der große Hemmschuh, der dafür sorge, dass Deutschland international noch nicht so richtig mithalten könne. Das war die Rhetorik vor allem führender Sozialdemokraten, die im Wahlkampf 1998 noch das genaue Gegenteil versprochen hatten. Nun hieß es: »Eine Gesellschaft lebt dynamischer, wenn es Ungleichheiten gibt.« Dies sei, so der damalige Wirtschaftsminister und Hobbyhistoriker Werner Müller, »eine historische Tatsache«.

Von Rawls hatten die Sozialdemokraten gelernt, dass Ungleichheiten immer dann gerecht sein sollen, wenn die Schwächsten in der Gesellschaft von den Folgen dieser Ungleichheit profitieren. Wenn zum Beispiel ein Unternehmer Erfolg hat, Profit macht, dabei persönlich reich wird, aber auch Arbeitsplätze schafft. Für diese Einsicht braucht man freilich keine Rechts-, Sozial- oder Moralphilosophie. Sie gehört zum ökonomischen Einmaleins. Aber andererseits war die Debatte über Rawls die Voraussetzung für die rot-grünen Steuersenkungen.

Die traditionelle Position, »von den Reichen nehmen, um den

Armen zu geben«, könne nicht länger »die Politik unserer modernen Gesellschaft sein«. Fand Peter Struck, Chef der SPD-Bundestagsfraktion, im August 1999. Ohne freilich erklären zu können, wann diese Robin-Hood-Position jemals erklärte SPD-Politik gewesen sein soll. »Es geht nicht um Verteilungsgerechtigkeit, es geht um Chancengerechtigkeit«, dekretierte Bundeskanzler Schröder – in direktem Anschluss an John Rawls. Dieser Satz wurde zu einer beliebten Politikformel, ohne dass erörtert werden musste, wieso da ein prinzipieller Unterschied, gar Gegensatz bestehen sollte. Es geht immer um beides: um die Herstellung und/oder Gewährleistung von Chancengerechtigkeit *und* um die Verteilung des gesellschaftlich erwirtschafteten Reichtums. Wer das bestreitet, der will sich vor den Problemen drücken, die das politisch-praktisch mit sich bringt. Vor allem vor der Beantwortung der Frage, ob man diese Verteilung einem anonymen Marktmechanismus überlassen will oder ob sie nach Kriterien zu geschehen hat, die von den Menschen definiert werden und nicht von der Chimäre »Markt«.

6 Die moralische Landkarte: Der Gerechtigkeitssinn

Das Standardwerk von John Rawls, die Einwände, Gegenentwürfe und Weiterentwicklungen haben die philosophische Diskussion um Gerechtigkeit über drei Jahrzehnte bestimmt. Interessant dabei: John Rawls liefert einen begriffsgeschichtlich-analytisch fundierten Ansatz, den er vertragstheoretisch begründen will. Er denkt darüber nach, was Gerechtigkeit prinzipiell sein könnte und wie Menschen sich auf Gerechtigkeitsgrundsätze einigen könnten. Und er weiß auch, dass es einen Gerechtigkeitssinn gibt, dass dieser über soziales und moralisches Lernen, Erfahrungen von Freundschaft und Vertrauen und dergleichen mehr entwickelt wird. Er denkt also durchaus auch über den Praxisbezug und die Praxistauglichkeit seines Ansatzes nach, also darüber, ob seine Prinzipien mit den alltäglichen Gerechtigkeitsvorstellungen der Menschen übereinstimmen oder übereinstimmen könnten. Er fragt sich aber an keiner Stelle, was die Menschen tatsächlich über Gerechtigkeit denken, was sie als gerecht und ungerecht empfinden, ob über dieses Empfinden hinaus eine Reflexion stattfindet und wenn ja, unter welchen Bedingungen und mit welchen Ergebnissen. Mit anderen Worten: Die Empirie spielt bei John Rawls, dem bedeutendsten Gerechtigkeitstheoretiker des 20. Jahrhunderts, so gut wie keine Rolle.

Anders der englische Philosoph David Miller, der in seinem Grundsatzwerk über soziale Gerechtigkeit zwar auch normative

Überlegungen anstellt, diese aber mit empirischen Befunden unterlegt.[1] Seine Grundannahme: Die Menschen wenden unterschiedliche Prinzipien von Gerechtigkeit an, je nachdem in welchen Beziehungen sie zueinander stehen. Es gibt drei Typen von menschlichen Beziehungen, denen jeweils ein Typus von Gerechtigkeit entspricht. Da ist einmal die Solidargemeinschaft, getragen vom gemeinsamen Ethos ihrer Mitglieder, Beispiel Familie, in der das Bedürfnis das tragende Gerechtigkeitsprinzip ist. Zum zweiten die instrumentelle Assoziation, getragen vom gemeinsamen Interesse der Partner, in der ist das Verdienst das Gerechtigkeitsprinzip. Und schließlich rechtsstaatliche Bürgerschaften, in denen das Gleichheitsprinzip herrscht. Seine zentrale These ist, dass mit den unterschiedlichen Formen menschlicher Beziehungen der jeweilige Stellenwert dieser Grundsätze variiert. Und er stellt sich damit gegen die (von ihm vermutete) Grundannahme, dass die Menschen sich grundsätzlich an Gleichheitsprinzipien orientieren, wenn sie von Gerechtigkeit reden. Gleichheit »kommt überhaupt nur dort zum Tragen, wo es sich nach Überzeugung der Subjekte um soziale Beziehungen unter Staatsbürgern handelt, während in allen anderen Kontexten das Bedarfs- oder das Verdienstprinzip einen Vorrang genießen«.[2]

Nun ist ja keineswegs ausgemacht, dass die alltäglichen Gerechtigkeitsurteile der Bürger auch das Zeug zur Allgemeingültigkeit haben. »Es kann sich herausstellen, dass die gängigen Vorstellungen von sozialer Gerechtigkeit in verschiedener Hinsicht unzulänglich sind und dass sie beispielsweise tiefe Widersprüche offenbaren oder auf falschen Faktenannahmen beruhen.«[3] Sie benötigen Plausibilität und Folgerichtigkeit und keine allzu große Ferne zu dem, was theoretisch als »gerecht« angesehen wird.

Miller geht zurück auf das Grundprinzip »jedem das Seine«. Also jedes Subjekt verdient es, angemessen behandelt zu werden, nämlich seinen individuellen Eigenschaften gemäß. Und das heißt auch, dass nicht alle gleich behandelt werden. Aber wo ist der Maßstab für das »suum cuique«? Der liegt, so Miller, eben in den Differenzierungen unserer Beziehungen zu anderen: Der Typus der Gerechtigkeit richtet sich nach dem Typus sozialer Beziehungen. Wir verfügen danach »alle über eine Art von gemeinsamer Grammatik, eine ›moralische Landkarte‹, die uns spätestens mit dem Eintritt ins Erwachsenenalter dazu verhilft, zwischen verschiedenen Kontexten der Gerechtigkeit zu unterscheiden«.[4]

Die Studien, Umfragen und Untersuchungen, die Miller für seine Analyse auswertet, kommen im wesentlichen zu diesen Ergebnissen: In kleineren Gruppen – Sportverein, Freundeskreis – geht die Tendenz von Leistung zu Gleichheit. Wenn eine Gruppe eher aus Einzelpersonen besteht, die miteinander wetteifern oder eher instrumentelle Beziehungen zueinander haben, dann wird für gerecht gehalten, dass jeder nach seiner Leistung »entlohnt« bzw. beurteilt wird. Herrscht ein Gefühl der Zusammengehörigkeit und Solidarität vor, dann wird eine leistungsunabhängige Gleichverteilung wichtiger.

Beim Blick auf die Gesamtgesellschaft verschieben sich die Akzente, aber es gibt keinen völligen Paradigmenwechsel. »Die fairste Art, Einkommen und Vermögen zu verteilen, wäre, allen gleich viel zu geben« – dieser These stimmte ein Drittel der Befragten zu. Aber nur noch sieben Prozent sind für Einkommensgleichheit, wenn sie zwischen zwei Aussagen wählen müssen: »In einem fairen Wirtschaftssystem würden alle ungefähr das Gleiche verdienen« und »In einem fairen Wirtschaftssystem würden Menschen mit größeren Fähigkeiten höhere Gehälter bekommen«. Ungleichheit wird also nicht nur hingenommen, sondern als gerecht eingeschätzt, wenn das persönliche Verdienst dazukommt. Ob dieses Verdienst tatsächlich der Person zuzurechnen ist oder ob sie Fähigkeiten von der Natur »geschenkt« bekommen hat, spielt keine oder nur eine untergeordnete Rolle.

Eine Untersuchung in den USA ergab, dass Bildung dabei nicht als besonderes Verdienst bewertet wurde. Sollen bei gleicher Arbeit Menschen mit höherem Bildungsabschluss besser bezahlt werden? Nein, sagten 73 Prozent der Befragten. Wenn aber die bessere Bildung verantwortungsvollere Arbeit nach sich zieht, dann soll auch besser bezahlt werden.

Durchgängig herrscht die Einschätzung: Für gleiche Arbeit soll gleicher Lohn gezahlt werden. Ein Fabrikarbeiter meint, dass Vorarbeiter besser bezahlt werden sollen als ungelernte Arbeiter. Aber bei gleicher Tätigkeit soll gleich bezahlt werden. »Der eine macht ein bisschen mehr als der andere, und trotzdem macht der andere so viel, wie er kann. Du kannst einen Mann nicht dafür fertigmachen, dass er nicht so viel bringt wie der andere. Weil nicht alle gleich sind.«[5]

Millers Auswertung einer Fülle von Studien ergab auch die ausgeprägte Meinung, dass viele Gesellschaftsgruppen überbezahlt und andere unterbezahlt sind. Der These, dass die Spanne zwischen Topeinkommen und unteren Einkommen zu groß ist, stimmen in den meisten Befragungen deutlich über 70 bis zu 85 Prozent zu. Hier spielt also die Kategorie Verdienst die zentrale Rolle. Wenn es um die Beurteilung niedriger Einkommen geht, spielt zusätzlich die Kategorie Bedarf oder Bedürfnis eine Rolle. Hier lassen die empirischen Untersuchungen »den Schluss zu, dass alle Arbeiter in der Lage wären, einen zur Befriedigung ihrer alltäglichen Bedürfnisse ausreichenden Lohn zu erzielen, wenn jeder das erhielte, was er verdiente – wenn also jeder eine faire Chance auf Zugang zum Arbeitsmarkt hätte und danach für seine Arbeit auch fair bezahlt würde«.[6]

In einer Untersuchung wurde auf die Kategorie Bedarf oder Bedürfnis abgestellt: Zwei Studenten haben eine Aufgabe erledigt und dazu gleich viel beigetragen. In einem Experiment wurden die Probanden aufgefordert, eine Belohnung unter den Studenten aufzuteilen. Zusätzlich wies man sie darauf hin, dass einer der beiden Geld braucht, um Bücher für einen Kurs zu kaufen. Die meisten Teilnehmer plädierten dafür, zuerst dem einen

Studenten das Geld für die Bücher zu geben und dann den Rest aufzuteilen. Es gibt auch Experimente, um herauszufinden, ob zwischen tatsächlichem Bedarf und Vorlieben differenziert wird. Das geschieht zwar, aber die Autoren sind unterschiedlicher Auffassung darüber, ob dem Bedarfsanspruch eher aus Großzügigkeit und Humanität oder aus Gerechtigkeitssinn Rechnung getragen wird.

Wie sieht das aus, wenn man es auf die Gesellschaft überträgt? Große Zustimmung zu staatlicher Unterstützung, wenn jemand sie braucht. Wobei die Befragten Wert darauf legen, dass die Bedürftigen an ihrer Notlage nicht selbst schuld sind. Millers Schlussfolgerung: »Die aus dem 19. Jahrhundert stammende Unterscheidung zwischen unterstützungswürdigen und nicht unterstützungswürdigen Armen steht also, wie schon eine Reihe von Autoren beobachtet hat, nach wie vor in voller Blüte.«[7] Oder anders: Das Verdienstkriterium hat einen gewissen Vorrang vor dem Bedarfskriterium, die Beseitigung einer Notlage wird nur dann als »gerecht« eingeschätzt, wenn die Menschen sich als unterstützungswürdig erweisen. Und wenn sie gefragt werden, ob sie mehr Steuern bezahlen wollen, dann ist die Zurückhaltung sehr groß: Für die Bedürfnisbefriedigung anderer auf die Befriedigung eigener zu verzichten, das fällt nicht eben leicht.

Das alles widerspricht signifikant dem Differenzprinzip von Rawls, wonach gesellschaftliche und ökonomische Ungleichheiten so lange fair sind, wie sie für die Schlechtestgestellten den größten Nutzen bringen. Verschiedene Untersuchungen von Norman Frohlich und Joe A. Oppenheimer[8] haben gezeigt, dass Versuchspersonen aus vier Möglichkeiten der Einkommensverteilung mit großer Mehrheit die Maximierung des Durchschnittseinkommens bei einer festen Einkommensuntergrenze als Gerechtigkeitsprinzip wählten. Die Probanden wussten dabei nichts über ihren eigenen Platz in einem solchen Verteilungsschema, das »Gedankenexperiment« von Rawls wurde also in einem kleinen Laborexperiment rekonstruiert. Dem Prinzip

Maximierung des minimalen Einkommens stimmte nur eine verschwindende Minderheit zu. »Die Versuchspersonen wollten auf der einen Seite sicherstellen, dass niemand in Armut lebte, auf der anderen Seite aber auch den Fähigen und hart Arbeitenden die Chance geben, eine Menge zu verdienen.«[9]

In einem weiteren Experiment wurde die Probe aufs Exempel gemacht, und es stellte sich heraus, dass die Versuchspersonen an ihren Prinzipien festhielten, auch wenn für die Einkommensuntergrenze für die geringer Verdienenden eine Steuer gezahlt werden musste. Das ursprüngliche Differenzprinzip von Rawls, das dieser ja ohnehin später modifiziert hat, hatte also zumindest in diesen Studien keine Chance.

Kann man überhaupt von einem breiten Konsens reden darüber, was Gerechtigkeit ist? Sind empirische Ergebnisse überhaupt verallgemeinerbar? Das lässt sich, sagt Miller, am besten an der Frage der Lohngerechtigkeit messen. Miller hat herausgefunden, dass drei Gerechtigkeitsnormen einhellige Zustimmung finden. Erstens: gleicher Lohn für gleiche Arbeit. Unabhängig davon, wer sie erledigt und in welchem Wirtschaftssektor. Zweitens: Jede Tätigkeit soll einen »Bedürfnislohn« einbringen, also ein Einkommen, das die Befriedigung von Grundbedürfnissen erlaubt. Drittens: Kriterien wie Qualifikation und Verantwortung legitimieren unterschiedliche Bezahlung, dazu zählt auch schwere und gefährliche Arbeit. »Tatsächlich ist der Konsens hierbei so groß, dass die Menschen unabhängig von der Art ihrer eigenen beruflichen Tätigkeit imstande sind, berufliche Tätigkeiten mit verschiedenen Qualifikationsanforderungen und dergleichen einvernehmlich im Hinblick darauf einzustufen, welches Einkommen die Stelleninhaber – vom ungelernten Arbeiter am untersten Ende bis zu Ärzten oder Firmenchefs an der Spitze – erhalten sollten.«[10]

Weniger groß ist der Konsens bei der Frage, wie hoch die Unterschiede sein dürfen. Sieben zu eins, sagen Führungskräfte, drei zu eins, sagen Arbeiter. Aber insgesamt stimmt auch die

Unterschicht mit großer Mehrheit (rund 75 Prozent) der Aussage zu: »Wer mehr kann, soll auch mehr verdienen.« Millers Schlussfolgerung: »Es gibt bei diesen Ansichten einen hohen Grad an Übereinstimmung, und zwar selbst in Fragen, bei denen offenbar ziemlich scharfe Interessenunterschiede zwischen verschiedenen Teilen der Gesellschaft bestehen.«[11]

Er kommt insgesamt zu dem Ergebnis, dass die Menschen mit der Idee der sozialen Gerechtigkeit durchaus vertraut sind, dass sie plurale Vorstellungen von sozialer Gerechtigkeit haben, also verschiedene Gerechtigkeitskriterien situationsbezogen anwenden, und dass Verdienst- und Bedarfskriterien bei den alltäglichen Gerechtigkeitsvorstellungen eine Hauptrolle spielen.[12] Miller will zeigen, »wie die Menschen zwischen den Grundsätzen des Verdienstes, des Bedarfs und der Gleichheit hin und her wechseln, wenn sie in verschiedenen Kontexten nach einer fairen Verteilung gefragt werden, und wie sie außerdem die Grundsätze gegeneinander ausbalancieren, wenn sie bei einer Entscheidung beispielsweise Bedarfs- und Verdienstgesichtspunkte zugleich berücksichtigen sollen.«[13]

7 Nachrichten aus der ideologischen Antike

Der heftigste Widerspruch gegen John Rawls kam von den sogenannten Libertarians, einer Gruppe von Sozialwissenschaftlern und Philosophen in den USA, die Sozialstaatlichkeit nur in ganz rudimentärer Form akzeptieren. Der Staat soll sich auf den Schutz der Bürger gegen Gewalt, Diebstahl, Betrug und auf die Durchsetzung von Verträgen beschränken. Der Philosoph Robert Nozick greift zur »Widerlegung« von John Rawls auf John Locke zurück und dessen These, dass die Rechte und Freiheiten der Menschen vor Konstituierung des Gesellschaftsvertrags feststehen. Im gedachten »Urzustand« kann sich jeder das nehmen, was ihm beliebt, es gibt kein Gemeineigentum, es geht um die »Aneignung herrenloser Gegenstände«.[1] Dem folgt der Erwerb von Eigentum durch Kauf, Tausch oder Übertragung, und ein Gesellschaftsvertrag hat lediglich die Funktion, Regeln zu formulieren, die diese Rechte durchsetzen. Das sei der Inbegriff von Gerechtigkeit. Jeder Eingriff in die Freiheitsrechte des Bürgers, die vor allem Eigentumsrechte sind, ist danach ein Verstoß gegen die Gerechtigkeit. Über die Formulierung gerechter Regeln der ursprünglichen Aneignung und des Erwerbs von Gütern hinaus ist jede weitere Verteilung also Umverteilung von Eigentum, das schon jemandem gehört.[2]

Nozicks Vorgehen ist nicht ungewöhnlich. Vor allem in der Auseinandersetzung mit der Kapitalismuskritik ist es unter Liberalen und Libertären ja seit langem üblich, den Rekurs auf Karl Marx als »tiefstes 19. Jahrhundert« abzutun.[3] Im Gegenzug kommt dann der Rückgriff auf tiefstes 17. Jahrhundert (John Locke) oder – noch beliebter – auf tiefstes 18. Jahrhundert, nämlich auf die Ursprünge des Marktdenkens bei Adam Smith (1723–1790). Wir haben es also insgesamt im schönsten Sinne mit »Nachrichten aus der ideologischen Antike« zu tun, wie Alexander Kluge seine Realisierung eines alten Projekts von Sergej M. Eisenstein nennt, das *Kapital* von Karl Marx ins Kino zu bringen.

Adam Smith wurde und wird von allen Seiten als der maßgebliche Nationalökonom der Neuzeit, ja, als »Vater der klassischen Nationalökonomie« gepriesen. Dabei war er eigentlich »nur« Professor für Logik und später für Moralphilosophie in Glasgow. Aber diese Disziplinen deckten auch die politische Ökonomie ab. Sein erstes Hauptwerk hieß *Die Theorie der ethischen Gefühle* (1759), eine Abhandlung über die Natur des Menschen und seine Stellung in der Gesellschaft. Er beschäftigt sich darin unter anderem mit der Frage, ob das persönliche Glück des Menschen wichtiger ist als das allgemeine, gesellschaftliche Glück. Das ist im Prinzip auch das Thema des Werks, das ihn weltberühmt machte: *Der Wohlstand der Nationen* (1776).

Smith fragt: Was tun die Menschen, was wollen sie, wonach streben sie? Die Antwort: Alle Menschen streben nach ihrem persönlichen Glück. Mit diesem Streben sind sie von Gott ausgestattet. Indem sie das tun, wird gleichzeitig das gesellschaftliche Glück vermehrt. Und zwar wie von einer »unsichtbaren Hand«. Das gilt sozusagen »privat«, es gilt aber auch im Wirtschaftsleben. »Nicht vom Wohlwollen des Metzgers, Brauers und Bäckers erwarten wir das, was wir zum Essen brauchen, sondern davon, dass sie ihre eigenen Interessen wahrnehmen. Wir wenden uns nicht an ihre Menschen-, sondern an ihre Eigenliebe.«[4]

Dass das eigen-sinnige Streben der vielen Individuen nicht in einer Katastrophe endet, liegt nach Smiths Überzeugung an der

»Vorsehung eines weisen, mächtigen und gütigen Gottes«. Hinter der Vorstellung der »unsichtbaren Hand« steht, wie zu erwarten war, die Vorstellung einer gottgewollten Ordnung, in die man logischerweise nicht eingreifen darf. Die Menschen sind »Mitarbeiter Gottes«, die dabei helfen, die Pläne der Vorsehung zu verwirklichen. »Wenn wir anders handeln, dann durchkreuzen wir den Plan, den der Schöpfer der Natur zur Herbeiführung der Glückseligkeit und Vervollkommnung der Welt entworfen hat, und scheinen uns, wenn ich so sagen darf, gewissermaßen zu Feinden Gottes zu erklären.«[5]

Diese metaphysisch-theologische Grundierung des Denkens von Adam Smith wird häufig übersehen oder absichtsvoll ignoriert. Man kann aber seine Wirtschaftstheorie nicht verstehen, wenn man diesen Aspekt auslässt. Der deutsche Ökonom Alexander Rüstow, einer der Begründer der Theorie der »sozialen Marktwirtschaft«, hat besonders nachdrücklich auf diesen Zusammenhang hingewiesen. Smith steht danach in der Tradition der griechischen Philosophie, vor allem der Vorsokratiker Pythagoras und Heraklit, aber auch der stoischen Philosophie und deren kosmologischer Weltbetrachtung: Danach waltet in allem ein göttliches Prinzip, eine Weltvernunft, die alles durchdringt und leitet. »Wie wenig sich der kleine Mensch mit seinem traditionell beschränkten Verstand dessen auch bewusst sein mag, ist er dennoch in seinem ganzen Sein und all seinem Tun ein Teil dieses Logos. Er ist Träger und Vollstrecker dieses Willens, den er selbst nicht begreift.«[6]

Adam Smith selbst hat aus dem Einfluss der Stoa auf sein Denken kein Geheimnis gemacht.[7] Rüstow zeigt nun, wie diese kosmologische Tradition über die Renaissance Einfluss auch auf die Entwicklung des neuzeitlichen Rationalismus hatte und das Denken der Physiokraten bestimmte, deren Vorstellung eines »ordre naturel« Vorbild für Smiths Theorie von der Selbstregulierung der Marktwirtschaft wurde. »Smiths ›unsichtbare Hand‹ enthält unverkennbar ein Element des pythagoreischen Mystizismus, und die wohltätige Harmonie, die sie leitet, ist nichts anderes als der Logos Heraklits und der Stoiker sowie das Tao Laotses, nur wurde sie in die christliche anthropomorphe Sprache des Deismus transformiert.«[8] Das Theoriegebäude, das zum Eckpfeiler des modernen Liberalismus wurde, ist daher für Rüstow schlicht »Wirtschaftstheologie«.[9]

Die Theorie der »unsichtbaren Hand« ist später, vor allem im 19. und 20. Jahrhundert, zu einem allgemeinen Lebens- und Wirtschaftsprinzip hochstilisiert worden. Bei Smith kommt dieser Begriff im gesamten Werk explizit nur zweimal vor: einmal in der *Theorie der ethischen Gefühle*[10], das andere Mal im *Wohlstand der Nationen*. Da erläutert er im Kapitel über Handelsbeschränkungen, dass Kaufleute ihr Kapital lieber im eigenen Land investieren als im Ausland, und zwar nicht aus Vaterlandsliebe, sondern im eigenen Interesse. Und dann schreibt er: »Wenn daher jeder einzelne so viel wie nur möglich danach trachtet, sein Kapital zur Unterstützung der einheimischen Erwerbstätigkeit einzusetzen, und dadurch diese so lenkt, dass ihr Ertrag den höchsten Wertzuwachs erwarten lässt, dann bemüht sich auch jeder einzelne ganz zwangsläufig, dass das Volkseinkommen im Jahr so groß wie möglich werden wird. Tatsächlich fördert er in der Regel nicht bewusst das Allgemeinwohl, noch weiß er, wie hoch der eigene Beitrag ist. Wenn er es vorzieht, die eigene nationale Wirtschaft anstatt die ausländische zu unterstützen, denkt er eigentlich nur an die eigene Sicherheit, und wenn er dadurch die Erwerbstätigkeit so fördert, dass ihr Ertrag den höchsten Wert erzielen kann, strebt er lediglich nach eigenem Gewinn. Er wird in diesem wie auch in vielen anderen Fällen von einer unsichtbaren Hand geleitet, um einen Zweck zu fördern, den zu erfüllen er in keiner Weise beabsichtigt hat.«[11]

Das heißt: Die Gesellschaft funktioniert genau dann, wenn jeder einzelne seine egoistischen Interessen verfolgt, der Markt als nicht nur wirtschaftliches, sondern auch gesellschaftliches Regulativ sorgt dann dafür, dass es zum Besten für alle auskommt. Smith will Empiriker, kein Metaphysiker sein, er beansprucht zu beschreiben, was ist. Und er sagt weder, dass der einzelne *nur* seine Eigeninteressen verfolgen soll, noch, dass *nur* diese Ichbezogenheit gut fürs Allgemeinwohl sei. Er sagt lediglich, dass sie diesem nicht schade und häufig sogar nütze. Wer vorgibt, fürs Allgemeine Gutes zu tun, sei nicht ernst zu nehmen. »Alle, die jemals vorgaben, ihre Geschäfte dienten dem Wohl der Allgemeinheit, haben meines Wissen niemals etwas Gutes getan.«[12] Und aus diesem Grunde soll der Mensch möglichst unbehindert von Regeln und Gesetzen wirtschaften können.

Weil nämlich eine freie Marktwirtschaft ohnehin einer eigenen Gesetzmäßigkeit gehorche, in der die Prinzipien Freiheit und Notwendigkeit gleichermaßen gelten, repräsentiert durch die Freiheit des Warenverkehrs und die Notwendigkeit der Preisbildung. Diese »logischen Gesetze« des Warenverkehrs, das darf freilich nie vergessen werden, entspringen nach Smiths fester Überzeugung der Vernunft Gottes.

Smith ist eifriger Verfechter des freien Wettbewerbs und tritt daher gegen Monopole und Kartelle ein. Er hält Regeln am Kapitalmarkt für notwendig. Er ist zwar gegen ein allgemeines Zinsverbot, weil das das Übel des Wuchers noch vergrößere. Aber er akzeptierte den gesetzlichen Höchstzins, der damals in England üblich war. Grundsätzlich soll der Staat aber so wenig eingreifen wie möglich. Dessen zentrale Aufgaben sind die Landesverteidigung, der Schutz der Bürger vor Ungerechtigkeit und Unterdrückung und öffentliche Einrichtungen wie das Unterrichts- und Transportwesen. Für die Wirtschaft soll der Staat Rahmenbedingungen schaffen und sich ansonsten raushalten. Allerdings hat er auch hier eine zentrale Aufgabe: Schutz des Privateigentums vor Übergriffen und die Sicherung der Einhaltung von Verträgen.

Auf der anderen Seite ist Smith davon überzeugt, dass Gerechtigkeit ein Hauptpfeiler der Gesellschaft ist. Ohne sie würde die Gesellschaft »zusammenstürzen und in Atome zerfallen«.

Ein »unparteiischer Beobachter« in der Seele jedes Menschen sorgt dafür, dass es gerecht zugeht. »Darum hat die Natur, um die Beobachtung der Regeln der Gerechtigkeit zu erzwingen, der menschlichen Brust jenes Schuldgefühl eingepflanzt, jenes Bewusstsein, Strafe zu verdienen, die der Verletzung der Gerechtigkeit folgt, damit die die Schutzwächter der Gemeinschaft der Menschen sei – die Schwachen zu schützen, die Ungestümen zu zähmen und die Schuldigen zu züchtigen.«[13]

Und so stört es das moralische Gefühl der Seele von Adam Smith, wenn er Arbeiter im Elend sieht. »Der bedauernswerte Arbeiter, der gewissermaßen das ganze Gebäude der menschlichen Gesellschaft auf seinen Schultern trägt, steht in der untersten Schicht dieser Gesellschaft. Er wird von ihrer ganzen Last erdrückt und versinkt gleichsam in den Boden, so dass man ihn auf der Oberfläche gar nicht wahrnimmt.« Und das findet der Moralist Adam Smith gar nicht schön. »Keine Gesellschaft kann ungefährdet blühen und glücklich sein, wenn der weitaus größere Teil ihrer Mitglieder arm und erbärmlich ist.«[14]

»Die jährliche Arbeit eines Volkes ist die Quelle, aus der es ursprünglich mit allen notwendigen und angenehmen Dingen des Lebens versorgt wird, die es im Jahr über verbraucht.«[15] Das ist Smiths erstes Credo. Und dann stellt er sich die Frage, die sich alle Ökonomen vor ihm gestellt hatten: Was ist der Wert dieser Arbeit, wie entsteht er, wie wird er eingeschätzt, wie entsteht der Preis, was hat er mit dem Wert zu tun? Im Preis drückt sich der Tauschwert einer Ware aus. Im ursprünglichen Tausch ist ein Schwein im Tausch mit Schuhen so viel wert, wie der Schuster dem Bauern zu geben bereit ist. Ein Paar, fünf Paar Schuhe – das ist eine Frage der Vereinbarung. Darüber hinaus hat eine Ware aber auch einen Nutzwert oder Gebrauchswert. Das Schwein kann man essen, die Schuhe tragen. Eine damals gängige Theorie sagte: Der Nutzwert einer Ware ist der Maßstab für den Tauschwert. Je brauchbarer, umso wertvoller.

Dagegen Smith: Der Maßstab für den Tauschwert ist die Menge

Arbeit, die in der Ware steckt. Der Arbeiter, der mit Geld für die Herstellung eines Gegenstandes entlohnt wird, kauft mit diesem Geld ein Paar Schuhe. In diesem Akt tauscht er einen Teil seiner Arbeitsmenge gegen die Arbeitsmenge, die in der Ware Schuhe steckt. Klar ist, dass der Arbeitsaufwand, also die aufgewendete Zeit, den Wert bestimmt. »Arbeit ist somit der letzte und wirkliche Maßstab, nach dem der Wert aller Waren zu allen Zeiten und an allen Orten gemessen und verglichen werden kann.«[16]

Das bezieht sich auf rudimentär arbeitsteilige Gesellschaften. Wo die Arbeitsteilung weiter ausdifferenziert ist, also in dem Stadium des Übergangs vom Merkantilismus zum Frühkapitalismus, den Smith erlebte, fächert sich der Wert einer Ware auf: In den Arbeitslohn, den Unternehmergewinn, die Rente für den Grundeigentümer. Der Arbeiter verfügt also nur noch über einen Teil des von ihm geschaffenen Warenwerts. Adam Smith scheint das so zu sehen, dass die Arbeiter den Wert alleine schaffen und dass ihnen Profit und Bodenrente vom Lohn abgezogen werden. Darin wäre er also ein früher Marx.

Hier kommt Karl Marx

Für Karl Marx war Adam Smith kein wirklicher Marktradikaler. Er sah in ihm »den zusammenfassenden politischen Ökonomen der Manufakturperiode« mit seinem »Versuch, in die innre Physiologie der bürgerlichen Gesellschaft einzudringen«.[17] Bei aller Kritik wird Smith so zu einem wichtigen Vorläufer Marxens. Ähnlich wie David Ricardo (1772–1823), den Marx den »letzten großen Repräsentanten der klassischen Ökonomie« nannte. Ricardo hat – neben Hegel – das Marxsche Denken wohl mehr beeinflusst als alle anderen Vorgänger. Ricardo macht Schluss mit dem Glauben von Adam Smith, dass Kapitalismus eine Harmonieveranstaltung sei. Er spricht von Klassen (Arbeiter, Unternehmer, Grundeigentümer) und von Klassengegensätzen. Er war

Börsenmakler, beschäftigte sich mit Mathematik und Naturwissenschaften, und erst die – eher zufällige – Lektüre des *Wohlstand der Nationen* brachte ihn zur Ökonomie. Hauptgegensatz ist für ihn der zwischen Kapitaleignern und Grundeigentümern, Sieger in diesem Kampf sind die Grundherren. Das ist ein wichtiges Element, an das Marx später anknüpft.

Adam Smith und David Ricardo sind die *ökonomischen* Vorgänger, Hegel ist der wichtigste *philosophische* Vorläufer von Marx. Die auf Smith zurückgehende und von dort aus weiterentwickelte Arbeitswertlehre, die auf Ricardo zurückgehende Auffassung von den Klassengegensätzen, die Hegelsche Geschichtsphilosophie – das sind die wichtigsten Quellen für Marxens Ansatz. Wobei schon die Klassengesellschaft für Marx anders aussieht als für Ricardo: Bei Ricardo stehen sich Kapitalisten und Grundeigentümer gegenüber, bei Marx und Engels die Bourgeoisie und das Proletariat. Die Bourgeoisie ist die Klasse, die die zur Produktion notwendigen Produktionsmittel (Boden, Fabriken, Maschinen etc.) besitzt. Das ist die »herrschende Klasse«, die auch ideologisch das Sagen hat. »Die herrschenden Ideen einer Zeit waren stets nur die Ideen der herrschenden Klasse.«[18]

Das Proletariat ist die Klasse, die nicht über Produktionsmittel verfügt und zur Lohnarbeit gezwungen ist. Das »Kapital« der Arbeiter ist die Arbeitskraft, die sie auf dem Arbeitsmarkt anzubieten haben. Die Arbeiter – auch die Angestellten – verkaufen ihre Arbeitskraft, dafür erhalten sie Lohn. Dieser Lohn ist nur ein Teil des tatsächlichen Wertes, den der Arbeiter im Produktionsprozess schafft. Er schafft einen Mehrwert, der privat angeeignet wird, und diese private Aneignung des Mehrwerts nennt Marx Ausbeutung. Die sich auch darin ausdrückt, dass der Lohn gerade ausreicht, um die Arbeitskraft zu »reproduzieren«, also um Essen, Wohnung, ein wenig Freizeit zu finanzieren. Und in dieser Situation bleibt der Arbeiter, er hat keine Chance, selbst Eigentümer von Produktionsmitteln zu werden. Der Arbeiter bleibt Lohnabhängiger.

Er ist zwar de jure Bürger, also Mitglied der Gesellschaft. Aber de facto kann der Proletarier nur wählen, an wen er seine Arbeitskraft verkauft, und er hat das »Privileg«, sich diese Abhängigkeit »vergolden« zu lassen. »Je rascher die Arbeiterklasse die ihr feindliche Macht, den fremden, über sie gebietenden Reichtum vermehrt und vergrößert, unter desto günstigeren Bedingungen wird ihr erlaubt, von neuem an der Vermehrung des bürgerlichen Reichtums, an der Vergrößerung der Macht des Kapitals zu arbeiten, zufrieden, sich selbst die goldnen Ketten zu schmieden, woran die Bourgeoisie sie hinter sich herschleift.«[19] Es herrscht zwar juristische Gleichheit, aber soziale Ungleichheit, solange das bürgerliche Recht auf Eigentum an Produktionsmitteln herrscht.

Verwertungsinteresse des Kapitals und Bedürfnisse des Proletariats stehen im Widerspruch, dieser Grundwiderspruch definiert den »antagonistischen Charakter« der kapitalistischen Produktionsweise. Dieser Widerspruch und weitere daraus hervorgehende Widersprüche des kapitalistischen Systems produzieren letztlich die Aufhebung des Kapitalismus durch das revolutionäre Proletariat. »Von allen Klassen, welche heutzutage der Bourgeoisie gegenüberstehen, ist nur das Proletariat eine wirklich revolutionäre Klasse. Die übrigen Klassen verkommen und gehen unter mit der großen Industrie, das Proletariat ist ihr eigenstes Produkt.«[20] Und das bedeutet: »Mit der Entwicklung der großen Industrie wird also unter den Füßen der Bourgeoisie die Grundlage selbst hinweggezogen, worauf sie produziert und die Produkte sich aneignet. Sie produziert vor allem ihren eigenen Totengräber. Ihr Untergang und der Sieg des Proletariats sind gleich unvermeidlich.«[21]

Obwohl er sich zeitlebens hartnäckig dagegen gewehrt hat, positiv von Gerechtigkeit zu sprechen (siehe Seite 63 ff.) bedient auch Karl Marx den Gerechtigkeitsdiskurs. Er vermeidet nur den als Phrase verdächtigen Begriff Gerechtigkeit, so wie er alle herkömmlichen Moralbegriffe vermeidet. Vom gesamtgesellschaftlich erarbeiteten Reichtum profitieren die besitzenden Klassen – Kapitalisten, Grundeigentümer – überproportional, weil sie über die Verteilung bestimmen können. Der Lohnarbeiter bekommt, wie gesehen, gerade das, was er zur Reproduktion seiner Arbeitskraft benötigt. Diese Form der Ausbeutung betrügt den Lohnarbeiter um seinen gerechten Anteil. Die Begriffe »gerecht« und »ungerecht« sind hier – auch im Marxschen Sinne – am Platze, weil sie eben nicht eine »ewige«, »gottgewollte«, »schicksalhafte« Gerechtigkeit bezeichnen, sondern eine aus der Wertbildung der Arbeitskraft definierte, höchst praktische Gerechtigkeit.

Allerdings haben Marx und Engels nicht weiter darüber räsoniert, wie denn Gerechtigkeit, wie eine »gerechte« Gesellschaftsordnung herzustellen sei. Sie sind davon ausgegangen, dass materieller Reichtum prinzipiell beliebig vermehrt werden kann. Die Aufhebung der kapitalistischen Verhältnisse, so heißt es zum Beispiel in der *Deutschen Ideologie*, hat »eine große Steigerung der Produktivkraft, einen hohen Grad ihrer Entwicklung« zur Voraussetzung. Und weiter: »Andrerseits ist diese Entwicklung der Produktivkräfte (...) auch deswegen eine absolut notwendige praktische Voraussetzung, weil ohne sie nur der *Mangel* verallgemeinert, also mit der *Notdurft* auch der Streit um das Notwendige wieder beginnen und die ganze alte Scheiße sich herstellen müsste.«[22] Wenn aber genügend Güter vorhanden sind, muss man sich – wenigstens grundsätzlich – über deren Verteilung keine Sorgen machen, dann sind zumindest Überlegungen zur Verteilungsgerechtigkeit überflüssig. Die Vorstellung, dass jeder nach seinen Bedürfnissen konsumieren und jeder nach seinen Fähigkeiten produzieren können soll, hat genau diesen Fortschrittsoptimismus zur Grundlage.

Marx war explizit der Meinung, dass der entwickelte Kapitalismus durch die Entfesselung der Produktivkräfte ungeahnte Möglichkeiten geschaffen habe. Dieser entwickelte Kapitalismus ist die Voraussetzung für eine kommunistische Gesellschaft. Erst mit der Aufhebung des Privateigentums an Produktionsmitteln, so die These, kann diese Entfesselung allen zugute kommen. Die Überlegung, dass die Ressourcen endlich sein könnten, dass damit dem wirtschaftlichen Wachstum Grenzen gesetzt sein könnten, hat bei Marx und Engels keine Rolle gespielt.

Die vermeintlichen Versuche, die Marxsche Gesellschaftsutopie in politische Wirklichkeit umzusetzen, haben zwar Weltpolitik gemacht, ihre Ergebnisse haben aber mit dem, was Marx – nebulös genug – sich vorgestellt hat, erkennbar nichts zu tun. Das Endergebnis ist bekannt: Diese Systeme sind zusammengebrochen und haben – zumindest für schlichte Gemüter – auch die Vorstellungen ihrer Urheber diskreditiert. Die Theorie von Adam Smith dagegen konnte einen beachtlichen Siegeszug verzeichnen – trotz allerlei Katastrophen, trotz vieler Blamagen, trotz aller möglichen Krisen. Erst jetzt, nach dem neuerlichen, aber weder ersten noch einmaligen Zusammenbruch des Systems des internationalen Finanzkapitals, werden auch unter Jüngern von Adam Smith die Zweifel an der Wirksamkeit der »unsichtbaren Hand« lauter.

Manchester-Kapitalismus, Marktradikalismus und Neoliberalismus

Die Entstehung sozialistischer Bewegungen resultierte vor allem aus einer Brutalisierung des Kapitalismus seit Mitte des 18. Jahrhunderts, also noch zu Lebzeiten von Adam Smith. Hungerlöhne, Ausbeutung, Armut und Verelendung, 14-Stunden-Arbeitstag, Kinderarbeit – kurz Manchester-Kapitalismus. Adam Smith war mit Sicherheit nicht der geistige Vater dieser Entwicklung, er hätte sie als Entartung kritisiert. Denn Kapitalismus war für ihn – wie gesehen – eine Harmonieveranstaltung, kein Klassenkampf, erst recht kein Klassenkampf von oben. Immer mal wieder hat Smith seinen Argwohn gegenüber Kapitalisten formuliert, und er ist für die Gründung von Gewerkschaften eingetreten, weil er Arbeitnehmervertretungen für wichtig hielt.

Während Adam Smith also eher naiv daran glaubte, dass im Kapitalismus alles seinen guten Weg geht, wenn man den Dingen und Menschen nur ihren Lauf lässt, wird die Marktideologie im 19. und im 20. Jahrhundert immer radikaler. Nicht zuletzt durch eine Radikalisierung der Parole »Laisser-faire«. Das war das Motto der französischen Physiokraten des 18. Jahrhunderts, vor allem von François Quesnay (1694–1774), von dem Adam Smith beeinflusst war. Sie forderten Gewerbefreiheit und internationalen Freihandel, und im radikalen Wirtschaftsliberalismus des 19. Jahrhunderts wurde daraus die Forderung, dass der Staat sich gefälligst ganz aus der Wirtschaft heraushalten soll, weil die Wirtschaftsakteure am besten wissen, was gut ist für den und im Markt.

Auch im 19. Jahrhundert setzt sich – trotz der Aufklärung – fort, was für Adam Smith selbstverständlich war: Die bestehende Ordnung wird für gottgegeben gehalten, also sind auch Wirtschaftskrisen und soziales Elend Teil des göttlichen Plans, in den niemand eingreifen darf. Krisen sind Durchgangsstadien auf dem Weg zu dem Gleichgewicht, das Adam Smith als natürlichen Zustand von Wirtschaft und Gesellschaft beschrieben hatte. Alle großen Ökonomen des 18. und 19. Jahrhunderts glaubten an diese gottgewollte Ordnung von Wirtschaft und Gesellschaft, die Aufklärung ist an ihnen offenbar spurlos vorübergegangen. Sie sahen ihre Aufgabe lediglich darin, die Funktionszusammenhänge dieser Ordnung zu ergründen. Also zu zeigen, warum alles so ist, wie es ist.[23]

Anfang des 20. Jahrhunderts erschien diese wirtschaftsliberale Doktrin allerdings vielen nicht mehr als guter Ratgeber. Liberalismus und Kapitalismus hatten zwar für Industrialisierung und wirtschaftlichen Aufschwung gesorgt, aber auch für Massenarbeitslosigkeit, Armut und Elend. Auf der anderen Seite faszinierte die Russische Revolution viele Menschen, auch bürgerliche Intellektuelle sympathisierten mit sozialistischen Ideen. Der sich selbst überlassene Markt hatte nicht zuletzt den großen Börsenkrach von 1929 und die darauf folgende Weltwirtschaftskrise produziert. Deshalb setzten immer mehr Staaten auf Kontrolle und Lenkung, unter anderem mit Rückgriff auf die Theorie von John Maynard Keynes: Globalsteuerung der Nachfrage durch Staat und Notenbank. Die Liberalen waren in der Defensive.

»Die sozialistische Idee beherrscht heute die Geister. Ihr hängen die Massen an, sie erfüllt das Denken und Empfinden aller, sie gibt der Zeit den Stil.« Schrieb der Wiener Nationalökonom Ludwig von Mises 1922. Er sieht überall Gefahren, auch im bürgerlichen Lager, das er »durchtränkt« sieht von den Ideen des Sozialismus, vor allem vom Marxismus: »Nicht nur die Marxisten, sondern auch die meisten von denen, die sich mit Emphase Antimarxisten nennen, denken durch und durch marxistisch und haben die willkürlichen, unbewiesenen und leicht widerlegbaren Dogmen von Marx übernommen.«[24] Die Pointe dieser scharfen Analyse: Da sind Romantiker am Werk. Denkende Menschen kompensieren ihren Frust durch Arbeit. »Der Romantiker ist zum Arbeiten zu schwach – neurastenisch. (…) Er hasst die Arbeit, das Wirtschaften, die Vernunft.«[25]

Um diese Gefahren abzuwenden, trafen sich Ende August 1938 liberale Wirtschaftstheoretiker in Paris zu einer Konferenz, dem »Colloque Walter Lippmann«. Sie waren entschlossen, einen neuen Liberalismus gegen die totalitären Tendenzen des 20. Jahrhunderts in Position zu bringen und sich gleichzeitig vom obsolet gewordenen »Laisser-faire« zu distanzieren.[26] Um sich vom herkömmlichen Liberalismus abzusetzen und davon gleichzeitig zu retten, was noch zu retten schien, formulierten sie einen neuen, den Neoliberalismus.[27]

Dessen Kernthese will wieder ganz nah bei Adam Smith sein: Der Markt schafft Wohlstand, er ist Motor der gesellschaftlichen Entwicklung. Die Marktmechanismen sind so komplex, dass der Mensch sie nicht überblicken oder gar steuern kann. Ausschlaggebend ist der freie Wettbewerb, und der Staat hat lediglich die Aufgabe, den politischen Rahmen für den Wettbewerb zu setzen. Eine der größten Gefahren geht von zu viel Staat aus, vor allem der Wohlfahrtsstaat ist ein entscheidendes Hemmnis, staatliche Lenkung führt zum *Weg in die Knechtschaft* – so der Titel eines Buchs von Friedrich August von Hayek.

Der Wiener Ökonom gehörte mit seinem Lehrer Ludwig von Mises zu den »Hardlinern« des Pariser Treffens. Mises sieht im Staat einen »Zwangs- und Unterdrückungsapparat«, der die Menschen dazu zwingt, sich anders zu verhalten, als es ihrem freien Willen entspricht.

Über die Rolle des Staates entspann sich in Paris eine Kontroverse. Mises und Hayek waren die Marktradikalen, während andere davor warnten, die Fehler des alten Liberalismus zu wiederholen. Diese »anderen« waren vor allem die deutschen Vertreter Walter Eucken, Wilhelm Röpke und Alexander Rüstow, die für einen starken Staat eintraten, der über den Interessen steht und für Einhaltung der Spielregeln sorgt. Ein Eklat wurde gerade noch verhindert, es kam zu einer gemeinsamen Schlussresolution. Aber später nannten die deutschen Ordoliberalen ihren Widersacher Hayek einen »Paläoliberalen«, und Rüstow schrieb 1942 an Röpke: »Diesen ewig Gestrigen frisst kein Hund mehr aus der Hand, und das mit Recht. Hayek und sein Meister gehörten in Spiritus gesetzt ins Museum als eines der letzten überlebenden Exemplare jener sonst ausgestorbenen Gattung von Liberalen, die die gegenwärtige Katastrophe heraufbeschworen haben.«[28]

Die Ökonomen vom Berge

Da der Ausbruch des Krieges weitere Aktivitäten der Neoliberalen verhindert hatte, nahm Hayek nach dem Krieg einen neuen Anlauf. Er organisierte Anfang April 1947 ein Wiedersehen einiger Teilnehmer der Pariser Konferenz im Hotel du Parc in

Mont Pèlerin am Genfer See, wo auch die »Mont Pèlerin Society« gegründet wurde. Dazu kamen auch der Philosoph Karl Popper und eine Gruppe amerikanischer Wissenschaftler, darunter der damals noch nicht weltberühmte Milton Friedman. Das Programm dieser erlauchten Gesellschaft: Die theoretische Rehabilitierung des diskreditierten Wirtschaftsliberalismus und seine praktische Umsetzung in Politik. Ein großes Programm, an das einige der Gründer – wie Wilhelm Röpke – selbst nicht so recht glaubten. Aber bald wurden die »Ökonomen vom Berge«, wie der Kapitalismus-Theoretiker Joseph Schumpeter die 47er-Neoliberalen einmal spöttisch nannte, zum einflussreichsten Thinktank der zweiten Hälfte des 20. Jahrhunderts.[29]

Die Erfolgsgeschichte der »Ökonomen vom Berge« beginnt freilich in Deutschland. Ludwig Erhard setzt 1948 das um, was am Genfer See unter anderem theoretisch diskutiert worden war: Entfesselung des Marktes durch Freigabe der Preise. Erhard wurde Mitglied der Gesellschaft und konnte 1949, gerade Wirtschaftsminister geworden, in Mont Pèlerin von seinen ersten Erfolgen berichten.

In der Folge entwickelt sich die Mont Pèlerin Society aber auseinander. Auf der einen Seite die deutschen Neoliberalen mit ihrem Konzept des Ordoliberalismus, in dem der Staat die Aufgabe hat, einen Ordnungsrahmen für freien Wettbewerb zu schaffen. Also das, was später als »soziale Marktwirtschaft« Karriere machte – nach einem Begriff des Wirtschaftswissenschaftlers Alfred Müller-Armack. Für ihn ist »soziale Marktwirtschaft« eine dritte Form der Wirtschaftspolitik neben Lenkungswirtschaft und »freier«, altliberaler Marktwirtschaft, eine Verbindung des Prinzips freier Markt mit dem Prinzip sozialer Ausgleich. »Es bedeutet dies, dass uns die Marktwirtschaft notwendig als das tragende Gerüst der künftigen Wirtschaftsordnung erscheint, nur dass dies eben keine sich selbst überlassene liberale Marktwirtschaft, sondern eine bewusst gesteuerte, und zwar sozial gesteuerte Marktwirtschaft sein soll.«[30]

Die Kernfrage dabei ist: Was ist sozial an der »sozialen Marktwirtschaft«? Liegt die Betonung auf »sozial« oder auf »Markt«? Für die Ordoliberalen, so sehr sie sich auch von den Marktradikalen absetzen, steht weiterhin der Markt im Mittelpunkt. Er ist kapitalistisch organisiert, je besser er funktioniert, umso mehr können soziale Forderungen erfüllt werden. Das Soziale ist hier eher ein Anhängsel, ein Etikett, das der Marktwirtschaft angeheftet wird, ein Bonbon für Verlierer, die im scharfen Wettbewerb am Markt sonst untergehen würden.

Im Laufe der sechziger und siebziger Jahre machte dagegen eine Interpretation der sozialen Marktwirtschaft Karriere, die vor allem die integrative Kraft dieses Modells hervorhob. Gutes Wirtschaften und soziale Belange stehen danach gleichgewichtig nebeneinander. Wenn ein Unternehmer, ein Unternehmen Erfolg hat, dann wird der auch danach bewertet, ob die soziale Absicherung der Beschäftigten fortschreitet, ob der Arbeitsplatz sicher ist, ob die Entlohnung »gerecht« ist. Wirtschaftlicher Erfolg gilt gesellschaftlich erst dann, wenn er auch als sozialer Erfolg verbucht werden kann.

Dieses Modell ist zumindest deklamatorisch in die Politik der Bundesrepublik eingegangen. Gleichzeitig radikalisierte sich das neoliberale Konzept der österreichischen Schule und hatte vor allem in den USA großen Erfolg. Friedrich von Hayeks *Verfassung der Freiheit* (1960) und Milton Friedmans *Kapitalismus und Freiheit* (1962) wurden begeistert aufgenommen, die beiden waren die neuen Stars der US-Wirtschaftswissenschaft.

Mitte der siebziger Jahre, als die keynesianische Wirtschaftspolitik angesichts von Wachstumsschwäche und Inflation weltweit in Erklärungsnot kam, kam die große Stunde der Marktradikalen. Der Wirtschaftsnobelpreis 1974 ging an Hayek, zwei Jahre später an Milton Friedman – da hatten sie endgültig gewonnen. Zu Politik wird ihr Konzept allerdings zuerst in Chile. Die sogenannten Chicago Boys, eine Gruppe chilenischer Ökonomen aus Friedmans Chicagoer Schule, konnten unter Diktator

Pinochet das marktradikale Konzept umsetzen, die »Dreifaltigkeit des freien Marktes«, wie Naomi Klein schreibt: Privatisierung, Deregulierung, Einschnitte bei den Sozialausgaben. In Europa war es Margaret Thatcher, die von 1979 an die britische Gesellschaft nach diesem Muster umkrempelte, in den USA war Präsident Reagan ein eifriger Verfechter radikal-liberaler Konzepte.

Und auf diesem Wege kommt der marktradikale Liberalismus nach Deutschland zurück. Die Politiken von Thatcher und Reagan werden auch von deutschen Politikern – ungeachtet der zum Teil desaströsen Folgen fürs Soziale – bewundert. Die Argumentation ist gebetsmühlenhaft immer dieselbe: Der Markt wird schon alles richten, an ihn darf man nicht rühren bei Strafe des Untergangs von Wirtschaft und Gesellschaft. Nur wenn's am Markt gut läuft, kann man sich auch das Soziale leisten, »was verteilt werden soll, muss erst einmal erwirtschaftet werden« – dieses alt- und neuliberale Mantra wird vor allem bei der FDP und ihrer Entwicklung zu einer wirtschaftsliberalen Partei zum Glaubenssatz, aber eben auch bei den Unionsparteien, vor allem der CDU unter der Ägide von Angela Merkel. Sie schwärmte Anfang 2005 in einem Artikel für die *Financial Times Deutschland* von Hayeks Freiheitsbegriff, seiner »bestechenden Logik« und seiner elementaren Bedeutung für die heutige Demokratie.[31] Heute würde sie das wohl auch nicht mehr so schreiben.

Bis die große Krise ausbrach, war in Deutschland jedenfalls eine ausgesprochene Hayek-Renaissance festzustellen, und das ist nun wirklich bemerkenswert. Gerade hinsichtlich Hayeks Freiheitsbegriff. Für Hayek und für seine modernen Anhänger gibt es keine Trennlinie zwischen Markt und Freiheit. Der beruht hauptsächlich auf der Erkenntnis, »dass sich jeder von uns unvermeidlich in Unkenntnis eines sehr großen Teils der Faktoren befindet, von denen die Erreichung unserer Ziele und unserer Wohlfahrt abhängt«.[32] Weil aber »kein menschlicher Verstand all das Wissen umfassen kann, das das Handeln der Gesellschaft lenkt«, ist »ein unpersönlicher, nicht von individuellem Urteil abhängiger Mechanismus erforderlich (...), der die individuellen Bemühungen koordiniert«.[33] Und das ist der Markt. In einem vollkommenen (Fachjargon: atomistischen) Markt verfügt kein Marktteilnehmer auch nur über einen Hauch von Marktmacht. Dieser Zustand gilt als Inbegriff von Freiheit. Der Staat und die Politik sollen sich da lieber raushalten. Sie würden ohnehin bloß stören.

Doch wenn wir in diesem Sinne weder wissen noch beurteilen können und dürfen, was der Markt in seiner unergründlichen Weisheit hervorgebracht hat, wo bleiben dann die Moral und die Freiheit? Für den Hayek-Anhänger Wolfgang Kersting, Professor für Philosophie an der Universität Kiel, offenbart allein schon diese Frage eine »ökonomische Borniertheit«, die uns daran hindert, »zu erkennen, dass der Markt selbst eine Moralordnung ist, dass ihr ein Ethos eingeschrieben ist«.[34] Mit Sozialem kann dieses Ethos freilich nichts zu tun haben.

Darüber hinaus ist die Hayek-Renaissance bemerkenswert im Blick auf die soziale Marktwirtschaft. Die zaghaften Versuche, der Marktwirtschaft etwas Soziales anzuheften, dreht Hayek radikal zurück, so konsequent, wie er es schon in den dreißiger und vierziger Jahren getan hat. Er ist in dieser Beziehung auf jeden Fall ehrlicher als manch anderer, der dem Kapitalismus – wider besseres Wissen – das Soziale als Girlande umhängt. Oder wie Hayeks Weggefährte Milton Friedman zu sagen pflegte: »Die soziale Verantwortung der Unternehmer besteht darin, Profite zu erwirtschaften. Punkt.«

Das Wieselwort »Gerechtigkeit«

»Mehr als zehn Jahre lang habe ich mich intensiv damit befasst, den Sinn des Begriffs der ›sozialen Gerechtigkeit‹ herauszufinden. Der Versuch ist gescheitert; oder besser gesagt, ich bin zu dem Schluss gelangt, dass für eine Gesellschaft freier Menschen dieses Wort überhaupt keinen Sinn hat.«[35] Das war ein beliebter Gag in Hayeks Vorlesungen in den siebziger Jahren. Um den Nicht-Sinn des Begriffs »soziale Gerechtigkeit« zu erklären, unterscheidet er zwischen zwei Formen gesellschaftlicher Ordnung: der »gemachten« und der »spontanen« Ordnung. Der »gemachten Ordnung« liegt ein bewusster, von Menschen ersonnener Entwurf zugrunde, der nach rationalen Regeln, nach Geboten und Verboten zur Erreichung bestimmter Ziele funktioniert.[36] In einer »spontanen Ordnung« gibt es nur einen allgemeinen Rahmen von Verhaltensregeln, innerhalb dessen die Individuen sich frei bewegen und ihre eigenen Ziele verfolgen können. Der entscheidende Unterschied liegt aber für Hayek vor allem darin, wie viel Komplexität diese Ordnungen verarbeiten können.

Die gemachte Ordnung hat Übersichtlichkeit zur Voraussetzung, verträgt nur wenig Komplexität, sie ist typisch für Horden und Stammesgesellschaften. Die spontane Ordnung dagegen kann Komplexität unbegrenzt verarbeiten, weil sie vor allem darauf verzichtet, die Gesellschaft in eine bestimmte Richtung zu lenken. Das ginge nur, wenn man ausreichend Kenntnisse über die Einzelinteressen hätte. Das ist in modernen komplexen Gesellschaften aber unmöglich, also verzichten sie auf Ziele, auf Lenkung, auf Steuerung. Und daraus folgt: »Dass in die Ordnung einer Marktwirtschaft viel mehr Wissen von Tatsachen eingeht, als irgendein einzelner Mensch oder selbst irgendeine Organisation wissen kann, ist der entscheidende Grund, weshalb die Marktwirtschaft mehr leistet als irgendeine andere Wirtschaftsform.«[37]

Jeder werkelt also vor sich hin, aber es gibt kein gemeinsames Ziel. Es gibt nur einen Index, der den Menschen zeigt, welches Ziel lohnenswert ist: Das ist der im freien Wettbewerb sich bildende Marktpreis. Er sagt dem Menschen, was zu tun ist, damit er seine Chancen verbessern kann.[38]

Was soll in einer solchen Ordnung »soziale Gerechtigkeit«? Hayek hält den Begriff für eine Leerformel, eine begriffliche Illusion, »mit der sozialistische Scharlatane Wissenschaft, Philosophie und Politik erfolgreich in die Irre führen«.[39] Das Adjektiv »sozial« ist für ihn ein »Wieselwort«.[40] Wie das Wiesel ein Hühnerei aussaugt, ohne dass man von außen etwas sieht, so saugt das Wieselwort sozial dem Begriff Gerechtigkeit jede Bedeutung aus. »Wahr ist nur, dass eine soziale Marktwirtschaft keine Marktwirtschaft, ein sozialer Rechtsstaat kein Rechtsstaat, ein soziales Gewissen kein Gewissen, soziale Gerechtigkeit keine Gerechtigkeit – und ich fürchte auch, soziale Demokratie keine Demokratie ist.«[41]

Vor allem Gerechtigkeit, so Hayek, hat mit Sozialem nichts zu tun, der Begriff ist nur auf individuelles menschliches Handeln anwendbar, nicht auf Gesellschaften, erst recht nicht auf moderne Marktgesellschaften. »Es kann keine austeilende Gerechtigkeit geben, wo niemand etwas austeilt. Gerechtigkeit hat einen Sinn nur als eine Regel für menschliches Verhalten.«[42] Da komplexe moderne Marktgesellschaften von Menschen nicht überblickt oder gar verstanden werden können, gibt es auch keinen Maßstab, nach dem gerecht oder ungerecht in der Marktgesellschaft beurteilt werden könnte. »Der vorherrschende Glaube an ›soziale Gerechtigkeit‹ ist gegenwärtig wahrscheinlich die schwerste Bedrohung der meisten anderen Werte einer freien Zivilisation.«[43]

Allerdings soll in bestimmten Bereichen schon Gerechtigkeit herrschen, eine Art freiheitliche Gerechtigkeit: »Es mag hart klingen, aber es ist wahrscheinlich im Interesse aller, dass in einem freiheitlichen System die voll Erwerbstätigen oft schnell von einer vorübergehenden und nicht gefährlichen Erkrankung geheilt werden um den Preis einer gewissen Vernachlässigung der Alten und Sterbenskranken.«[44] Also benötigt auch eine freie Gesellschaft moralische Grundsätze, und die zielen vor allem darauf, Leben zu erhalten. Mit Einschränkungen, versteht sich. »Nicht die Erhaltung aller Leben, weil es notwendig sein kann, individuelles Leben zu opfern, um eine größere Zahl von anderen Leben zu erhalten. Deshalb sind die eigentlichen wirklichen moralischen Regeln diejenigen, die zum ›Lebenskalkül‹ führen: das Privateigentum und der Vertrag.«[45]

Diese »bestechende Logik« führt uns zurück zum Markt. Der Markt ist anonym und unverantwortlich, nichts am Marktgeschehen ist irgendwie zurechenbar. Wem auch? Der unsichtbaren Hand? Auch Hayek kennt ein solches Konstrukt. Während die unsichtbare Hand bei Adam Smith aber für Harmonie und Gemeinwohl sorgt, zumindest theoretisch, steht sie bei Hayek außerhalb jeder Rationalität und Verantwortlichkeit. Es gibt auch nicht, wie bei Smith, einen göttlichen Heilsplan. Da herrscht reine Kontingenz. Was geschieht, geschieht. Dieser brutale Marktabsolutismus Hayeks hat immerhin einen Vorzug: Er ist ehrlicher als Adam Smiths gottgegebene Harmonieveranstaltung. »Natürlich muss zugegeben werden, dass die Art und Weise, in der die Wohltaten und Lasten durch den Marktmechanismus verteilt werden, in vielen Fällen als sehr ungerecht angesehen werden müsste, *wenn* sie das Resultat einer absichtlichen Zuteilung an bestimmte Leute wäre. Aber dies ist nicht der Fall.«[46]

Damit ist klar, dass der Anarcho-Kapitalismus nicht gerecht sein will, vor allem aber nicht gerecht sein kann, weil das Marktgeschehen blind ist. So argumentieren auch heute noch führende Ökonomen. Hans-Werner Sinn zum Beispiel erklärt geradeheraus, dass das kapitalistische System nicht gerecht ist. Macht aber nichts. »Mit etwas mehr Ungerechtigkeit lebt es sich besser. Etwas mehr Ungleichheit in der Einkommensverteilung bewirkt auch für die weniger gut dabei Wegkommenden letztlich einen höheren Lebensstandard, als wenn man ein egalitäres System schafft, wo alle das Gleiche kriegen und alle gleichermaßen arm sind.«[47]

Das ruft interessanterweise dann doch den Hayek-Fan Kersting auf den Plan. Ist er beim Lob des Liberalismus noch ganz beim alten Haudegen des Anarcho-Kapitalismus, wird es ihm in der Gerechtigkeitsfrage doch ein bisschen mulmig. »Sollte an der Verteuflung des Neoliberalismus ein wahrer Kern sein, dann ist es die Zurückweisung der These Friedrich August von Hayeks, dass der Begriff der sozialen oder distributiven Gerechtigkeit eine semantische Fata Morgana sei, ein trojanisches Pferd des Staatssozialismus.«[48] Kersting sieht durchaus, dass Lebenskarrieren von Voraussetzungen abhängen, die von den Individuen nicht zu beeinflussen sind. Wer nicht »marktfähig« ist, der fällt durch den Rost. »Der Markt ist keinesfalls eine Glücksschmiede für jedermann, er ist ungerecht, denn er macht keinerlei Unterschiede.«[49] Also muss für Ausgleich gesorgt werden, eben für diejenigen, die nicht markttüchtig sind. »Es versteht sich, dass mit diesem kargen Gerechtigkeitsbegriff flacher Chancengleichheit die überbordende Gerechtigkeitsrhetorik nicht zu vereinbaren ist, die den politischen Markt der Wählerbewirtschaftung und das Verteilungsgezänk der Gruppen mit glänzendem moralsemantischem Lack überzieht.«[50]

Damit ist Kersting dann wieder auf der Linie Hayeks. Auch sonst erfreut sich der 1992 verstorbene Marktradikale immer noch zeitgenössischer Anhängerschaft. Dazu gehören die »Initiative Neue Soziale Marktwirtschaft«, die besonders rührig agiert, Angela Merkel, bevor sie Kanzlerin wurde, Wissenschaftler wie der Jenaer Ökonom Manfred E. Streit, Herausgeber der Neuausgabe der Schriften von Hayeks, der die Forderung nach Umverteilung in bester Hayek-Manier als »schlicht unsinnig« bezeichnet, »denn in einer marktwirtschaftlichen Ordnung gibt es niemanden außer dem Staat als Zahler von Transfers, der Einkommen verteilt«.[51] Mit dem Begriff »soziale Gerechtigkeit«, so der Professor, werde an einen »Atavismus« appelliert, »an tiefwurzelnde Gefühle und Instinkte (…), die in grauer Vorzeit in der kleinen Gruppe oder Horde entwickelt wurden«. Dieser »Atavismus der sozialen Gerechtigkeit«, so Streit an anderer Stelle, führt zum Verfall der freien Marktordnung, sofern diese an herkömmlichen Gerechtigkeitsvorstellungen gemessen wird.[52]

Das Atavismus-Argument hat Streit direkt vom Meister übernommen. Allerlei soziale Ideen, vor allem aber die der sozialen

Gerechtigkeit, sind für Hayek Atavismen. Also Überbleibsel aus früheren Stufen der Evolution. In Horden, Sippen und Familienverbänden war der soziale Ausgleich für das Überleben sinnvoll.[53] Inzwischen aber hat sich eine »spontane Ordnung« herausgebildet, eben die freie kapitalistische Marktwirtschaft, in der das Streben nach sozialer Gerechtigkeit schädlich ist.

Und schließlich meint Streit: Der Ruf nach sozialer Gerechtigkeit beruhe »auf einem Motiv, welches sich konfliktträchtig durch die Geschichte der Menschheit zieht, dem Neid«.[54] Auch damit liegt Streit ganz auf der Linie seines Vorbildes. Ein wesentliches Motiv für die Bemühungen um mehr soziale Gerechtigkeit liegt für Hayek »in der Unzufriedenheit (...), die der Erfolg einiger oft in den weniger Erfolgreichen hervorruft, oder, um es frei herauszusagen, im Neid«.[55]

8 Die Neidgesellschaft

Mein kleinster Fehler ist der Neid.
Aufrichtigkeit, Bescheidenheit,
Dienstfertigkeit und Frömmigkeit,
Obschon es herrlich schöne Gaben,
Die gönn' ich allen, die sie haben.
Nur wenn ich sehe, dass der Schlechte
Das kriegt, was ich gern selber möchte;
Nur wenn ich leider in der Nähe
So viele böse Menschen sehe
Und wenn ich dann so oft bemerke,
Wie sie durch sittenlose Werke
Den lasterhaften Leib ergötzen,
Das freilich tut mich tief verletzen.
Sonst, wie gesagt, bin ich hienieden,
Gott Lob und Dank, so recht zufrieden.
Wilhelm Busch, Kritik des Herzens

»Da ist sie wieder, die Neidsteuer.« Das rief Otto Graf Lambsdorff am 5. September 1990 im Deutschen Bundestag, als die SPD zur Finanzierung der Einheit eine Ergänzungsabgabe für Besserverdienende vorschlug. Mit diesem Ausruf befand Lambsdorff sich in bester Tradition. Seit den siebziger Jahren gehört der Neidvorwurf zum Arsenal von Wirtschaftsliberalen jeder Couleur, wenn es um die Abwehr von Zumutungen für die Besitzenden geht. Auch in der Debatte um üppige Managergehälter musste der Neid herhalten. »Das ist nichts anderes als eine Neiddebatte, mit der man aber nur Linken und Kommunisten in die Hände spielt.« Diese besonders intelligente Variante des Neidarguments verdanken wir dem Ring Christlich-Demokratischer Studenten (RCDS).[1] Und der unvermeidliche Wirtschaftsprofessor Hans-Werner Sinn ist stets zur Stelle, wenn die herrschenden Verhältnisse gegen Sozial-Argumente verteidigt werden müssen: »Transparenz bei den Managergehältern leistet nur dem Neidkomplex der Deutschen Vorschub.«[2] Die sind nach Sinns

Meinung, der offenbar ein versierter Sozialpsychologe ist, besonders begabt fürs Neiden, weshalb sie auch den Sozialismus »erfunden und ihn in die Welt exportiert« haben. »Mit dem Sozialismus hat man versucht, den Neid hoffähig zu machen. Der Neid ist tief in den Köpfen vieler Deutscher verankert.«[3]

Der Neiddiskurs ist allgegenwärtig, wir lesen es fast täglich in der *Frankfurter Allgemeinen Zeitung*, in der *Welt*, im Wirtschaftsteil der *Süddeutschen Zeitung*: Wer über Angemessenheit von Gehältern, Boni, Abfindungen diskutiert, neidet den Erfolgreichen den Erfolg. Wann immer über Vermögensteuer, Millionärssteuer, Luxussteuer, strengere Erbschaftsteuer nachgedacht wird, heißt es: Neid. Norbert Walter, der Chefvolkswirt der Deutschen Bank, nennt die Deutschen »Heulsusen«, weil sie nicht bereit sind, wirtschaftliche Erfolge und deren Honorierung zu akzeptieren. Und auch der Hinweis darauf, dass in den USA zum Beispiel Spekulationsgewinne, Grundbesitz, Geldvermögen und Erbschaften viel höher besteuert werden als in Deutschland, hat keine Chance. Die Vorbildfunktion der Vereinigten Staaten hat schließlich Grenzen.

Die Debatte wird stets recht angeregt geführt. Wir hören von Geldneid, Sozialneid, von Neidklima. Penisneid und Geschlechterneid kennen wir schon etwas länger. Soziologen und Politologen kümmern sich um den Sozialneid als Instrument der Politik und um die »Neidneigung« der Deutschen, Neidkampagnen und Neidpopulismus sind im Angebot, schließlich die Neidgesellschaft insgesamt. Die wird nicht nur von den journalistischen Herolden des Wirtschaftsliberalismus behauptet, auch der stets am Puls der Zeit horchende Philosoph Peter Sloterdijk hat die Witterung aufgenommen: »Moderne Gesellschaften sind große Neidkraftwerke«, erklärte er im Mai 2002 beim »Siebten Deutschen Trendtag« in Hamburg. Der Neid stachelt die Menschen zu immer neuem Konsum an, sie müssen kaufen, kaufen, kaufen, weil die anderen es auch tun. Diese »medial inszenierte Konsumpanik« führe zu einer »Kultur des täglichen Ausnahmezustands« und am Ende zu einer »Zivilisation der neuen Grausamkeit«.[4] Nimmt man alle diese »Analysen« ernst, dann sind die Deutschen ein ziemlich widerliches Volk. Grün und gelb vor Neid, vom Neid innerlich zerfressen, gehen sie allesamt gramgebeugt und graugesichtig durchs Leben und schielen voller Missgunst auf des Nachbarn Hab und Gut, Weib, Kind und Ehr.

Nun wird niemand bestreiten, dass es Neid und Missgunst gibt. Man ist neidisch auf das Auto des Nachbarn, sein Haus, seine Frau. Und jeder weiß, dass Neid zwar ziemlich hässlich ist, aber nun mal vorkommt. Neid ist verpönt. »Neid frisst«, sagt der Volksmund. Neid ist offensichtlich ein universelles Phänomen. Alle großen Philosophen des antiken Griechenlands haben sich gefragt, wie der Neid zu bekämpfen sei, in der katholischen Kirche gehört die »Invidia« zu den sieben Todsünden. Der Begriff Neid oder Neider kommt in fast allen Sprachen vor, wir finden ihn in unzähligen Sprichwörtern der verschiedensten Kulturen. Und er ist fast immer negativ besetzt.

Aber es gibt auch Denker, die dem Neid etwas Positives abgewinnen können und ihn nicht durchweg als negativ, selbstzerstörerisch, gemeinschaftsschädigend ansehen. Klassiker des Liberalismus wie Francis Bacon, David Hume und Adam Smith haben Neid zwar – gut christlich – als Laster kategorisiert. Aber sie sehen darin auch »eine unerlässliche Triebkraft des Handelns, die zum öffentlichen Wohl beitragen kann«.[5] Der deutsche Philosoph und Soziologe Georg Simmel hat die Affekte Neid, Missgunst und Eifersucht als »soziale Gefühle« verstanden, die durchaus gesellschaftsformende Kraft haben können. »Der Neid ist – soziologisch betrachtet – ein ehrwürdiges Gefühl, das auf den Menschen als ›Unterschiedswesen‹ (Georg Simmel) abstellt. Er entsteht in den sozialen Wechselwirkungen zwischen Individuen und Gruppen und setzt den Vergleich untereinander voraus.«[6]

Vergleichen ist die Voraussetzung. »Wo kein Vergleich stattfindet«, sagt Francis Bacon, »gibt es auch keinen Neid, wie Könige nur von Königen beneidet werden«. Diese Bemerkung weist auf die von anderen Klassikern geteilte und durch moderne Forschung bestätigte Einschätzung hin, dass der Vergleich meist auf gleicher sozialer Ebene stattfindet. Ich vergleiche mich mit Arbeitskollegen, schaue, was sie erreicht haben im Unterschied zu mir. Der Vergleich mit einem Popstar oder einem Fußballmillionär ist dagegen eher untypisch. »So legt das Gerede über ›Sozialneid‹ die Vorstellung nahe, untere Schichten würden die Bessergestellten unablässig mit kollektiver Missgunst verfolgen, während sich Neid tatsächlich doch meist zwischen enger benachbarten Gruppen einstellt.«[7]

Und: Nicht jedes Vergleichen führt zu Neid im Sinne von Missgunst. Nur wer ein ausgeprägt unterbelichtetes Selbstwertgefühl hat, ist fähig zu Neid im giftigen, galligen Sinn. »Es gibt eine Nuance des Neides, die eine Art ideellen Anteilhabens an den beneideten Gegenständen einschließt«, sagt Georg Simmel.[8] Er illustriert diese »versöhnlichere Färbung« des Neides so: »Das Verhalten der Proletarier, wenn sie einen Blick in die Feste der Reichen tun können, ist hierfür ein lehrreiches Beispiel, die Basis solchen Verhaltens ist, dass hier ein angeschauter Inhalt rein als solcher lustvoll wirkt, gelöst von seiner, an das subjektive Haben gebundenen Wirklichkeit – irgendwie dem Kunstwerk vergleichbar, dessen Glücksertrag auch nicht davon abhängt, wer es besitzt.«[9] Simmel glaubt, dass das nicht einmal eine besondere Kategorie des Neides ist, sondern als Element in jeder Art von Neid steckt. »Indem man einen Gegenstand oder einen Menschen beneidet, ist man schon nicht mehr absolut von ihm ausgeschlossen, man hat irgendeine Beziehung zu jenem gewonnen, zwischen beiden besteht nun der gleiche seelische Inhalt, wenngleich in ganz verschiedenen Kategorien und Gefühlsformen. Zu dem, was man beneidet, ist man zugleich näher und ferner als zu demjenigen Gut, dessen Nicht-Besitz uns gleichgültig lässt. Durch den Neid wird gleichsam die Distanz messbar, was immer zugleich Entferntheit und

Nähe bedeutet – das Gleichgültige steht jenseits dieses Gegensatzes.«[10]

Ich kann auf das, was der Arbeitskollege erreicht hat, durchaus neidisch sein, auch wenn ich das für angemessen halte. Ich hätte es halt auch gerne, aber ich gönne es ihm. Wenn mein Freund mitten im grauen November in Urlaub fährt, während ich in der Alltagstretmühle bleiben muss, dann sage ich von Herzen: »Ich beneide dich unendlich.« Aber dieses Neiden ist kein Nicht-Gönnen, muss es jedenfalls nicht sein. Ich kann diesen Freund gleichzeitig beglückwünschen und beneiden. Wer Neid nur als Missgunst kennt, als Nicht-Gönnen, hat einen höchst eingeschränkten Begriff davon – und erschreckend wenig Menschenkenntnis.

In deutschen Debatten wird diese freundliche Seite des Neidgefühls gerne ausgeblendet. Und darüber hinaus regiert das Klischee, Neid sei »typisch deutsch«, oder umgekehrt, deutsch sei gleichbedeutend mit »missgünstig« und »neidisch«. Offenbar stimmt das Klischee mit der Selbsteinschätzung vieler Deutscher überein. Zwei Drittel der Befragten gaben bei einer Emnid-Umfrage im September 2005 zu, gelegentlich neidisch zu sein. Nach einer Umfrage der Zeitschrift *Geo* von 2003 stehen Reichtum, Intelligenz und Karriere am Anfang der Neidskala, Schönheit und Gesundheit am Schluss.

Die Urgeschichte des Bösen

Für den Soziologen Helmut Schoeck ist Neid ein derart zentrales soziales Phänomen, dass er sein weitausholendes Standardwerk *Der Neid* mit *Eine Theorie der Gesellschaft* untertitelt. Diese »Krönung der geisteswissenschaftlichen Dramatisierung des Neides«[11] hat großen Einfluss auf die Neiddebatte in Deutschland gehabt und die wissenschaftliche und vor allem populärwissenschaftliche Diskussion bis heute inspiriert. Auch bei

Schoeck ist Neid im wesentlichen negativ besetzt, die Taschenbuchausgabe seines zuerst 1966 erschienenen Standardwerks trägt sogar den Untertitel *Die Urgeschichte des Bösen*.[12] Aber Schoeck sagt auch, durchaus im Sinne Simmels: »Beim Neid handelt es sich um eine Kernfrage der sozialen Existenz, die vorgegeben ist, sobald sich zwei höhere Lebewesen miteinander vergleichen können. Zumindest ein guter Teil der Antriebsapparatur für dieses zwangsartige Sich-Vergleichen mit den anderen ist schon auf der Stufe unter dem Menschen biologisch angelegt. Sie hat aber beim Menschen eine besondere Bedeutung erlangt.«[13]

Und zwar negativ wie positiv: »Der Mensch kann aus Neid zum Zerstörer werden.« Aber Neid kann auch antreiben, anspornen, kann beim »Neider« den Ehrgeiz erzeugen, durch eigene Anstrengungen mit dem »Beneideten« gleichzuziehen. Und Neid kann beim Beneideten zu »sozialen Hemmungen« führen, die die Entwicklung sozialer Systeme begünstigen. Das heißt also: Die Furcht, Neid hervorzurufen, führt zur gegenseitigen Kontrolle und damit zu funktionierenden Sozialstrukturen. Diesen Ansatz von Schoeck hat der französische Psychologe und Schriftsteller François Lelord ausgeweitet zu einer Theorie des evolutionsgeschichtlichen Stellenwerts von Neid: Neid steigert die Wahrnehmung von Ungleichheiten in einer Gruppe und begünstigt so die Entwicklung von Fairness. Dadurch wiederum werden unnötige Streitereien vermieden und die Überlebenschance der Gruppe gesteigert.[14]

Der deutsche Psychoanalytiker Rolf Haubl unterscheidet zwischen »ehrgeizig-stimulierendem« und »feindselig-schädigendem« Neid[15], der Münchener Sozialpsychologie Dieter Frey spricht von »schwarzem« und »weißem« Neid: »Man missgönnt einem anderen etwas, weil man in einer Konkurrenzbeziehung zu ihm steht und gleichzeitig glaubt, es selbst nicht bekommen zu können – man verwünscht den anderen, weil er es hat.« Während der »weiße« Neid als Triebkraft funktioniert: »Er treibt an zu Aktivität und Kreativität und macht im besten Sinne ehrgeizig.«[16] Den Umschlagpunkt definiert Haubl so: »In dem Moment, wo der ehrgeizig-stimulierende Neid nicht mehr mit der Vorstellung verbunden ist, dass der einzelne durch seine Verdienste diese Ressourcen erlangen kann, kippt die Situation. Dann wirkt Neid nicht mehr motivierend, sondern depressiv-lähmend. Hoffnungslosigkeit macht sich breit, und die Wahrscheinlichkeit, dass diese Gefühle in feindselig-schädigenden Neid umschlagen, ist groß.«[17]

Man könnte auch sagen: Es gibt einen marktkonformen Neid, der als ökonomische Triebkraft dazu führt, dass das Einkommen am Markt erhöht wird. Und auf der anderen Seite einen nichtmarktkonformen Neid, also den alten Hayekschen »Atavismus«, der dann zu Umverteilungsforderungen aus sozialen Gründen führt.[18]

Für Schoeck und seine Anhänger überwiegt freilich die letztere Form des Neides, also die Gefahr, dass der Neider nicht positiv angespornt wird, sondern – weil er nicht an seine Chance im Wettbewerb glaubt – auf mehr Gerechtigkeit durch Schlechterstellung des Beneideten hofft. »Wer neidet«, sagt Schoeck, »schadet sich selber am meisten. Er vergibt unzählige Chancen, vertagt viele eigene Leistungen, weil er sich stattdessen grollend und selbstbemitleidend mit dem beschäftigt, was andere, oft genug nur vermeintlich, schon haben oder sind.«[19]

Schoeck neigt nun dazu, diesen negativen, unproduktiven Neid besonders ausgeprägt bei den Deutschen auszumachen. Weil, so das nicht sonderlich originelle Argument, Anspruchsdenken und Versorgungsmentalität die Deutschen darauf trainiert hätten, »ständig ihre Benachteiligung im Vergleich zu anderen zu entdecken«. Vor allem mit dieser Stoßrichtung hat Schoeck besonders viele Anhänger und Nachahmer gefunden.

Die These, dass Neid tatsächlich eine typisch deutsche Eigenschaft ist, ist freilich empirisch nicht zu belegen. Es ist auch nie versucht worden. »Denn es könnte ja sein, dass ›typisch deutsch‹

nicht ist, besonders neidisch zu sein, sondern sich für besonders neidisch zu halten.«[20] Was nach Meinung des Soziologen Sighard Neckel daran liegen könnte, »dass als ›Neid‹ in Deutschland immer schon gilt, was in anderen Gesellschaften zu den normalen Formen des Interessenkampfs um Vorteile und Begünstigungen, um Gerechtigkeitsansprüche und sozialen Lastenausgleich zählt«.[21]

Und von daher kann in Deutschland die Neiddebatte auch so platt geführt werden, wie sie geführt wird. Jede Forderung nach Chancengleichheit oder Chancengerechtigkeit zum Beispiel wird gern als Neiddebatte denunziert mit dem Argument, dass der Neider schließlich selbst schuld ist, weil er sich – so Schoecks Argument – vom Wettbewerb, wo seine Chancen liegen, ausschließt. »Neid« war immer auch politischer Kampfbegriff gegen soziale Bewegungen, zum Beispiel gegen die Arbeiterbewegung, ein Instrument, um die eigenen Privilegien zu rechtfertigen und zu erhalten.

»Wer stets alles haben kann, was er begehrt, mag mühelos das Ressentiment bei jenen entdecken, deren Bestrebungen weniger vornehm aussehen. In den symbolischen Kämpfen um die Verteilung von Gütern und Positionen ist der Neidvorwurf eine beliebte Rhetorik, um Forderungen nach größerer Teilhabe als Ausdruck hässlicher Charaktereigenschaften zu diskreditieren. Darin teilt sich auch immer die Botschaft sozialer Verachtung mit, wollen sich bessere Kreise hiermit doch auch moralisch über den gewöhnlichen Menschen erheben.«[22]

Das Glück des anderen

Prototypisch und in gewohnt schlichter Form ist diese Richtung bei Norbert Bolz zu finden: Neid, so erklärt er in der Tradition Schoecks, ist eine der mächtigsten psychischen Antriebskräfte der westlichen Kultur, und der Anspruch auf soziale Gerechtigkeit entspringt einer Politik des Neids. »Der Neider beobachtet das Glück des anderen und begreift es nicht als Erfolg von Tüchtigkeit, sondern als Beweis der eigenen Benachteiligung, die nach gesellschaftlicher Kompensation verlangt.«[23]

Das Glück des anderen? Wessen Glück und was für eine Art von Glück sollen denn das sein? Gibt es Anzeichen dafür, dass die deutschen Mitglieder des Clubs der Allerreichsten von ihren deutschen Mitbürgern beneidet werden? Und zwar beneidet in der klassisch zerstörerischen Art: Der hat mehr als ich, damit Gerechtigkeit herrsche, muss ihm etwas weggenommen werden? Anzeichen dafür gibt es nicht. Erfolgreichen Unternehmern wird ihr Erfolg keineswegs geneidet. Aber Manager, die sich ohne Leistung die Taschen vollstopfen, korrupte Politiker, raffgierige Gewerkschaftsbosse werden angefeindet. Ist das Neid und Missgunst? Als Kain seinen Bruder Abel erschlug, da geschah das aus Eifersucht, aus Neid darauf, dass Gott Abels Opfer annahm und Kains Opfer nicht. Der Neider ist also nicht nur ein unangenehmer Charakter, sondern ein potentieller Brudermörder. Das soll mittransportiert werden, wenn Gerechtigkeitsdebatten als Neiddebatten denunziert werden. Mit dem Totschlag-Wort Neid sollen notwendige Diskussionen diskreditiert und damit verhindert werden.

»Neid, so wie er hierzulande kulturell verstanden wird, hat etwas mit Privilegien zu tun, und mit der Vorstellung, dass den Menschen die Dinge, die sie haben dürfen, irgendwie zustehen müssen, dass sie ein Recht auf bestimmte Dinge haben und auf andere Dinge nicht. (…) Neid entsteht dann, wenn die Zuteilung der Privilegien mit diesen Rechten nicht übereinstimmt.«[24] Schreibt die Politologin Antje Schrupp.

Jeder Mensch sieht jeden Tag, dass nicht jeder verdient, was er verdient (Geld, Güter, Privilegien, Macht, Einfluss). Aber es geht den meisten Menschen darum, dass jeder bekommen soll, was er verdient. Keiner kommt auf die Idee, dem anderen ein echtes Verdienst streitig zu machen.[25] Wenn alles mit rechten

Dingen zugeht, dann ist es auch nicht so schlimm, dass einige bekommen, was sie nie verdient haben. Das kann man aushalten. Aber nicht, wenn – gleichzeitig – viele das nicht bekommen, was ihnen zusteht.

Dieses Kernelement wird in der deutschen Neiddebatte aber lieber ausgeblendet. Damit wird unter der Hand ein individualpsychologisches Problem zu einem gesellschaftlichen umgemünzt. Aus der Tatsache, dass Nachbarn ihren Nachbarn etwas missgönnen, wird ein gesamtgesellschaftliches Psychogramm gebastelt, woraus die Gefahr abgeleitet wird, dass die bestehenden Verhältnisse umgestürzt werden sollen. Daraus wiederum die Logik: Neid liegt allem zugrunde, dieser Neid ist zerstörerisch. Wer von Gerechtigkeit redet, ist tatsächlich nur neidisch, will also zerstören, weshalb die Rede von Gerechtigkeit gesellschaftszerstörenden Charakter hat. Wenn man nur lange genug dran arbeitet, kriegt man jede Art von Logik hin.

9 Homo oeconomicus: Die ökonomische Maschine

Die Neiddebatte, so haben wir gesehen, hat vor allem ein Ziel: Die Dinge so zu lassen, wie sie sind. Wenn jede Kritik an bestehenden Verhältnissen, an Ungleichheiten, Ungerechtigkeiten mit dem Hinweis darauf abgetan werden kann, dass der Kritiker nur neidisch ist auf das, was andere haben oder können, dann steht Kritik unter Generalverdacht. Genau das soll erreicht werden. Aus einer möglichen Form menschlichen Verhaltens, dem unangenehmen, »fressenden« Neid, wird eine anthropologische Konstante: Der Mensch ist nun mal so, und man muss darauf achten, dass diese unangenehme menschliche Eigenschaft kein Unheil anrichtet. Indem man die Verhältnisse, wie sie nun einmal sind, mit Klauen und Zähnen verteidigt.

Mit einem ähnlichen Taschenspielertrick wird der Mensch als Wirtschaftswesen definiert. Der Mensch ist ein auf sein eigenes Interesse und seinen Profit orientierter, rational kalkulierender Mensch. Wir kennen das Modell von den Physiokraten, die Mitte des 18. Jahrhunderts eine eigene Wirtschaftsethik in Konkurrenz zur klassischen Ethik entwickelten (siehe Seite 102). Das Streben nach wirtschaftlichen Vorteilen sollte nicht mehr als – notwendiges – Übel, sondern als positive Eigenschaft angesehen werden.

Wirtschaftsprozesse, so die These, laufen gesetzmäßig ab, und im Mittelpunkt steht das Rationalitätsprinzip. Der Mensch als egoistisches und rationales Wesen strebt nach möglichst viel Gewinn und Genuss. Und das hält die Wirtschaft in Gang.

Adam Smith hat – wie gesehen – diese Überlegungen systematisiert. Wobei Smith eher beschreiben will, was der Mensch als Marktteilnehmer tut, und nicht so sehr, wie er insgesamt seinem Wesen nach ist. Aber man kann Smith auch so interpretieren, und Ökonomen vor allem des 19. Jahrhunderts haben das bereitwillig getan. Eigeninteresse und Eigennutz werden nun umgedeutet als wichtigste Handlungsmotive, die im übrigen nicht ethisch gerechtfertigt werden müssen, weil sie den Wohlstand aller schaffen. Aus dem wichtigsten Handlungsmotiv wurde dann allmählich das einzige und das einzig mögliche: Der »economic man« war geboren, später mit dem lateinischen Ehrentitel »Homo oeconomicus«[1] verziert.

Zwar haben die Verfechter dieses Modells von Anfang an betont, dass der Homo oeconomicus eher als wirtschaftswissenschaftliche Arbeitshypothese zu verstehen ist, um Wirtschaftsabläufe erklären zu können, oder als Idealtyp solcher Abläufe. Der österreichische Nationalökonom Carl Menger hat als einer der radikalsten Verfechter des Konzepts des Homo oeconomicus darauf hingewiesen, dass die Wissenschaft ein ideales Bild der Wirtschaft entwerfen soll, die durch eigennütziges menschliches Handeln charakterisiert ist.[2] Menger gilt als erster Vertreter der Österreichischen Schule der Nationalökonomie, aus der – wie oben dargestellt – Ludwig von Mises und Friedrich August von Hayek stammen. Und der deutsche Soziologe Max Weber hat bei aller sonstigen Kritik Mengers Ansatz einer reinen Theoriebildung unterstützt. Zwar könne, so Weber, empirische Forschung sich auf dieses Konstrukt eines Idealtyps beziehen, aber von ihr nicht »widerlegt« werden. Die Wirklichkeit müsse als »Abweichung« vom Idealtyp verstanden werden.[3]

Dass es bei der »reinen Theorie« nicht bleiben würde, war abzusehen. Denn der Schritt von einem wissenschaftlichen Gedankenkonstrukt als Grundlage der reinen Ökonomie zu einem allgemeinen gesellschaftlichen Leitbild ist klein. Im 20. Jahrhundert wird der Homo oeconomicus zu einem Modell: »Als Kernelement liberalen Gedankenguts bildet er die Grundlage, nach dessen Vorbild Menschen gebildet und geformt werden: als eigennützige und nutzenmaximierende Wesen. (…) Dabei beschränkt sich das Kalkül des Optimierens keinesfalls bloß auf den ökonomischen Bereich, also das unternehmerische Handeln im engeren Sinne. Vielmehr besteht der Charme des Homo oeconomicus darin, auf alle Felder menschlichen Handelns anwendbar zu sein.«[4] Unter der Hand wird die Rationalität des Systems, die ursprünglich eine Rationalität vernünftigen Wirtschaftens ist, der sich der rational denkende wirtschaftende Mensch handelnd einfügt, zur Rationalität des Menschen überhaupt. »So verstandene ökonomische Rationalität hält sich mit anderen Worten schon für die *ganze* Vernunft.«[5]

Kritik am Leitbild Homo oeconomicus hat es reichlich gegeben, gibt es bis heute, und immer haben Ökonomen empört bis genervt darauf hingewiesen, dass der empirische Mensch nicht gemeint ist, »dass es sich beim Homo Oeconomicus nicht um einen Menschen aus Fleisch und Blut handelt, sondern um ein Erklärungskonzept, eine heuristische Fiktion«.[6] Der österreichische Wirtschaftswissenschaftler Fritz Machlup, Schüler von Ludwig von Mises, hat in diesem Zusammenhang einen freundlichen Rat für »Schwachverständige«: Sie sollten den »Homo oeconomicus« lieber »Homunculus oeconomicus« nennen, »damit sie eher begreifen, dass er keinen aus einem Mutterleib geborenen Menschen darstellen sollte, sondern eine aus einer Gedankenretorte erzeugte abstrakte Marionette, mit bloß ein paar menschlichen Zügen ausgestattet, die für bestimmte Erklärungszwecke ausgewählt wurde«.[7]

Das ändert aber nichts daran, dass schon im 20., erst recht im 21. Jahrhundert der Homo oeconomicus auch und gerade von Ökonomen als Idealbild des Menschen überhaupt dargestellt wurde, als Maßstab für alle. Entweder wurde – und wird – behauptet, der Wirtschaftsmensch sei das erstrebenswerte Ziel der Menschwerdung, wer noch nicht so weit sei, solle sich gefälligst sputen, um von den Entwicklungen nicht abgekoppelt zu werden, um nicht aus dem System rauszufallen.[8] Diese Argumentation passt dann in der praktischen Wirtschaft und in der praktischen Politik fabelhaft in die Rede vom System (gleich Markt), das uns zu bestimmtem Handeln zwingt, verbunden mit dem Trost, dass ja alles letztlich dem Wohle aller dient.[9]

Die andere Variante: Der Homo oeconomicus wird zur anthropologischen Grundkonstante. Nach dem Motto: So ist der Mensch nun einmal definiert, die selbstsüchtige, gewinnorientierte Rationalität ist sein Wesen, seine Natur, er kann gar nicht anders. Besonders radikal wird diese These vom US-amerikanischen Wirtschaftswissenschaftler Gary Stanley Becker vertreten.[10] Er hält den ökonomischen Ansatz für so umfassend und allgemeingültig, »dass er auf alles menschliche Verhalten anwendbar ist«. So führte er auch den Begriff »Humankapital« in die wissenschaftliche Diskussion ein als Ausdruck dafür, dass in die Fähigkeiten und Möglichkeiten eines Menschen investiert wird.

Auch familiäre Beziehungen sind danach im Kern ökonomische. Heirat ist das Ergebnis einer Kosten-Nutzen-Analyse: Der Nutzen ist für den Heiratswilligen höher als die Kosten des Alleinbleibens oder die weitere Suche nach einem Partner. Die Produktion von Kindern hängt davon ab, ob der erwartete Nutzen – zusätzliches Familieneinkommen, Altersversorgung – höher ist als die Kosten. Kinder, so Becker, sind langlebige Konsumgüter wie Autos oder Kühlschränke. Steigt das Einkommen der Familie, steigt auch die Qualität dieser Güter. Also steigen auch die Investitionen in Aufzucht und Erziehung der Kinder mit dem Familieneinkommen.

Theorien wie diese gelten als besonders »realistisch«. Wer den Menschen anders definiert, ist Romantiker, er lügt sich an der wahren Wirklichkeit vorbei. Und damit wären wir wieder genau bei dem Taschenspielertrick, den wir schon beim Neid und der Neidgesellschaft beobachten konnten: Wenn der Mensch so ist, wie er ist, dann sind die Verhältnisse logischerweise so, wie sie sind, und es ist widernatürlich und unlogisch, sie ändern zu wollen.

10 Chicagoer Gangster: Die Genmaschine

Bei Lichte betrachtet sind sie im Grund
noch immer die alten Affen.
Erich Kästner, Entwicklung der Menschheit

Noch tiefer ins Wesen des Menschen dringt die Frage, was ihn antreibt, warum er etwas tut oder unterlässt, warum er wie und worauf reagiert – also was der Mensch *ist*. Eine alte Frage, die traditionell von der Philosophie beantwortet wird, ergänzend oder gerne auch ersatzweise von der Soziologie, ergänzend und ersatzweise von der Psychologie, wobei die Theologie sich schon immer – und nicht ohne Erfolg – einmischt. Dass die Biologie bei der Beantwortung dieser Frage ein Wörtchen mitzureden hätte, hat sich inzwischen auch herumgesprochen, sie scheint der Philosophie und der Soziologie sogar den Rang abgelaufen zu haben. Wie dem auch sei: Alles, was sich ganz oder teilweise »Menschenwissenschaft« nennen kann oder nennen lässt, ist hier natürlich gefragt.

Wobei über Jahrhunderte ausgemacht schien, dass das Spezifikum des Menschen neben der Sprache seine Denkfähigkeit sei und ein Handeln, das mit dieser Denkfähigkeit zumindest prinzipiell in Verbindung steht (Homo sapiens). Streitig war dabei, ob dieser Geist dem Menschen wiederum von einem Geist, einem Gott oder etwas Ähnlichem eingegeben oder Produkt der natürlichen Entwicklung sei. Zwar wurde der Mensch schon früh als Primat beschrieben, so von dem schwedischen Naturforscher Carl von Linné, aber eben mit der Besonderheit, ein vernunftbegabter Organismus zu sein. Charles Darwin hat dann versucht, auch menschliches Verhalten und Denken auf biologische Zusammenhänge zurückzuführen.

Schon Darwin hat sich dabei die Frage gestellt, warum es altruistisches Verhalten gibt. Warum hilft ein Lebewesen einem anderen, obwohl es dadurch seine eigenen Fortpflanzungschancen mindert? Beispiele dafür gibt es bei Insekten, besonders ausgeprägt bei Ameisen, und für Darwin lag es nahe, die Frage auf den Menschen auszudehnen.

Letztlich läuft ja Darwins Lehre darauf hinaus, den Menschen zu verstehen dadurch, dass man versteht, wie es in der »Entstehung der Arten« bis zu ihm gekommen ist. Ausgehend von dieser Theorie definierten die sogenannten Sozialdarwinisten im späten 19. und frühen 20. Jahrhundert (Autoren wie Herbert Spencer, William Graham Sumner und Thomas Henry Huxley) die wirtschaftliche und soziale Entwicklung als Ergebnis einer »intrasozialen Selektion«. Der Daseinskampf der Individuen und Gruppen ums Überleben wird zum Grundgesetz der Geschichte, und ihre Chancen in diesem Kampf hängen ab von ihrer biologischen Überlegenheit: Die besseren Gene setzen sich durch.

Das ist keineswegs an Darwin vorbeigedacht. Darwin hat den Kampf immer als notwendige Voraussetzung dafür gesehen, dass sich höhere Arten entwickeln. In seinem zweiten Hauptwerk *Die Abstammung des Menschen* (1871) schreibt er: »Wie jedes andere Tier ist auch der Mensch ohne Zweifel auf seinen gegenwärtigen hohen Zustand durch einen Kampf um die Existenz in Folge einer rapiden Vervielfältigung gelangt, und wenn er noch höher fortschreiten soll, so muss er einem heftigen Kampfe ausgesetzt bleiben. (…) Es muss für alle Menschen offene Konkurrenz bestehen, und es dürfen die Fähigsten nicht durch Gesetze oder Gebräuche daran gehindert werden, den größten Erfolg zu haben.«[1] Darwin war also durchaus auch »Sozialdarwinist«. Er ist allerdings nicht auf die Idee gekommen, gesellschaftliche Zustände und Herrschaftsverhältnisse zu rechtfertigen mit dem

Hinweis darauf, dass sich eben gesellschaftlich die »besseren« Gene durchgesetzt haben, wie es die Sozialdarwinisten des frühen 20. Jahrhunderts taten.

Mit dieser These kann man dann auch »begründen«, warum es Herrscher und Beherrschte, warum es Privilegierte und Nichtprivilegierte, warum es Reichtum und Elend gibt: Die Besseren haben sich durchgesetzt, gesellschaftliche Entwicklungen gehorchen Naturgesetzen, an denen selbstredend nichts zu ändern ist. Vor allem diese Auffassung machte den Sozialdarwinismus geeignet zur theoretischen »Begründung« von Rassismus und Kolonial-Imperialismus. Die Nationalsozialisten fühlten sich vom Sozialdarwinismus genauso inspiriert wie die italienischen Faschisten. Seit den späten zwanziger Jahren des vorigen Jahrhunderts spielte er wissenschaftlich keine Rolle mehr. Einige Elemente haben aber in der heutigen Soziobiologie überlebt.

Ansätze dazu gab es seit den vierziger Jahren in den USA, als Forscher begannen, die biologischen Grundlagen nicht nur tierischen, sondern auch menschlichen Verhaltens zu untersuchen. Ein Problem der klassischen Verhaltensforschung war immer die Frage gewesen, wie soziales Verhalten zu erklären sei, wenn doch die Weitergabe der eigenen, individuellen Erbanlagen der eigentliche Inhalt und der eigentliche Sinn der Evolution sein soll.

Eine Erklärung bot die Theorie der Verwandtenselektion (als Erweiterung der natürlichen Selektion), 1964 von den britischen Biologen John Maynard Smith und William D. Hamilton vor allem an der Beobachtung von Ameisen entwickelt. Die These: Wenn Tiere anderen, verwandten Tieren helfen, ihre Jungen aufzuziehen, dann tun sie das, um die Weitergabe des »eigenen« Erbguts zu sichern. Denn die im buchstäblichen Sinne eigene genetische Information findet sich mit hoher Wahrscheinlichkeit auch bei den Blutsverwandten. Je näher sie mit den anderen verwandt sind, umso größer wird die Hilfsbereitschaft sein.

Der US-amerikanische Ameisenforscher Edward Osborne

Wilson nahm diese Theorie auf und prägte den Begriff »Soziobiologie«.[2] Darin formulierte Wilson den Anspruch, verschiedene Ansätze der biologischen Evolutionsforschung, der Verhaltensbiologie, Soziologie, Psychologie und Ökologie in einer neuen Disziplin zusammenzuführen, die die biologischen Grundlagen des sozialen Verhaltens, auch des menschlichen, erklären soll. Womit auch der Anspruch verbunden ist, dass soziales Verhalten generell biologisch erklärbar ist.[3]

Aber welche Rolle spielen dann Liebe und Selbstlosigkeit und Solidarität? Was ist mit Barmherzigkeit und Großmut und Fürsorge? Das ist, so sagen konsequente Vertreter der Soziobiologie, eine besonders raffinierte Form von Eigennutz. Altruismus als solchen gibt es nicht. Alles, was wir tun, tun wir im Sinne der Nutzenoptimierung, alles geschieht zum Nutzen der natürlichen Selektion. Ein Murmeltier, das durch Pfeifen seine Artgenossen vor dem herannahenden Adler warnt, gefährdet sich selbst und rettet seine Artgenossen. Warum? Es rettet das Leben von Nachkommen und Verwandten, sorgt also für die Erhaltung der eigenen Gene.[4] »Was sich also auf der Ebene des Verhaltens als altruistisch darstellt, entpuppt sich zugleich als purer genetischer Eigennutz: Wenn schon nicht die eigenen Gene Vorteile davontragen, dann doch aber deren Kopien in den Körpern der genetischen Verwandtschaft.«[5]

Nun kennen nicht nur Ameisen und Murmeltiere Verwandtenselektion, sondern auch die Menschen. Deren Kinderliebe ist danach eine »evolutionär erfolgreiche, mithin genetisch eigennützige Strategie«, es geht »einzig um den Ausbreitungserfolg biologischer Programme«.[6] Deshalb ist vermeintlicher Altruismus auch am ehesten in Verwandtschaftsbeziehungen zu finden. Nimmt der Verwandtschaftsgrad ab, mindert sich auch das altruistische Verhalten. Der Volksmund wusste es immer schon: »Blut ist dicker als Wasser.«

Irgendwann freilich kommt die Soziobiologie in Erklärungsnöte: Anders als bei Insekten, bei Ameisen und Bienen funktioniert menschliche Kooperation nämlich auch zwischen Nichtverwandten. Wieso gibt es Freundschaft und Solidarität mit Menschen, die nicht zur Familie gehören? Wieso gibt es ein verbreitetes Gefühl dafür, was fair und gerecht ist? Wegen des Prinzips der Wechselseitigkeit, sagen die Soziobiologen. Wenn der steinzeitliche Jäger einen guten Fang gemacht hat, dann gibt er dem erfolglosen Nachbarn etwas ab, weil er damit rechnet, dass der im umgekehrten Fall auch so handelt. »Wenn Sie teilen, investieren Sie also in Ihr eigenes Wohlergehen, auch wenn Sie dafür den Nachbarn als eine Art Versicherung instrumentalisieren.« Und das heißt, »dass sich das moralische Gut der Wechselseitigkeit als evolutionär logische Konsequenz eines unsentimentalen, amoralischen ›Gen-Egoismus‹ darstellt. ›Der wahre Egoist kooperiert‹, hat einmal ein kluger Kopf formuliert.«[7]

Der kluge Kopf war Richard Dawkins, ein britischer Evolutionsbiologe, der 1976 mit seinem Buch *Das egoistische Gen* einen Weltbestseller schrieb. Dawkins radikalisiert darin die Eigennutzthese der Soziobiologie. »Wir alle und alle anderen Tiere sind Maschinen, die durch Gene geschaffen wurden. Wie erfolgreiche Chicagoer Gangster haben unsere Gene in einer Welt intensiven Existenzkampfes überlebt«,[8] schreibt Dawkins, und er fährt fort: »Aufgrund dessen können wir ihnen bestimmte Eigenschaften unterstellen. Ich würde argumentieren, dass eine vorherrschende Eigenschaft, die wir bei einem erfolgreichen Gen erwarten müssen, ein skrupelloser Egoismus ist.« Also: Biologie als Schicksal, das ist auch der Titel eines einschlägigen Buchs von Edward Osborne Wilson.[9] Und siehe da, die Adam-Smith-Radikalen und Homo-oeconomicus-Anarchos konnten frohlocken: Endlich bekam der menschliche Egoismus seine naturwissenschaftlichen Weihen.

Nach dieser Theorie ist der Mensch nichts als eine »Überlebensmaschine« am Gängelband seiner Gene. Die sind darauf aus, eine möglichst hohe Reproduktionsrate zu erzielen. Der Mensch ist Exekutor eines biologischen Programms. Die Gene haben ihn im Griff, er tut alles dafür, sie an seine Nachkommen weiterzugeben. Wie er sich zu seinen Eltern, seinen Kindern[10], zu seinem Geschlechtspartner verhält – das alles dient dem Fortbestand der eigenen Gene. Selbst wenn er sich kooperativ verhält, handelt er noch egoistisch. Kooperation ist nur eine Form von Egoismus, weil der Mensch eben eine Marionette der Gene ist, und die sind als egoistisch definiert.

Der Mensch als Maschine

> Was ist das, was in uns hurt, lügt, stiehlt und mordet? Puppen sind wir, von unbekannten Gewalten am Draht gezogen; nichts, nichts wir selbst!
> *Georg Büchner, Dantons Tod*

Kurios, wie versessen manche darauf sind, den Menschen als den »alten Affen« zu definieren, wie begierig jede Meldung aufgesogen wird, dass es mit der Menschwerdung gar nicht so weit her, dass der Mensch ein nur oberflächlich gezähmtes Tier und im Grunde immer noch die alte Bestie sei. Gerne verbunden mit der Vorstellung vom Menschen als Marionette, als Maschine, die von allen möglichen Mächten betrieben, angetrieben wird, bloß nicht von sich selbst.

Im 18. Jahrhundert, als Julien de La Mettrie sein Werk *L'homme machine* schrieb, war das eine fortschrittliche Position. Nämlich eine fortschrittlich materialistische Position gegenüber all den »Aufklärern«, die das selbstdenkende Individuum in den höchsten Tönen priesen, aber vom Glauben nicht ablassen wollten. La Mettrie bestand darauf, dass der angebliche »Dualismus« von Geist und Materie keiner ist, dass das Denken, der Geist, die Seele nicht von einem Schöpfergott konstruiert wurde, sondern Ergebnis einer biologischen Entwicklung ist, ein Steuerungsorgan für körperliche Vorgänge.

Womit aber das eigentliche Problem nicht gelöst, sondern

überhaupt erst formuliert ist: Wie kommt Materie zur Selbstreflexion, also wie kann »Geist« entstehen? Die Menschen sind ursprünglich nicht dazu geschaffen, Gelehrte zu werden, sagt La Mettrie. Vielleicht wurden sie es durch »eine Art Missbrauch unserer organischen Fähigkeiten«. Aber auch damit ist die Frage nicht beantwortet. Und es gibt eine morbide Sucht mancher Zeitgenossen, die bloße Maschinenmetapher als Antwort statt als Frage zu nehmen und Darwin, Freud und alle Weiterentwicklungen als willkommene Belege für die These, dass der Mensch an irgendwelchen Fäden zappelt, egal an welchen.

Das Problem dabei: Die Bereitschaft zur Kooperation gibt es in sozialen Gefügen auch zwischen Menschen, die nicht nur nicht verwandt sind, sondern auch keine Nachbarn, keine Jagdgefährten, die sich also kaum kennen. Soziobiologen müssen, um das zu erklären, die Kategorie »Vertrauen« einführen, die evolutionär und selektionstheoretisch aber keinen Sinn ergibt. Es ist interessant, welche begriffslogischen Klimmzüge Soziobiologen machen müssen, um darauf bestehen zu können, dass menschliches Handeln rein maschinenmäßiges Kalkül ist. Und noch interessanter ist, dass die Gene in dieser radikalen Variante der Soziobiologie vorgehen, wie auch der Homo oeconomicus stets charakterisiert wird: Sie wollen den Einsatz gering halten und den Gewinn möglichst hoch. Das heißt: Die menschliche Biologie hat eine ökonomische Grundstruktur.

Ob wir nun nach einem ökonomischen Programm handeln oder nach einem biologischen – auf jeden Fall sind die Menschen Vollzugsorgane eines Programms. Was sie letztlich jeder Verantwortung für ihr Handeln entzieht – denn der programmierte Mensch ist eine Maschine, und die kann nicht anders, als das Programm zu exekutieren. Was wiederum dazu führt, dass das System, in dem der programmierte Mensch agiert, erst recht nicht verändert werden kann. Und Begriffe wie Moral oder gar Gerechtigkeit an das System heranzutragen wäre dann – gelinde gesagt – ziemlich albern.

Die Kritik an der Soziobiologie hat denn auch darauf hingewiesen, dass die Annahme der Alleinherrschaft des egoistischen Gens keineswegs zwingend ist. Zum einen wird aus dieser Alleinherrschaft umstandslos auf das menschliche Verhalten geschlossen: Weil die Gene egoistisch sind, ist der Mensch egoistisch, er kann nicht anders, weil er eine Marionette der Gene ist, er darf aber auch nicht anders, weil er sonst im Leben nicht bestehen kann. Zum anderen ist in diesem Zusammenhang die Berufung auf Darwin prekär.

Darwin hat zwar postuliert, dass die Menschen – wie alle Lebewesen – unter dem evolutionären Druck der Selektion stehen. Also muss er für den Kampf gerüstet sein. Auf der anderen Seite, darauf weist der Freiburger Psychotherapeut und Molekularbiologe Joachim Bauer in seiner Kritik an der Soziobiologie hin, »sah Darwin aber den einzelnen Menschen als ein Wesen, bei dem nicht Kampfeslust, sondern die sozialen Instinkte im Vordergrund der Motivation stehen«.[11] Einen Aggressionstrieb beim Menschen kennt Darwin nicht, Aggression ist für ihn ein »reaktives Phänomen«. Und das steht keineswegs im Widerspruch zur Lehre von der natürlichen Selektion und vom Kampf ums Überleben: »Er sah die Fähigkeit zum sozialen Zusammenhalt als eine Errungenschaft, die der menschlichen Spezies in besonderer Weise helfen könne, den Kampf ums Überleben zu bestehen.«[12]

Was in der radikalen Variante der Soziobiologie vor allem aus dem Blick gerät, ist die kulturelle Entwicklung, ist Bildung, sind Umwelteinflüsse, die vom Organismus wahrgenommen, aufgenommen, verarbeitet werden. Menschen lernen, die Lernprozesse beeinflussen das Verhalten, sie wirken auf die genetische Disposition zurück – es gibt eine Wechselwirkung zwischen genetischer Disposition und kultureller Lernfähigkeit. Man kann das biokulturelle Evolution nennen oder auch Gen-Kultur-Koevolution, ein Begriff, mit dem Edward O. Wilson[13] auf die Kritik an der Soziobiologie reagierte. Der soziobiologische Ansatz, so

Wilson, »heißt natürlich nicht, dass wir genetisch völlig determiniert sind«.[14]

Und er weiß auch: »Der Blick allein auf genetisch prädisponiertes Verhalten in einer bestimmten natürlichen Umwelt reicht nicht aus, menschliches Verhalten zu erklären.« Gene, Umwelt und Kultur wirken aufeinander ein, nicht das eine Element lenkt alle anderen. »Das genetisch gelenkte Verhalten und die natürliche Umwelt interagieren (...) mit der jeweiligen Kultur einer Gemeinschaft – also bestimmten Gebräuchen, Ideen, Werten. Aber auch die Elemente der Kultur sind einem evolutionären Prozess unterworfen, da einige Werte es einer sozialen Gruppe eher erlauben, sich ihrer Umwelt anzupassen als andere – was nicht weiterhilft, wird wieder vergessen. (...) Deshalb spreche ich von einer ›Gen-Kultur-Koevolution‹.«[15]

Ein Musterbeispiel für diese Koevolution im physischen Bereich ist die Fähigkeit von Erwachsenen, Milch zu verdauen. Als Jäger und Sammler ernährten sich unsere Vorfahren im Erwachsenenalter nicht mehr von Milch. Mit der Folge, dass das Enzym, das die Laktose spaltet, nicht mehr produziert wurde und die Fähigkeit zum Verdauen von Milch verkümmerte. Die kulturelle Entwicklung – also in dem Fall die Viehzucht – führte dazu, dass das Nebenprodukt Milch anfiel. Der Organismus reagierte darauf mit Mutationen für Laktosetoleranz, die sich schnell auf die gesamte Population ausweitete.

Ergebnis dieser Wechselwirkung ist hohe Flexibilität, hohe Anpassungsfähigkeit und Innovationsfähigkeit und insgesamt eine größere soziale und kulturelle Vielfalt als bei anderen Tieren. Natürlich schleppen wir Menschen unsere genetische Geschichte mit, und für die sind soziobiologische Erklärungsmuster sinnvoll. Aber für erlernte Verhaltensweisen sind Erklärungsmuster vonnöten, die außer der biologischen Evolution gesellschaftliche, ökonomische und kulturelle Entwicklungen berücksichtigen und vor allem deren Auswirkung auf das genetische Potential und die Wechselwirkung mit dem genetischen Potential einbeziehen.

Neuere Forschungen und Studien, vor allem in den USA, haben die Vorstellung, der menschliche Organismus stehe unter dem Kommando der Gene, ins Wanken gebracht. Es ist, so Joachim Bauer, genau umgekehrt: »Gene stehen unter dem Kommando des Körpers, sie gleichen einer Klaviatur, die vom Organismus bespielt wird.«[16] Gene sind danach keine autonomen, unabhängig von der Umwelt arbeitenden Instanzen. Zwar sei der »Text« der Gene (die sogenannte kodierende Region) unveränderlich, die Aktivität der Gene sei jedoch fortlaufenden Änderungen unterworfen und werde durch Signale aus der Umwelt reguliert, ein als »Genregulation« bezeichneter Prozess. »Gene und Umwelt stehen in einem permanenten Dialog«, so Bauer.

Doch Gene sind nicht nur »Kommunikatoren«, sondern auch »Kooperatoren«, denn ein Gen alleine kann gar nichts ausrichten. Es könne nur dann in Aktion treten, wenn es mit zahlreichen weiteren Molekülen in kooperative molekulare Wechselwirkungen eintrete. Bauer: »Der Übergang von anorganischen Molekülen zu einem ersten lebenden Ensemble, wie er sich vor etwa 3,5 Milliarden Jahren in der Tiefe des Urmeeres abgespielt haben muss, hatte molekulare Kooperation und Kommunikation zur Voraussetzung. Beide Prinzipien blieben bis heute grundlegende Merkmale alles Lebendigen.«[17]

Gene sind von daher kommunikative und kooperative Elemente. Kommunikativ, weil sie mit der Umwelt in permanentem Dialog stehen, kooperativ, weil sie allein gar nichts bewirken können. »Um aktiv, d. h. um abgelesen zu werden, braucht jedes Gene ein ganzes Orchester von Helfermolekülen. Zentrale Voraussetzung jeder Genaktivität ist daher – neben molekularer Kommunikation – auch molekulare Kooperation.«[18] Die Vorstellung eines egoistischen Gens, das die Maschine Mensch steuert, ist angesichts dieser Erkenntnisse wissenschaftlich nicht mehr zu halten.

Darüber hinaus ist auch die Neurobiologie in der Lage, den menschlichen Willen zur Kooperation zu erklären. Neuere Forschungen haben ergeben, dass es im menschlichen Gehirn ein Motivations- und Belohnungssystem gibt, die sogenannten reward systems. Bei angenehmen Erfahrungen wird – wie bei allen Säugetieren – der Botenstoff Dopamin ausgeschüttet, der Gefühle von Glück und Zufriedenheit erzeugt und den Organismus in einen Zustand von Konzentration und Handlungsbereitschaft versetzt. Nichts aktiviert dieses System so stark wie der Wunsch und die Aussicht auf soziale Anerkennung und positive Zuwendung.

Einverstanden, sagt der Biologist. Das passiert dann, wenn wir unsere egoistischen Ziele gegen andere durchsetzen konnten. Also bei jedem Etappensieg im »struggle for life«: Steigerung des Reproduktionserfolgs, Verdoppelung des Profits. Auch das mag sein. Regelmäßig aber vermittelt das Gehirn Glück und Zufriedenheit, wenn wir gute und befriedigende Beziehungen zu anderen Menschen haben und angenehme soziale Bindungen eingegangen sind. Zwischenmenschliche Anerkennung, Wertschätzung, Zuwendung, Zuneigung geben und empfangen, das ist der Punkt. »Wir sind – aus neurobiologischer Sicht – auf soziale Resonanz und Kooperation angelegte Wesen.«[19] Dopamin, körpereigene Opioiden und der »Wohlfühlbotenstoff« Oxytocin sorgen dafür, dass Bindungserfahrungen positiv wirken.

Ähnliche Beobachtungen hat man auch in der Stressforschung gemacht: Zuneigung und Liebe sind die besten Stressvermeidungsmittel. Und das alles heißt: Das Gehirn ist keine Steuerungszentrale für eine Konkurrenz- und Überlebensmaschine, sondern eher ein »social brain«, auf Kooperation und soziale Bindungen angelegt. Demnach wäre die Theorie grundfalsch, dass Gene gegeneinander konkurrieren. Begriffe wie »Konkurrenz« und »Überlebenskampf« sind aus dem Wirtschaftsleben von außen an die Biologie herangetragen worden. Die Biologie kennt kein Erfolgsdenken, wie es die Wirtschaft angeblich beherrscht.

Sollte das stimmen, hätten die Gen-Egoisten und die Marktradikalen gleichermaßen schlechte Karten. Dabei passte alles so schön: Die These, dass der Mensch »nun mal so ist«, dass er biologisch gar nicht anders kann, als sein Eigeninteresse brutal durchzusetzen, hätte fabelhaft die Hypothese stützen können, dass der Homo oeconomicus der Normal- und Idealfall des Menschseins sei. Dafür spricht freilich immer weniger.

11 Von Diktatoren und Ultimaten: Die Humanökonomik

Homo oeconomicus und egoistisches Gen – es kommt ziemlich dicke für die kapitalistischen Matadore der vergangenen Jahrzehnte. Während das egoistische Gen von der Genetik selbst und der Neurobiologie matt gesetzt wurde, steht der Homo oeconomicus seit einiger Zeit »unter experimentellem Beschuss«.[1] Die experimentelle Ökonomik untersucht mit Hilfe von Elementen der Spieltheorie,[2] ob der wirtschaftende Mensch und der Mensch überhaupt tatsächlich so rational gewinnorientiert entscheidet und handelt, wie die reine Theorie das behauptet.

Ein Experiment ist das »Diktatorspiel«. Eine Geldsumme soll zwischen zwei Personen aufgeteilt werden. Sie kennen sich nicht, bleiben also auch im Spiel anonym, und wenn das Spiel vorbei ist, haben sie nichts weiter miteinander zu tun. Irgendwelche emotionalen Rücksichten oder Zukunftsprojektionen sind also weitgehend ausgeschlossen. Ein Partner bekommt das Geld, und er entscheidet über die Aufteilung. Er ist der Diktator. Er könnte also nehmen, so viel er möchte, im Extremfall alles; und sein Spielpartner muss nehmen, was ihm bleibt. Falls etwas bleibt. Wäre der Mensch ein Homo oeconomicus, würde das Spiel jedenfalls so laufen. Es geht aber fast immer anders aus. Der Diktator gibt dem anderen üblicherweise einen beträchtlichen Teil ab, manchmal sogar die Hälfte.

Das kann nun an Zufällen liegen, an der Versuchsanordnung,

am Versuchspersonal – anfangs fanden diese Experimente in Universitäten statt, und die Probanden waren Studenten. Aber die Forscher arbeiteten bald auch mit anderen Probanden und in anderen Situationen, und stets hatte das Diktatorspiel das gleiche oder ein vergleichbares Ergebnis: Der vom Diktator abgegebene Anteil betrug im Schnitt 44 Prozent. Allerdings gilt das nur für Industriegesellschaften. Bei Experimenten in fünfzehn indigenen Völkern streuten die Mittelwerte zwischen 26 und 58 Prozent.[3] Die Erklärung: »Diese Verhaltensweise steht in offensichtlichem Zusammenhang mit den Fairnessvorstellungen der Handelnden. Sie variieren zwischen verschiedenen Kulturen erheblich.« Die Menschen orientieren sich an Grundsätzen, nicht »weil sie ›gerecht‹ sind, sondern weil sie normal sind und deshalb als gerecht angesehen werden«.[4]

Eine Variante des Diktatorspiels ist das »Ultimatumspiel«.[5] Wieder haben wir zwei Spieler, wieder haben wir einen, der das Geld verteilt, sagen wir hundert Euro, aber dieses Mal wird verhandelt. Der Verteiler muss seinem Mitspieler eine Summe anbieten. Wenn der annimmt, bekommen beide ihren Teil. Lehnt der Partner aber ab, bekommen beide nichts. Homo oeconomicus Nummer eins würde dem Mitspieler einen Euro anbieten und 99 behalten. Homo oeconomicus Nummer zwei würde den einen Euro annehmen. Denn die klassische Theorie sagt: Jeder ist egoistisch auf seinen höchstmöglichen Gewinn programmiert. Der höchstmögliche Gewinn für den Verteiler sind – wenn wir in Ein-Euro-Einheiten rechnen – 99 Euro. Also wird, ja muss er diesen Gewinn realisieren. Und der Mitspieler wird, ja muss den einen Euro annehmen. Denn ein Euro ist mehr als nichts, ist also Gewinn. Wenn er ablehnt, gibt es gar nichts.

Aber so läuft das Spiel nicht. Wenn der Mitspieler das Gefühl hat, dass er zu wenig abbekommt, lehnt er ab. Traditionellen Ökonomen stehen dabei die Haare zu Berge – denn dieser Mensch wirft Geld weg. Unvorstellbar. Aber wahr. Diese Experimente sind zu Hunderten wiederholt worden, immer mit vergleichbaren Ergebnissen. Wer sich unfair behandelt fühlt, will den Mitspieler bestrafen. Auch auf Kosten eigenen Verlustes.

Und genau damit rechnen die Verteiler. Ergebnis: Eine deutliche Mehrheit der Testpersonen gibt die Hälfte ab – oder doch annähernd die Hälfte. Das wird akzeptiert. Was besagt das nun? In der Sprache der Experimentellen Ökonomik: »Die Mehrheit der Experimentalteilnehmer verhält sich reziprok, d. h. sie belohnt faires Verhalten und bestraft unfaires Verhalten, selbst wenn dies mit Kosten verbunden ist.«[6]

Dabei unterscheiden die Spieler sehr wohl, ob die Unfairness dem anderen zuzurechnen ist oder nicht. In einer Variante des Diktatorspiels wurde die Entscheidung, wie viel der Diktator dem Mitspieler abgibt, ausgewürfelt. Ergebnis: Auch bei einer Verteilung, die als ungerecht empfunden wurde, gab es keine Bestrafung. Das Ergebnis wurde hingenommen, weil der Verteiler für die Verteilungsentscheidung nicht verantwortlich war, also nicht aus sich heraus unfair gehandelt hat.[7] In einer Variante des Ultimatumspiels konnte eine ähnliche Beobachtung gemacht werden: Wenn die Entscheidung über denjenigen, der das Angebot machen darf, durch ein Geschicklichkeitsspiel bestimmt wird, »sind die Angebote üblicherweise geringer und werden auch eher angenommen – die Ungleichheit wird also eher akzeptiert, und zwar von beiden Teilnehmern«.[8]

Nehmen oder Teilen

Experimentelle Ökonomen haben diese Spiele immer wieder variiert und analysiert, auch um Fehlinterpretationen zu vermeiden. So hat der Wirtschaftswissenschaftler Christoph Vanberg vom Max-Planck-Institut für Ökonomik in Jena ein Mini-Diktator-Spiel entwickelt.[9] Der Diktator verteilt in diesem Fall nicht, sondern er entscheidet sich für »Teilen« oder »Nehmen«. Wenn er »Nehmen« wählt, bekommt er 14 Euro. Wählt er »Teilen«, bekommen beide 10 Euro. Vor Verteilung der Rollen können die Teilnehmer sich unterhalten, und viele von ihnen kommen dabei überein zu teilen. Unabhängig davon, wer Diktator wird. Ergebnis: 73 Prozent der Diktatoren halten sich an die getroffene Vereinbarung.

Warum? Eine gängige Erklärung lautet: Menschen halten sich an ihre Versprechen, weil sie die Erwartungen anderer Menschen nicht enttäuschen wollen. Dem wollte Christoph Vanberg in einer weiteren Variante des Spiels nachgehen.

Die Hälfte der Teilnehmerpaare wurde nach der Auswahl des Diktators neu zusammengestellt. Also die Hälfte der Diktatoren hatte mit Partnern zu tun, denen sie nichts versprochen hatten, weil sie eine Abmachung mit einem anderen hatten.

Ergebnis: Zwischen 44 und 48 Prozent der Diktatoren ließen die Mitspieler leer ausgehen. Für sie war weder wichtig, dass ein anderer Diktator ihrem neuen Partner möglicherweise ein Versprechen gegeben hatte, noch dass der neue Partner von ihm Fairness erwarten könnte. Sie fühlten sich nicht an Abmachungen gebunden, die sie nicht getroffen hatten. Ergo: Die These, dass es vor allem die Erwartungen der anderen sind, die zum Einhalten von Versprechen führen, ist so nicht haltbar. Das mag in bestimmten Situationen *auch* eine Rolle spielen, aber darüber hinaus gibt es offenbar ein moralisches Motiv, das Menschen dazu bringt, sich ehrlich oder fair oder »gerecht« zu verhalten.

Das Modell des Homo oeconomicus bekommt also mächtige Konkurrenz durch den »Homo reciprocans«: »Empirisch stellt sich heraus, dass – obwohl der Homo oeconomicus existiert – die Mehrheit der Experimentalteilnehmer faires Verhalten belohnt und unfaires Verhalten bestraft (Reziprozität).« Das bedeutet nun nicht, dass »reziproke« Menschen über alle Maßen selbstlos und gütig und altruistisch sind. Sie »verhalten sich nur bei entsprechenden Erwartungen bzw. einem entsprechenden Umfeld kooperativ«.[10] Aber die Tatsache, dass Menschen – und zwar offensichtlich überwiegend – zu kooperativem Verhalten neigen, führt zu interessanten gesellschaftlichen Konsequenzen. »Aus der Existenz des Homo reciprocans folgt, dass Gesellschaften und soziale Beziehungen über informelle Mechanismen zur Durchsetzung von Regeln und Normen verfügen, die mit den Annahmen des Homo oeconomicus nicht erklärbar sind. Diese zu formalen Durchsetzungsmechanismen komplementären Mechanismen bilden einen wesentlichen Teil des Sozialkapitals einer Gesellschaft.«[11]

Wohlgemerkt: Kooperatives und eigennütziges Verhalten treten nicht unabhängig voneinander auf, Menschen handeln nicht per se egoistisch oder fair. In der Tat kann es – in Spielsituationen wie im richtigen Leben – strategisch günstig sein, sich kooperativ zu verhalten. Diesem Befund versucht die sogenannte ERC-Theorie Rechnung zu tragen, die von dem Kölner Ökonomen Axel Ockenfels zusammen mit Gary Bolton von der Pennsylvania State University entwickelt worden ist.[12] ERC steht für Equity, Reciprocity und Competition, also Gerechtigkeit, Gegenseitigkeit und Wettbewerb. In zahlreichen Versuchen hat sich gezeigt, dass die Menschen höchst selten nur an maximalem Gewinn orientiert sind, sondern vor allem auch darauf achten, dass sie – im Vergleich zu den Mitspielern – einen angemessenen Anteil abbekommen. »ERC zufolge hängt es von den Anreizen ab, wie Menschen auftreten: fair, wechselseitig kooperativ oder wettbewerbsorientiert«, sagt Axel Ockenfels. Und er folgert: »Wenn es auch nur ein bisschen Fairness in der Welt gibt, kann das einen riesigen Einfluss auf das Verhalten aller haben.«[13] Was nicht zuletzt von Regeln abhängt. Im Laborexperiment können Regeln das Verhalten mal in Richtung Egoismus, mal in Richtung Kooperation steuern. Das Ergebnis ist eine Skala von Handlungsmöglichkeiten von brutalem Egoismus auf der einen bis hin zu einer »intrinsisch motivierten Vertrauenswürdigkeit«, also Fairness um der Fairness willen[14], auf der anderen Seite.

Mit anderen Worten: Es gibt einen Gerechtigkeitssinn. Für die meisten Menschen und ihr Alltagsverständnis ist das eine selbstverständliche Aussage. Sie wird, wie gesehen, durch philosophische Durchdringung plausibel, durch empirische Befunde reichhaltig bestätigt und soll hier durch zwei Beobachtungen noch einmal untermauert werden. Der Politikwissenschaftler James Fowler von der University of California stellte sich die Frage, warum Probanden in all den Experimenten unfaire Mitspieler bestrafen, und zwar auf eigene Kosten. Die nächstliegende These war ja, dass sie die Kooperation in der Gruppe aufrechterhalten wollen, von der sie selbst profitieren. Aber da bleibt ein unerklärter Rest, zum Beispiel in Experimenten, die nur genau einmal stattfinden, wo die Versuchspersonen also wissen, dass sie nie wieder mit ihren Mitspielern zu tun haben werden. Die Frage ist also, ob auch ein uneigennütziger Sinn für Gerechtigkeit im Spiel ist.

Fowler und sein Forscherteam entwarfen ein Spiel, bei dem niemand auf eigene Kappe handeln konnte. In fünf Runden wurde virtuelles Geld an die Spieler verteilt, und zwar ungleich und zufällig. Es gab also immer reiche und arme Spieler, und zwar immer verschiedene, weil die Gruppen in den Runden jeweils neu gemischt wurden. Im Spiel selbst konnten die Teilnehmer ihren Mitspielern Geld abnehmen oder zuteilen – auf eigene Kosten. 70 Prozent der Probanden waren bereit, das Glück des Zufalls zu korrigieren. Dabei wurde den »Reichen« überdurchschnittlich viel abgezogen, den »Armen« überdurchschnittlich viel geschenkt. Und zwar umso heftiger, je mehr ihr Gewinn nach oben oder unten vom Durchschnitt abwich. Obwohl die Teilnehmer wussten, dass die Gewinne ganz zufällig verteilt worden waren, waren einige von ihnen regelrecht zornig über die »ungerechte« Verteilung.[15] Auch alte Hasen unter den Wirtschaftsforschern waren überrascht. »Bisher dachten wir, dass vor allem das Verletzen sozialer Norm Menschen dazu bringt, andere zu bestrafen«, so kommentierte Ernst Fehr von der Universität Zürich diese Studie. Nun aber zeige sich, wie tief das Bedürfnis nach Gerechtigkeit sitze.

Gummibärchen-Gerechtigkeit

Dass dieser Gerechtigkeitssinn eine zutiefst menschliche Eigenheit ist, zeigte Fehr selbst in einem anderen Experiment. 229 Kinder im Alter zwischen drei und acht Jahren sollten spielerisch Süßigkeiten verteilen. Oder auch für sich behalten. Ergebnis: Drei- bis Vierjährige waren durch die Bank selbstsüchtig und behielten Gummibärchen und Smarties für sich. Im Alter von fünf bis sechs Jahren teilte schon ein Fünftel der Kinder, und mit sieben bis acht Jahren teilte fast die Hälfte gerecht. In diesem Alter, so die Forscher, entwickeln Kinder einen ausgeprägten Gerechtigkeitssinn und sorgen dafür, dass ihr Spielpartner nicht mehr, aber auch nicht weniger bekommt als sie selbst.

Aber dieser Gerechtigkeitssinn hat auch Grenzen. Wenn es sich um unbekannte Kinder handelt, sinkt die Wahrscheinlichkeit des Teilens deutlich. Evolutionstheoretisch ist das damit zu erklären, dass der Wettbewerb den Altruismus innerhalb der Gruppe fördert, den zwischen Gruppen eher nicht. Noch ein Unterschied: In diesem Experiment war es Mädchen im Unterschied zu Jungen nicht so wichtig, ob die Kinder, mit denen sie teilen sollten, aus einer bekannten Gruppe stammten oder nicht.[16]

Solche Verhaltensweisen sind ohne Zweifel Ergebnisse unserer Entwicklungsgeschichte. Nicht nur an sich, sondern auch an andere zu denken, mit anderen zu teilen, das hatte schon für die Gemeinschaften aus Jägern und Sammlern lebenserhaltenden Sinn. Fairness, Kooperation und Gerechtigkeit sind Konzepte, die tief in uns verwurzelt, möglicherweise genetisch vorgeprägt sind, die wir uns aber entscheidend durch Erfahrung und Lernen aneignen. Das ist das Ergebnis der einschlägigen Forschungen.

Die Darwinisten und Soziobiologen haben also nicht völlig unrecht. Der Erklärungsansatz der Verhaltensökonomen kann mit ihrer Position vermitteln: Wir fühlen uns besser, wenn wir mit anderen teilen, wenn wir ihnen helfen. Und dieses Wohlgefühl »hat eine biologische Funktion. Wir essen und lieben, weil es Genuss bringt. Aber hinter dem Genuss steht das biologische Programm, das uns aufträgt, zu überleben und uns fortzupflanzen. In ähnlicher Weise führen uns soziale Emotionen wie Freundschaft, Scham, Großzügigkeit und Schuldgefühle dazu, biologischen Erfolg innerhalb komplexer sozialer Netzwerke zu erreichen.«[17] Seit über dreißig Millionen Jahren leben die Menschen und ihre Vorfahren in sozialen Verbänden, und sie haben gelernt, nicht nur ihrem eigenen Ego zu folgen, sondern Zusammenleben zu organisieren, »ein auf Gegenseitigkeit beruhendes Gemeinschaftsleben, also eine verinnerlichte Moral – ein Naturrecht im wahrsten Sinne des Wortes«.[18]

Es scheint also auf jeden Fall schlecht auszusehen für den Homo oeconomicus. »Abschied vom Homo oeconomicus«, »Eine Spezies stirbt aus« und »Der Homo oeconomicus ist tot« – so lauten typische Schlagzeilen über Aufsätzen und Interviews, seit Experimentelle Ökonomik und Verhaltensökonomik immer mehr öffentliches Interesse wecken. Das Besondere daran: Nicht mehr nur Philosophen, Soziologen und andere »Menschenwissenschaftler« zweifeln an der reinen Theorie des wirtschaftenden Menschen. Auch Ökonomen haben erkannt, dass die Rationalität des angeblich so rational handelnden Homo oeconomicus eine andere ist als die des absoluten Eigennutzes, des brutalen Egoismus. »Die Menschen sind nicht annähernd so einfach und einfach nicht so perfekt wie angenommen, bloß weil sie es mit wirtschaftlichen Entscheidungen zu tun bekommen. Sie weichen auch nicht zufällig und daher unvorhersagbar von den Maßgaben der klassischen Ökonomen ab, sondern sie tun es systematisch. Sie folgen eigenen Mustern des Verhaltens, die sich situationsbedingt vorhersagen lassen.« Das schreibt Uwe Jean Heuser, Leiter der Wirtschaftsredaktion der *Zeit*, in seinem Buch *Humanomics*.[19]

Wir haben es mit höchst komplexen Verhältnissen zu tun,

nicht nur in wirtschaftlichen Entscheidungen, und wir müssen auf diese Komplexität reagieren. Und das tun wir, indem wir vereinfachen, indem wir auf Faustregeln der Informationsverarbeitung zurückgreifen, die sich im Laufe der Evolution als praktikabel erwiesen haben. Selbst wenn er wollte: Der Homo oeconomicus kann gar nicht »rational« im Sinne der reinen Theorie handeln. Und er kann und will nicht egoistisch im Sinne dieser Theorie handeln. Es gibt eine Rationalität des Miteinanders. Von daher wäre, wenn überhaupt, der Titel Homo oeconomicus humanus angebracht, sagt Uwe Jean Heuser.

Ob wir allerdings seinen Optimismus teilen können, dass die Ökonomen das auch so sehen, ist fraglich. Einige Forscher tun das, ohne Frage. »Die Forscher halten uns keinen Homo oeconomicus mehr vor, kein rationales Ideal, dem wir entweder erfolglos nacheifern oder das wir entrüstet abwehren. Eher schon ein Spiegelbild, in dem wir uns wiederfinden können, eine Art Homo oeconomicus humanus. Es ist höchste Zeit für diese Revolution von unten. Sie macht die Ökonomie wieder aufregend, spannend, lebens- und erfahrungsnah.«[20] Aber diese »Revolution von unten«, wenn sie denn eine ist, ist sicherlich noch nicht bei den Matadoren der Wirtschaftswissenschaften, bei den Funktionären der Wirtschaftsverbände und erst recht nicht bei Wirtschafts- und anderen Politikern angekommen. Der ökonomische, wissenschaftliche und politische Mainstream trägt immer noch den Homo oeconomicus im Wappen. Der Kapitalismus ist angeschlagen, aber er wankt nicht.

12 Das Kapital: In Ewigkeit. Amen.

Allenthalben hören und lesen wir, dass die gegenwärtige Krise auch eine Krise des Kapitalismus sei. Die schwerste Krise seit der großen Depression 1929 oder seit der noch größeren Depression 1873, die immerhin über zwanzig Jahre dauerte. Und hin und wieder erschallt auch ganz mutig der Ruf nach dem Ende des Kapitalismus oder zumindest dem »Ende des Kapitalismus, wie wir ihn kennen«.[1] Einig ist man sich vor allem darin, dass der Turbokapitalismus, wahlweise der US-Turbokapitalismus, am Ende sei.

Tatsache ist, dass die USA es geschafft haben, die Verluste aus dem katastrophalen Absturz ihrer Wirtschaft – nicht nur der Immobilienwirtschaft – zu globalisieren. Das ist sicherlich kein Ergebnis einer zielgerichteten Politik. Zumindest nicht in dem Sinne, dass sich US-Wirtschaft und US-Politik eines guten Tages hingesetzt und einander gelobt haben, dass sie zuerst den eigenen Laden und dann die ganze Welt zum Einsturz bringen würden.

Aber als die Folgen der Immobilienblase für die Banken, die Finanzmärkte, den Automobilmarkt etc. absehbar waren, da haben Ökonomen und Politiker in den USA mit der Sozialisierung der Verluste begonnen und die Freunde in Europa aufgefordert, dabei zu helfen. Angela Merkel hat zunächst fast empört abgelehnt. Aber dann hat auch die Bundesregierung das getan, was nicht mehr vermeidbar war: Um den Laden nicht völlig zusammenkrachen zu lassen, wurden Staatsprogramme aufgelegt. Weil ja alle möglichen Länder in die Krise verwickelt und von deren Folgen betroffen sind. Und das heißt im Ende: Die Besitzer von Geldvermögen werden von den Regierungen in Washington, London und Berlin und von der Europäischen Union in Brüssel aus dem Schlamassel gerettet. Die Zeche bezahlen diejenigen, die kein Geldvermögen haben.

Angesichts dieser Entwicklung wurde sogar Peer Steinbrück böse. »Ein maßloser Kapitalismus, wie wir ihn hier erlebt haben mit all seiner Gier, frisst sich am Ende selbst auf«, schimpfte der Bundesfinanzminister Ende September 2008.[2] Und fand sogar ein bisschen Gefallen an Karl Marx: »Generell muss man wohl sagen, dass gewisse Teile der marxistischen Theorie nicht so verkehrt sind.« Diese neue Liebe zu Karl Marx hat zur Zeit immens Konjunktur. Das ist beachtlich, galt doch seit dem Zusammenbruch der Sowjetunion endgültig als ausgemacht, dass der Kapitalismus gesiegt habe. Weil auch noch die letzte Alternative den Bach runtergegangen sei. Das war natürlich nur für außergewöhnlich naive Gemüter plausibel. Nämlich für diejenigen, die – positiv oder negativ – die östlichen und sonstigen Sozialismen für »Verwirklichungen« des von Marx Gedachten gehalten hatten. So was kann nur behaupten, wer sich standhaft weigert, auch nur eine Zeile Marx zu lesen.

Das hat sich offenbar geändert. Der Dietz-Verlag berichtet von einem ausgesprochenen Run auf das *Kapital*. Was nicht viel heißen muss, da es auch sein kann, dass allerlei Zeitgeist-Surfer nur die Lücken in ihren Bücherregalen wieder schließen wollen, die entstanden, als sie nach dem Endsieg des Kapitalismus die blauen Bände auf den Müll warfen. Aber man hört auch anderes. Nämlich von *Kapital*-Lesegruppen, in denen wie in den alten Zeiten – den Sechzigern und Siebzigern – meist junge Menschen zusammenkommen, um Marx zu verstehen. »In früheren Jahrhunderten wandten die Menschen sich in Krisenzeiten der Religion zu. Heutzutage lesen sie auch *Das Kapital*. Und wenn sie es nicht lesen, dann berufen sie sich darauf.« Schreibt Franziska Augstein in der *Süddeutschen Zeitung*.[3]

1998 bot der Schauspieler Rolf Becker dem Hamburger Schauspielhaus eine Lesung an. Thema: 150 Jahre *Kommunistisches Manifest*. Man war nicht interessiert. Eine Hamburger Schule schon, auch der eine oder andere Asta. Aber ein Renner wurde das nicht. Auch das Hörbuch nicht, das Becker 2004 produzierte. Aber seit Anfang 2008 ist Beckers *Manifest*-Lesung gefragt. Ob im saarländischen Blieskastel oder in Leipzig, in Berlin, München, Stuttgart oder Elmshorn: Becker ist inzwischen als Lese-Reisender in Sachen *Kommunistisches Manifest* unterwegs. Und das Publikum ist begeistert. Es scheint ganz versessen zu sein auf die »Nachrichten aus der ideologischen Antike«.

Was alle möglichen Marx-Neuentdecker fasziniert, ist die Tatsache, dass Marx Mitte des 19. Jahrhunderts eine Welt beschreibt, die Anfang des 21. Jahrhunderts Wirklichkeit geworden ist. »In einer Zeit, in der die Triumphgesänge eines revitalisierten Kapitalismus nicht enden wollen, funktioniert zum ersten Mal in der Geschichte das Kapital weitgehend frei von irgendwelchen Beißhemmungen und Einschränkungen, so wie Marx es in seinem *Kapital* beschrieben hat.«[4] Was Oskar Negt in seiner Hannoveraner Abschiedsvorlesung 2003 erklärte, gilt für die Jahre danach erst recht und verschärft.

Marx schreibt: »Das Kapital hat einen Horror vor der Abwesenheit von Profit oder sehr kleinem Profit, wie die Natur vor der Leere. Mit entsprechendem Profit wird Kapital wach, 10 Prozent sicher, und man kann es überall anwenden; 20 Prozent, es wird lebhaft; 50 Prozent, positiv waghalsig; 100 Prozent, es stampft alle menschlichen Gesetze unter seinen Fuß; 300 Prozent, und es existiert kein Verbrechen, das es nicht riskiert, selbst auf Gefahr des Galgens.«[5] Der Kapitalismus steckt voller Widersprüche, sagt Marx, er produziert sie unentwegt neu. Das Prinzip der Profitmaximierung zwingt den Produzenten dazu, kostengünstig zu produzieren, also die Löhne niedrig zu halten. Gleichzeitig benötigt er Konsumenten für seine Waren, also Kaufkraft. Wir können die praktischen Auswirkungen dieses Widerspruchs täglich besichtigen.

Ein weiterer Widerspruch: Das Geld, dessen Bedeutung sich von der realen Warenproduktion immer mehr entkoppelt, wird zum Wert an sich, es erscheint als verselbständigtes, »automatisches Subjekt«.[6] Dinge, also Objekte, werden zu Subjekten, Menschen, also Subjekte, zu ohnmächtigen Objekten. Die Warenproduzenten werden von ihren Produkten beherrscht: »Ihre eigne gesellschaftliche Bewegung besitzt für sie die Form einer Bewegung von Sachen, unter deren Kontrolle sie stehen, anstatt sie zu kontrollieren.«[7]

Geld wird so, wie die Ware, zum »Fetisch«, also zu einem vermeintlich magischen Gegenstand. Marx hat schon vor über 150 Jahren das Jonglieren mit dem Fetisch »fiktives Kapital« analysiert: »Die selbständige Bewegung des Werts« von Aktien oder anderen »Eigentumstiteln«, sagt Marx, »bestätigt den Schein, als bildeten sie wirkliches Kapital neben dem Kapital oder dem Anspruch, worauf sie möglicherweise Titel sind«.[8] Hätte er die Bedeutung der globalen Finanzmärkte von heute und ihre totale Entkoppelung von der werteschaffenden Realwirtschaft erlebt, ihm wäre wohl schwindlig geworden angesichts der Aussagekraft seiner frühen Thesen.

Am meisten entzückt sind die neuen Marx-Entdecker freilich von der präzisen Beschreibung der Globalisierung, die Marx und Engels im *Kommunistischen Manifest* abgeliefert haben: »Das Bedürfnis nach einem stets ausgedehnteren Absatz für ihre Produkte jagt die Bourgeoisie über die ganze Erdkugel. Überall muss sie sich einnisten, überall anbauen, überall Verbindungen herstellen.

Die Bourgeoisie hat durch ihre Exploitation des Weltmarkts die Produktion und Konsumption aller Länder kosmopolitisch gestaltet. Sie hat zum großen Bedauern der Reaktionäre den nationalen Boden der Industrie unter den Füßen weggezogen. Die uralten nationalen Industrien sind vernichtet worden und werden noch täglich vernichtet. Sie werden verdrängt durch neue Industrien, deren Einführung eine Lebensfrage für alle zivilisierten Nationen wird, durch Industrien, die nicht mehr einheimische Rohstoffe, sondern den entlegensten Zonen angehörige Rohstoffe verarbeiten und deren Fabrikate nicht nur im Lande selbst, sondern in allen Weltteilen zugleich verbraucht werden.

An die Stelle der alten, durch Landeserzeugnisse befriedigten Bedürfnisse treten neue, welche die Produkte der entferntesten Länder und Klimate zu ihrer Befriedigung erheischen. An die Stelle der alten lokalen und nationalen Selbstgenügsamkeit und Abgeschlossenheit tritt ein allseitiger Verkehr, eine allseitige Abhängigkeit der Nationen voneinander.«[9] Geschrieben 1848. Was damals noch eher erahnt als analysiert werden konnte, ist heute Wirklichkeit. Erst die Revolutionierung des Verkehrswesens, die Turbobeschleunigung der Kommunikation, die Höchstgeschwindigkeit der Geldströme macht die hochkapitalistische Globalisierung möglich, die von Marx und Engels 1848 angedacht war.

Dabei geht es Marx gar nicht in erster Linie darum, den bösen Kapitalismus zu entlarven, erst recht nicht den bösen Kapitalisten. Der gute oder böse Wille des einzelnen Kapitalisten hat ihn wenig interessiert, Raffgier war nicht sein Thema. Sehr wohl aber das System, das Raffgier anstachelt und belohnt. Insofern wird sogar der Herr Professor Sinn zu einem »Marxisten«, wenn er sagt, dass nicht die Manager für den großen Krach verantwortlich zu machen sind, »denn diese haben sich innerhalb des Systems nach bestehenden Gesetzen und Regeln verhalten und im Interesse ihrer Aktionäre an zu große Risiken herangewagt«.[10] Freilich kommt er nicht auf die Idee, einen kleinen Schritt weiterzugehen und sich auch mal Gedanken über Sinn und Unsinn des Systems zu machen. Denn der in Deutschland – bei Politikern und vor allem in vielen Medien – als Oberexperte für Wirtschaft gehandelte Professor Sinn ist wie viele Ökonomen in erster Linie Gläubiger und kein Wissenschaftler. Der Kapitalismus mag für ihn nicht gottgegeben sein, aber er glaubt an seine angebliche Naturgesetzmäßigkeit. Als es Franz Müntefering einfiel, Hedge-Fonds und Private-Equity-Fonds als Heuschrecken zu bezeichnen, da erklärte Professor Sinn, genauso gut könne man gegen die Schwerkraft argumentieren.[11]

Zurück zu Karl Marx: Er hat den expliziten Empörungsdiskurs mit Beginn der Arbeit an der Kritik der politischen Ökonomie hinter sich gelassen. Dieser Diskurs läuft als Subtext zwar immer mit, aber im Vordergrund steht die kalte Analyse. Ihn interessieren wirtschaftliche und soziale Prozesse, ihn fasziniert die Kapital-Logik, der Mechanismus eines komplexen Systems, dessen große Maschinerie alle unterjocht, in sich hineinsaugt, alles Leben »subsumiert«. In der kapitalistischen Anwendung der Maschine, sagt Marx, also im modernen Fabriksystem, »ist der Automat selbst das Subjekt, und die Arbeiter sind nur als bewusste Organe seinen bewusstlosen Organen beigeordnet und mit denselben der zentralen Bewegungskraft untergeordnet«.[12]

Es ist nun schick geworden, so was wieder zu lesen und zu zitieren. Oder nur zu zitieren, ohne es gelesen zu haben. Aber trotz aller Antikapitalismus-Girlanden und Marx-Konjunktur: Viele Politiker und viele Ökonomen weigern sich, von einer Krise des Kapitalismus zu sprechen. Das Verhalten mancher Eliten habe in den Schlamassel geführt, also die Gier sei schuld, nicht das System. Vor allem deutsche Politiker erklären, dass wir mit dem »Mittelweg« der sozialen Marktwirtschaft doch ganz gut gefahren sind, dass eben der US-amerikanische Turbokapitalismus der Auswuchs war, den es jetzt zu begrenzen gälte. Noch einmal: Es ist das System, das die grenzenlose Gier möglich macht und ermutigt!

Schöpferische Zerstörung

Auch Wissenschaftler, nicht nur der Herr Sinn, und einige begleitende Journalisten wollen nicht einsehen, warum diese Krise des Kapitalismus nun etwas Besonderes sein soll, etwas Neues, gar Einmaliges. Die Krise, so hören wir, ist nicht die Ausnahme, sondern die Normalität im Kapitalismus. Das wusste schon Karl Marx, vor allem aber Joseph Schumpeter, der österreichische Sozialwissenschaftler, der dieser Erkenntnis eine positive Wendung gab mit seiner These von der »schöpferischen Zerstörung«. Danach revolutioniert der Kapitalismus die Wirtschaftsstruktur unaufhörlich dadurch, dass er Altes zerstört und Neues schafft. Auch das klingt eher nach genauer Lektüre von Marx als nach originärem Denken. Die Pointe Schumpeters: Das Ganze nimmt kein böses Ende wie bei Marx, sondern ist ein ewiger Jungbrunnen. Der Kapitalismus kann gar nicht untergehen, er ist auf Ewigkeit angelegt.[13]

Das hat eine gewisse Plausibilität, wenn man sich anschaut, wie flexibel der Kapitalismus ist, wie er sich wandelt, anpasst, Kritik aushält oder ausbremst, Gegenbewegungen durch Umarmung erstickt. Die USA werden wohl als Finanzsupermacht nicht überleben, der Finanzmarkt-Kapitalismus vom Typ USA ist zu Ende. Und wird durch etwas anderes ersetzt. Aber der Kapitalismus selbst geht nicht unter. Er ist immer der Sieger, was auch passiert, aus jeder Krise steigt er wie ein Phoenix aus der Asche immer glanzvoller empor. Sagen seine Bewunderer, die ihn vor allem wegen des Fortschrittsversprechens bewundern.

Glaube an mich, und dir wird es besser gehen, lautet die Verheißung des Kapitalismus. Das hat trotz der Krisen immer wieder funktioniert. »Alles, was er anfasst, verwandelt sich von selbst zu einem Versprechen, zu einer Art Goldtopf am Fuße eines Regenbogens, der bekanntlich mit dem Regenbogen selbst immer weiterwandert«, tröstet uns die *Süddeutsche Zeitung*. Und weiter: »Es kann nicht anders sein: Das Scheitern, in mehr oder minder regelmäßigen Abständen, ist in diesem Verfahren inbegriffen. Die Krise ist nur der sichtbarste Ausdruck für die Normalität des Systems.«[14]

Dieser Trost funktioniert über die engere kapitalistische Glaubensgemeinschaft hinaus freilich nur, solange der »Fahrstuhleffekt« funktioniert. Krisen und regelmäßiges Auf und Ab und soziale Unterschiede und Ungerechtigkeiten werden hingenommen, solange es prinzipiell immer nach oben geht im Fahrstuhl des allgemeinen Wohlstands. Immer nach dem beliebten Börsenmotto: »Die steigende Flut hebt alle Schiffe.« Bloß: Damit ist es vorbei, die Schiffe sind gekentert, die Menschen ertrinken. Und das kann auch den Liebhabern des Kapitalismus nicht entgangen sein.

Aber was heißt das? Wir wissen doch, dass der Kapitalismus sich von Krise zu Krise hangelt und dass auf jede Krise ein Boom folgt. Das sagt jedenfalls die reine Lehre. Auf die New-Economy-Blase folgte die faule Subprime-Blüte, und auch auf diese Krise wird wieder ein Boom folgen. Die Fachleute kennen den Zyklus: Krise, Depression, Belebung, Aufschwung, Überhitzung, Krise. Die Kapitaleigner sitzen schon in den Startlöchern, um die nächste Rallye zu beginnen. Man könnte auf neue Finanzprodukte setzen oder zur Abwechslung mal wieder auf Rohstoffe. Öl und Gas sind zwar ein bisschen out, aber Biomasse ist schwer im Kommen. Emissionszertifikate für CO_2 versprechen hohe Renditen. Es gibt immer etwas, worauf gewettet und womit gezockt werden kann. Wenn sich nichts grundlegend ändert.

Und dass sich nichts grundlegend ändert, daran haben nicht nur die Akteure ein Interesse, sondern auch viele Politiker, die genau das tun, was manche Journalisten ihnen raten: helfen, stützen, retten, was zu retten ist, damit der Betrieb anschließend weitergehen kann wie vorher. »Es herrscht finanzpolitisches Kriegsrecht«, schreibt Roger Köppel, Verleger und Chefredaktor der Züricher *Weltwoche*. »Im Ausnahmezustand muss der Staat manchmal die Ordnung außer Kraft setzen, um sie zu retten. Die zeitweilige Rückkehr zur Planwirtschaft ist notwendig zur Behebung der Vertrauenskrise. Wenn niemand mehr den Banken Geld geben will, muss der Staat als Stütze wirken. Aber, das ist entscheidend, nur auf Zeit.«[15]

Freilich, die Stimmung ist nicht besonders gut im Moment. Das Vertrauen schwindet, nicht einmal Säulenheilige des Turbokapitalismus wie Deutsche-Bank-Chef Ackermann glauben mehr an die Selbstheilungskräfte des Marktes. Die »Bürger stellen die Systemfrage« weiß das *Manager Magazin*, und es zitiert Bundesfinanzminister Steinbrück mit der Befürchtung, auch hierzulande könne es zu »Tumulten mit brennenden Autos« kommen wie in französischen Großstadt-Vororten.[16] Jungen Führungskräften, auch das berichtet das *Manager Magazin*, geht es wie Steinbrück: Sie haben am meisten Angst vor »sozialen Unruhen«. Klaus Bouillon, Bürgermeister von St. Wendel im Saarland, bisher weder als Politiker noch als Wahrsager besonders bekannt, erklärte im ZDF: »Wenn die Menschen in den nächsten Jahren nicht mehr Netto zur Verfügung haben, fürchte ich, gibt es eine Revolution.«[17] So weit musste es kommen, dass ein CDU-Politiker von Revolution spricht.

Und es kommt noch schlimmer: Mit der Glaubwürdigkeit des Kapitalismus nimmt auch die Glaubwürdigkeit der Demokratie Schaden. Denn die beiden sind uns von den Ideologen der Marktwirtschaft jahrzehntelang als unzertrennliches Pärchen, ja als eine Art siamesische Zwillinge verkauft worden. Logisch, dass das Ansehen der Demokratie rapide sinkt, wenn der Kapitalismus sich so schlecht benimmt, dass auch die Gutgläubigen etwas merken. In Umfragen geht es mit dem Vertrauen der demokratischen Institutionen schon mal dramatisch bergab.

Demokratiealarm: Postdemokratie

Die Krise des globalen Kapitalismus ist eine Ursache dafür. Im Crash zeigt sich, dass und wie sehr die Regenten der internationalen Finanzmärkte sich die Politik und die Demokratie untertan gemacht haben. Rolf Breuer, früher Vorstandschef der Deutschen Bank, hat einmal erklärt: »Die autonomen Entscheidungen, die Hunderttausende von Anlegern auf den Finanzmärkten treffen, werden im Gegensatz zu den Wahlentscheidungen nicht alle vier oder fünf Jahre, sondern täglich gefällt.« Im Klartext: Demokratie und Wahlen mögen ganz nette Angelegenheiten für Normalbürger sein, die Welt aber wird von anderen regiert, nämlich von den Big Shots des Finanzkapitalismus. Das hatte sich der kleine antikapitalistische Moritz zwar schon immer so vorgestellt, aber man hört es aus dem Mund der Akteure doch eher selten.

Die Politiker haben freilich sehr genau zugehört und schnell gelernt: Schon die rot-grüne Regierung, dann aber auch die große Koalition hat folgsam die Finanzmärkte liberalisiert, ganz wie Papa Breuer es ihnen aufgetragen hatte. Unsere Politiker haben – nach dem Vorbild ihrer Kollegen in Großbritannien und den USA – die Verhältnisse auf den Finanzmärkten geschaffen, die jetzt alle beklagen. Die Zulassung »innovativer Instrumente« auf dem Finanzmarkt, die Abschaffung von Kontrollen, die Zulassung von Hedge-Fonds, die steuerliche Begünstigung von Equity-Fonds, die Steuerfreiheit von Veräußerungsgewinnen – diese ganze Liberalisierungs- und Deregulierungsorgie ist von Rot-Grün angezettelt worden. Gegen den Widerstand vieler Sozialdemokraten und einiger Grüner, denen von ihren Vortänzern dann Gefährdung des Standorts Deutschland vorgeworfen wurde.

Das Ergebnis: Nicht die Politik kontrolliert die Finanzjongleure, sondern die Großmuftis des Geldmarkts diktieren der Politik, was zu tun ist. Immer unter der Maßgabe, dass die Fachleute sowieso besser wissen, wie Wachstum und Wohlstand zu erreichen und zu bewahren seien. Es ist also das alte Lied, das wir spätestens seit Adam Smith kennen: Lasst die Wirtschaft nur machen, und das Wohlergehen der Gemeinschaft ist gesichert. Nun haben auch die Unbedarftesten gemerkt, was für ein Spiel da gespielt wurde.

Gefahr für die Demokratie kommt aber noch aus einer anderen Richtung: Es sind die versteinerten Verhältnisse, die ausgehöhlten Institutionen, die viele Menschen demokratiemüde machen. Die Theorie der Postpolitik oder Postdemokratie beschreibt das so: »Während die demokratischen Institutionen formal weiterhin vollkommen intakt sind, entwickeln sich politische Verfahren und die Regierungen zunehmend in eine Richtung zurück, die typisch war für vordemokratische Zeiten: Der Einfluss privilegierter Eliten nimmt zu, in der Folge ist das egalitäre Projekt zunehmend mit der eigenen Ohnmacht konfrontiert.«[18] Zwar finden Wahlen statt, aber das sind im wesentlichen Inszenierungen von PR-Experten. »Die Mehrheit der Bürger spielt dabei eine passive, schweigende, ja sogar apathische Rolle, sie reagieren nur auf die Signale, die man ihnen gibt. Im Schatten dieser politischen Inszenierung wird die reale Politik hinter verschlossenen Türen gemacht: von gewählten Regierungen und Eliten, die vor allem die Interessen der Wirtschaft vertreten.«[19]

Die Politik delegiert schwierige Fragen zunehmend an Expertenrunden, Kommissionen, Beratergremien, die Verantwortung wird ausgelagert. Rürup-Kommission, Hartz-Kommission, Innovationsrat, Deutscher Ethikrat – Gerhard Schröder hat in seinen zwei Kanzlerschaften diese Auslagerung von Entscheidungen besonders heftig betrieben. In vielen dieser Gremien saß Schröders Spezi Roland Berger, der schon in Niedersachsen einer der wichtigsten Berater Schröders war.

Eine Rückkoppelung an die gewählten Volksvertreter findet nicht mehr statt. Und hinter den externen Gremien stecken finanzkräftige Lobbyisten, denen sich die Politik mehr und mehr ausliefert. Der Rückgang der Wahlbeteiligung und der Ansehensverlust der Politiker sind die vorläufig erste Quittung dafür.

Diese Entdemokratisierung ist längst international. Die wirklich Mächtigen setzen in den neuen EU-Mitgliedsländern niedrige Steuern und noch niedrigere Sozialstandards durch, um Druck auf die Länder auszuüben, die noch nicht ganz kapitalkompatibel ausgebaut sind. Globalisierung heißt auch hier Ausdehnung der kapitalistischen Kampfzone. Globalisierte Unternehmen haben mit ihren Investitionsentscheidungen immense Druckmittel, die Parlaments- oder Regierungsentscheidungen obsolet machen.

Und bei den internationalen Institutionen haben wir es ohnehin mit demokratisch nicht legitimierten Organisationen zu tun. Internationaler Währungsfonds (IWF), Weltbank, die Organisation für wirtschaftliche Zusammenarbeit und Entwicklung (OECD), Europäische Union, erst recht G7, G8, G20 sind Exekutivorgane, die so gut wie nicht demokratisch kontrolliert werden. Wessen Interessen da vertreten werden, das liegt zu einem erheblichen Teil am Einfluss der Großmächte wie den USA und den dahinterstehenden Unternehmen. »Die wachsende politische Macht der Unternehmen bleibt die treibende Kraft hinter dem Vormarsch der Postdemokratie«, schreibt Colin Crouch. Und fährt fort: »Für frühere Generationen radikaler politischer Denker wäre diese Aussage der Anlass gewesen, die Abschaffung des Kapitalismus zu fordern. Diese Option steht heute nicht länger offen.«[20]

Dieser Befund soll uns aber nicht davon abhalten, auch diese Möglichkeit zu erwägen. Denn aus alledem ergeben sich – mindestens – drei Szenarien. Erstens ein autoritärer Kapitalismus, also die tendenzielle Abschaffung der Demokratie. Zweitens die weitere permanente Reparatur des Kapitalismus, die Operation am offenen Herzen. Drittens das Ende des Systems – die Abschaffung oder Selbstabschaffung des Kapitalismus.

Autoritärer Kapitalismus

»Atemberaubendes Wirtschaftswachstum in Peking, Katzenjammer in Washington – gewinnt der autoritäre Kapitalismus den Krieg der Systeme?« So tremolierte die *Süddeutsche Zeitung* Anfang Dezember 2008.[21] Richtig ist: Die wirtschaftlich erfolgreichsten Länder sind autokratisch regiert. China, Russland, die Scheichtümer am Persischen Golf: autokratischer Zentralismus oder Familien- und Clandiktaturen. Die Systemfrage, die sich mittlerweile stellt, ist anders als die traditionelle zwischen Kapitalismus und Kommunismus. Es ist die zwischen zwei Varianten des Kapitalismus, der demokratisch-freiheitlichen und der autoritär-staatskapitalistischen.

Autoritäre Regime haben Vorteile, die sich vor allem auf das Wirtschaftswachstum positiv auswirken. Die beiden größten und dynamischsten Volkswirtschaften unserer Zeit eignen sich gut zum Vergleich. Die Kommandowirtschaft Chinas ist effektiver als die Indiens, die zumindest prinzipiell demokratischen Verfahren unterworfen ist. Wer sagt uns denn, dass die wirtschaftlich verursachte Legitimationskrise der Demokratie nicht auch in westlichen Ländern zu Demokratieverzicht führt, zu gewollt autoritären Tendenzen, die dem Kapitalismus das Überleben sichern? Mit dem Argument, dass langwierige Entscheidungsprozesse Wachstum und Dynamik bremsen, lässt sich in vielen politischen und vor allem wirtschaftlichen Milieus die These vertreten: Wir brauchen zum Wohle aller weniger Demokratie und mehr staatliche Autorität.

Das können sie haben. Denn das haben sie schon jetzt. Die Krise manifestiert, was an antidemokratischen Tendenzen ohnehin abläuft. In der Krise schlägt die Stunde der Exekutive. Eine Rettungsaktion nach der anderen, alle im Hauruckverfahren, Hunderte von Milliarden zur Rettung derjenigen, die uns in den Abgrund führen, und wenn's um die Bevölkerung geht, dann wird's wieder schwierig.

Im Prinzip wird mit »Notverordnungen« regiert – als Guido Westerwelle am 15. Oktober 2008 diesen Begriff im Parlament wählte, waren die Regierenden ziemlich sauer, aber er hatte grundsätzlich recht. Die Exekutive verfügt, das Parlament wird entweder nicht gefragt oder darf im Eilverfahren abnicken, das ist die Politik des Notstands und des Ausnahmezustands. Vor allem ist alles immer »ohne Alternative«. Punktum. Und wo es keine Alternative gibt, muss man auch nicht lange rumreden. Demokratie ist lästig, hier ist sie außer Kraft gesetzt.

Das funktioniert auch auf anderen Gebieten: Im Antiterrorkampf treibt die Selbstherrlichkeit der Exekutive schöne Blüten, und wenn es erst mal wirklich zur befürchteten Klimakatastrophe kommt, dann droht uns die Öko-Diktatur oder Ähnliches. »Ein Jahrhundert des Autoritatismus ist keineswegs die unwahrscheinlichste Prognose für das 21. Jahrhundert«, das hatte der Soziologe Ralf Dahrendorf am Ende des 20. Jahrhunderts erklärt. Er könnte auf merkwürdige Weise recht bekommen.

Staat als Reparaturbetrieb

Der Kapitalismus muss zivilisiert werden, muss gezähmt werden, Wildwuchs muss beschnitten werden. So klingelt's allerorten. Bundespräsident Köhler fand die besonders putzige Formulierung, die Weltfinanzmärkte hätten sich zu einem »Monster« entwickelt, das in die Schranken gewiesen werden müsse. Die Wortwahl ist verräterisch. Monster sind Ungeheuer, Schreckgespenster, Fabelwesen aus Märchen, Mythen, Sagen, Legenden, sie sind nicht von dieser Welt. Man kann sie nicht wirklich besiegen, es sei denn, man hat einen Helden zur Hand. Also muss man sie in ihre Höhle zurückdrängen oder so weit zähmen, dass sie nicht allzu viel Schaden anrichten können.

Wer von Monstern redet, meint etwas Unheimliches, das man heimlich zu machen habe. Aber man stellt es nicht in Frage. Das

System bleibt vorgegeben: Die Marktwirtschaft oder »soziale« Marktwirtschaft, der Kapitalismus sind das gültige Koordinatensystem, in dem wir uns bewegen müssen, und seinem Funktionieren ist alles andere untergeordnet. Das ist politischer Konsens von Sozialdemokraten über FDP und Union bis zu den Grünen. Politik im allgemeinen und Sozialpolitik im besonderen wird verstanden als Medikament zur Linderung der schlimmsten Schmerzen, die der Kapitalismus verursacht. Das Marktgeschehen selbst ist hinzunehmen, ist unhinterfragbar, unbeeinflussbar, immer noch gilt der Glaube an die unsichtbare Hand. Also ist die Fortsetzung dessen angesagt, was wir in der Bundesrepublik immer schon haben: Der Staat wird verstanden als Reparaturbetrieb des Kapitalismus. Dabei dient die Globalisierung – als vermeintliches Mega-Naturereignis – als Vorwand für den Abbau dessen, was zur Abwehr der schlimmsten Marktfolgen aufgebaut worden ist.

In verschärfter Form erleben wir das mit den Milliarden-Rettungsaktionen in der gegenwärtigen Finanzkrise, es gilt aber auch in »normalen« und weniger dramatischen Zeiten. »Wer seine Defizite selber zu verantworten hat, der sollte nicht auf den Staat als Reparaturbetrieb bauen«, sagte Finanzminister Steinbrück im November 2008, als die Autokrise eine »Bittstellerprozession der Branchen zum Staat« nach sich zog. Genau so handelt der Staat aber. Sofern die wirtschaftliche Macht der Bittsteller groß genug ist, das heißt, sofern mit Arbeitsplatzverlusten in beträchtlicher Höhe gedroht werden kann. Das ist bei Opel so, das ist bei Banken und Versicherungen nicht anders.

Die Politik fühlt sich in dieser Rolle zuweilen gar nicht so unwohl. Nämlich immer dann, wenn es den eigenen Interessen dient. Gerhard Schröder wusste schon als niedersächsischer Ministerpräsident, wie man Industriepolitik macht. In den neunziger Jahren geriet der Reifenhersteller Continental in Hannover in die Fänge des italienischen Konkurrenten Pirelli. Schröder kam, sprach und siegte. Mit seiner und der Hilfe der NordLB kam eine Abwehrfront zustande, eine Bietergemeinschaft übernahm ein Viertel der Conti-Anteile, und Pirelli musste geschlagen abziehen. Schröder war der Held, der die Arbeitsplätze in Niedersachsen gerettet hatte.

Politiker fummeln auch gerne mal in der Wirtschaft rum, wenn die nicht darum bittet. Als die Preussag AG ihre Stahltochter Salzgitter nach Österreich verkaufen wollte, verhinderte wiederum Niedersachsens Ministerpräsident Schröder den Deal. Demonstrationen wütender Arbeitnehmer wegen des drohenden Verlustes von Arbeitsplätzen passten Schröder kurz vor der Landtagswahl 1998 nicht ins Konzept. Schließlich wollte er Kanzlerkandidat werden. Die Preussag verkaufte Salzgitter an das Land Niedersachsen und die NordLB und machte dabei 100 Millionen Mark Verlust. »Danke, Gerhard« plakatierten die Salzgitter-Arbeiter, Retter Schröder gewann die Landtagswahlen und wurde Kanzlerkandidat der SPD. Man kann so was auch Staatskapitalismus nennen.

Als Kanzler machte Schröder gerade so weiter. Ende November 1999 rettete er den angeschlagenen Holzmann-Konzern, indem er persönlich mit den Bossen der Banken sprach, um den Konkurs des Bauriesen abzuwenden. Man schnürte ein Hilfspaket mit 250 Millionen Mark, der Staat ging mit einer Bürgschaft von 100 Millionen Mark ins Obligo – und Schröders Party konnte steigen: Vor der Alten Oper zu Frankfurt am Main ließ er sich von Tausenden Holzmann-Mitarbeitern feiern. »Liebe Freunde, wir haben's geschafft«, krächzte er in die Mikrofone, hob die Daumen in die Höhe, und die Leute riefen »Gerhard, Gerhard«, sangen »So ein Tag, so wunderschön wie heute« und das Deutschlandlied.

Der Jubel war groß, aber die Freude hielt nicht lange. Drei Jahre später meldete der Konzern wieder Insolvenz an. In der Zwischenzeit, so behauptete damals die Opposition, waren mehrere hundert mittelständische Bauunternehmen in Konkurs gegangen, unter anderem weil Holzmann mit Schröders Hilfe abartig niedrige Löhne durchgesetzt hatte. »Es wäre für den Mittelstand besser gewesen, wenn man dieses Unternehmen seinem Schicksal überlassen hätte«, sagte Friedrich Merz von der CDU im März 2002 im Bundestag. »Wenn die Großen pleite gehen, kommt der Bundeskanzler, wenn die Kleinen pleite gehen, kommt der Konkursverwalter.«

Holzmann hat die Vorweihnachtsaktion also nicht wirklich geholfen, aber dem Kanzler. Seine Umfragewerte stiegen, die Partei war begeistert, alle waren froh. Na ja, nicht alle: »Genialderbes Volkstheater« nannte die *Frankfurter Allgemeine Zeitung* Schröders Aktion. Das war es wohl auch. Diesen Stil hatte Schröder – wie so vieles – seinem Vorgänger Helmut Kohl abgeschaut. Dessen Mitarbeiter beschrieben Kohls Reparatureinsätze mit »Einfliegen, Betrieb retten, ausfliegen«. Viel Hektik, große Action, wenig Langzeitwirkung.

Es geht aber auch anders: Im Winter 2004 hatten Karstadt und Opel und Quelle große Sorgen, da klopfte man an des Kanzlers Tür. Der ließ sich aber die Chance, vor Weihnachten noch einmal medienwirksam den segensreichen Staatskapitalisten zu spielen, leichtfertig entgehen. Er sprach von »Managementversagen in seiner krassesten Form« und verweigerte jede Hilfe. Er glaubte damals, die Weihnachts-PR nicht nötig zu haben. »Managementversagen in seiner krassesten Form« – wäre das nicht auch heute ein schönes Argument für eine Politik der ruhigen Hand?

Für »die Wirtschaft« ist so was gar nicht so ungewöhnlich. Ein Fall aus dem Jahr 1982: Krise der Stahlindustrie, vor allem an der Saar. Der luxemburgische Stahlkonzern Arbed hatte sich im Jahr 1978 die Saarhütten Neunkircher Eisenwerk AG und die Stahlwerke Röchling-Burbach GmbH einverleibt und zur Arbed Saarstahl GmbH gemacht. 2,2 Milliarden Mark Staatsgelder sind in diesem Prozess geflossen, aber der Konzern brauchte mehr. Ohne sein Versprechen einzuhalten, nämlich die Arbeitsplätze zu sichern. Stattdessen weitere 5000 Entlassungen, ein Schlag für das Saarland, ein Schlag für die Bundesregierung – sie hat sich bis auf die Knochen blamiert.

Arbed hat sich gehütet, eigenes Geld in die Saarstahl zu stecken, und die ehemaligen Eigentümer sind fein raus, sie haben ihre Beteiligungen gegen Arbed-Aktien getauscht, müssen also nicht mit eigenem Geld für Verluste einstehen. Nur der Staat, denn Arbed sagt: Wenn wir schon Arbeitsplätze erhalten sollten, dann soll das der finanzieren, der Interesse daran hat. Eben der Staat. Klarer kann man nicht mehr formulieren, wie der Staat als Reparaturbetrieb im Marktkapitalismus funktioniert.

Möglicherweise ändert sich da allmählich was. Als der Airbus-Konzern – mal wieder – in Schwierigkeiten war, da kam wenigstens DGB-Chef Michael Sommer auf die Idee, über das Verhältnis von Wirtschaft und Politik nachzudenken. Die Politik habe die »moralische und rechtliche Verpflichtung«, von dem Flugzeugbauer die Rückzahlung von Staatsgeldern zu verlangen, wenn es zu Standortschließungen komme. Als der finnische Mobiltelefonhersteller Nokia Anfang 2008 die Schließung seines Bochumer Werks ankündigte, meinten einige, dann müsse Nokia Subventionen des Landes Nordrhein-Westfalen und der EU zurückzahlen. Denn die Vergabe dieser Subventionen war an Arbeitsplatzgarantien gebunden. Ministerpräsident Jürgen Rüttgers (CDU) ließ sich gar zu der Bemerkung hinreißen, Nokia sei eine »Subventionsheuschrecke«. Man einigte sich dann darauf, dass Nokia 40 Millionen Euro für Projekte in der Region Bochum zahlt – zusätzlich zu rund 200 Millionen Euro für den Sozialplan für die 2300 Bochumer Nokia-Beschäftigten.

Und damit sind wir dann auch wieder bei Opel – Bochum ist einer der gefährdeten Standorte der deutschen General-Motors-Tochter – und bei den großen Turbulenzen der Autoindustrie im Gefolge der Finanzmarktkrise. An der sich der Sinn kapitalistischer Wirtschaftspolitik schön demonstrieren lässt. »Wirtschaft findet in der Wirtschaft statt.« Diesen fulminanten Satz hat vor vielen Jahren Exbundeswirtschaftsminister Günter Rexrodt von sich gegeben und damit gemeint: Wirtschaft findet nicht in der Politik statt. Er hat damals dummerweise vergessen, den zweiten Satz hinzuzufügen: Auch Politik findet in der Wirtschaft statt. Vor allem Wirtschaftspolitik. Ein paar Jahre später setzte sich Gerhard Schröder in der SPD mit dem Satz durch: Es gibt keine linke oder rechte Wirtschaftspolitik, sondern nur eine moderne oder keine. Auch das heißt übersetzt: Wirtschaft findet in der Wirtschaft statt.

Brosamen von den Tischen der Herren

Und das bedeutet: Lasst die Wirtschaft wirtschaften, je besser es der Wirtschaft geht, umso mehr Brosamen fallen von den Tischen der Herren für die Kleinen ab. Wenn das mal nicht so gut funktioniert, greift der Staat als Kapitalist ein – wie Ministerpräsident Schröder, als er mal eben Salzgitter kaufte. Oder Bundeskanzler Schröder, als er mal eben Holzmann rettete.

Was immer auch seit 2007 passiert: Es ist eine Fortschreibung dieser Verhältnisse, die man landläufig Kapitalismus nennt. Die Wirtschaft macht ihr Ding, die Politik sorgt für die Rahmenbedingungen, die ihr aus der Wirtschaft vorgeschlagen, man kann auch sagen diktiert werden, und wenn etwas schiefgeht, springt der Staat ein. Sprich der Steuerzahler. Privatisierung der Gewinne, Sozialisierung der Verluste heißt das Prinzip. Gewiss: Das ist eine alte Leier. Aber immer noch die präzise Beschreibung dessen, was passiert.

Opel macht da nichts besonders Neues. Dem Laden geht es schlecht, Arbeitsplätze sind gefährdet, also ruft man nach dem Staat. Wie 2004. Die Rufer sind genau diejenigen, die sich sonst ziemlich rüde und unwirsch jede Einmischung des Staates verbitten. Wobei im Fall Opel noch hinzukommt, dass hier Firmenpolitik mit Hilfe des Staates, sprich der Steuerzahler, gemacht werden soll. Der US-Mutterkonzern General Motors (GM) macht

Druck, und Opel Deutschland wehrt sich. Wie es aussieht, zu Recht. Denn die dumm-arrogante Modellpolitik von GM hat Opel nun wirklich nicht zu verantworten.

Die Politiker erzählen uns in solchen Fällen regelmäßig, dass es ja nur um Bürgschaften geht, dass nicht unmittelbar Steuergeld fließt. Das stimmt zwar nur zum Teil, entscheidend ist aber: Wieso kann das alles so funktionieren? Wieso ist der Staat, der als eine Art Geschäftsführung der Gesellschaft die Angelegenheiten aller Bürger zu vertreten hat, Handlanger »der« Wirtschaft?

Weil es nicht »die« Wirtschaft ist. Der Bäckermeister, der Klempner, der Einzelhändler, der von der Pleite bedroht ist, die bekommen keinen Rettungsschirm von Frau Merkel oder Herrn Steinbrück. Um die bemühen sich nicht gleich vier Ministerpräsidenten wie um Opel. Und das hat nicht nur mit dem Argument der Größe zu tun. Natürlich werden Politiker nervös, wenn Tausende von Arbeitsplätzen gefährdet sind. Und sie werden erpressbar. Wenn Tausende von Handwerksbetrieben gefährdet sind, dann steht dahinter keine Wirtschaftsmacht, die in Berlin mal eben die Alarmglocken läutet. Und deshalb macht Berlin das, was früher Bonn gemacht hat und was alle Regierungsmetropolen der westlichen Welt machen: eher Opel-Politik und Daimler-Politik und Banken-Politik als wirkliche Wirtschaftspolitik, die in die Breite wirken müsste statt nur in die Spitze. Aber das ist eben nicht besonders spektakulär, sondern nur anstrengend.

Wie im Großen, so funktioniert der Reparaturbetrieb Staat auch im – vermeintlich – Kleinen, wenn es nämlich darum geht, die Folgen von Marktentwicklungen für die Beschäftigten, für Rentner etc. abzufedern. Die Hartz-Gesetze und ihre Folgen sind die vorläufige Krönung dieser Entwicklung. Die Agenda 2010 ist Ergebnis des jahrelangen Drängens von Wirtschaftsfunktionären und FDP- und Unions-Politikern auf die Ausdehnung des Niedriglohnsektors. Die Folgen sind bekannt: Arbeit macht arm.

Lohnuntergrenzen sind die erste notdürftige Reparatur an einem System, das von der Wirtschaft gewollt, von der Politik realisiert wird und dann den von Kritikern erwarteten Schaden anrichtet. Zum Mindestlohn kommt die Forderung nach Anhebung der Hartz-IV-Regelsätze, des Arbeitslosengeldes I, kommen Kombilöhne, Grundeinkommen, Grundsicherung, Sozialdividende, Bürgergeld – da ist eine Menge im Angebot.

Am attraktivsten scheint zur Zeit eine negative Einkommensteuer zu sein, kombiniert mit dem Mindestlohn, wie es in Großbritannien praktiziert wird. Diese Kombination würde auch in strukturschwachen Gebieten – zum Beispiel in Ostdeutschland – keine Arbeitsplätze gefährden und gleichzeitig Unternehmen von exzessivem Lohndumping abhalten und den Staat den Rest bezahlen lassen.

Um aus der Krise herauszukommen, werden allerlei Maßnahmen erörtert: Die Stillegung von Steueroasen, eine Tobin-Steuer gegen globale Devisenspekulation, Kontrolle von Ratingagenturen, Verbot des Handels mit bestimmten Derivaten und Phantasie-Finanz-Produkten, Auflagen für Hedge-Fonds und Private-Equity-Gesellschaften, vor allem was Kapitalausstattung betrifft, obligatorische Anlagekriterien für Pensionsfonds. Das sind lauter Maßnahmen, die die gnadenlose »Liberalisierung«, sprich Entrechtlichung der Finanzmärkte, die auch von der Bundesregierung betrieben worden ist, wieder zurücknehmen und darüber hinaus strengere Kontrollen ermöglichen würden.

Alle diese Maßnahmen haben – gewollt oder ungewollt – unter anderem eine Funktion: Sie lassen das System unbehelligt. Das Monster wird nicht bekämpft, sondern eingehegt, allenfalls an die Leine genommen, damit seine Schläge nicht so weh tun. Die Auswüchse des Kapitalismus sollen bekämpft werden, nicht der Kapitalismus selbst. Gegen solche schmerzlindernden Maßnahmen ist natürlich nichts einzuwenden. Nur ist zu fragen, warum man denn an Symptomen herumdoktern will, anstatt an die Wurzel des Übels zu gehen. Der Vorschlag, die Mitarbeiterbeteiligung auszuweiten, hört sich schon anders an. Denn wenn Arbeiter und Angestellte an den Produktionsmitteln selbst beteiligt sind, dann werden sie nach und nach alle Kapitalisten, und alle Probleme sind gelöst. Freilich sind die Modelle, die in der Bundesrepublik diskutiert werden, genau das nicht: keine Kapitalbeteiligungen, sondern in aller Regel Erfolgsprämien.

Möglicherweise ist auch ein allgemeines Grundeinkommen schon mehr als die Fortsetzung des Reparaturbetriebs mit anderen Mitteln, nämlich eine Alternative zum System im System. Jedenfalls würde sie eine beachtliche Umwälzung zur Folge haben, die man fast schon revolutionär nennen könnte. Vielleicht trifft ja auch Elmar Altvaters Vision vom Ende des Kapitalismus zu. Der Berliner Politikwissenschaftler gibt dem System noch vierzig Jahre, weil dann das Öl alle ist.[22] Und dann wird der Kapitalismus implodieren, weil die Energiekosten explodieren. Wachstum um jeden Preis, das Mantra des Kapitalismus, ist gekoppelt an fossile Brennstoffe. Die kleinste Krise kann alles ins Wanken bringen, aber Krisen gehören ja zum Kapitalismus. Also rechnet auch Altvater eher mit einem Übergang vom Kapitalismus alter Prägung zu einer nachhaltigen Solargesellschaft. Und dieser Übergang muss kontrolliert herbeigeführt werden, damit mit dem Ende des Kapitalismus nicht alles zu Ende ist. Sonst drohen Bürgerkrieg und Chaos.

Es ist also alles ganz furchtbar, aber es tut sich ja auch was. So heftige politische Aktivitäten wie in der zweiten Hälfte des Jahres 2008 konnte man schon lange nicht mehr registrieren. Nur: Es geschieht offenbar mal wieder das Übliche, also das Falsche. Die Umverteilung von unten nach oben geht munter weiter. Peer Steinbrück hat nicht vor, den Trend umzukehren, er will wie sein Vorgänger Hans Eichel eine Steuerpolitik machen, die Kapitalgesellschaften radikal entlastet und die dazu geführt hatte, dass Großunternehmen wie Daimler fast keine Steuern zahlen, sogar noch Millionen von Staat zurückbekommen, während Straßen, Schulen, Schwimmbäder in Städten und Gemeinden verkommen, weil kein Geld für den Erhalt da ist. Und wenn man sagt, dass seine geplante Unternehmenssteuerreform ungerecht ist, dann erzählt Steinbrück genau dasselbe, was auch Eichel immer erzählt hat: Die Unternehmen müssen entlastet werden, dann schaffen sie auch Arbeitsplätze, und wenn die Steuersätze zu hoch sind, dann flieht das Kapital ins Ausland. Steinbrück sagt gerne: »25 Prozent auf x ist gerechter als 45 Prozent auf nix.«

Nach dieser Logik heißt Gerechtigkeit: Es gibt ein zumindest asoziales, wenn nicht kriminelles Verhalten, das für den Kapitalismus typisch ist, nämlich die Kapital- und Steuerflucht in Niedrigsteuerländer. Und dieses asoziale respektive kriminelle Verhalten wird nicht etwa bekämpft, sondern hingenommen und unterstützt. Das Dumme ist nur: Für die Mehrheit der Menschen hat das mit Gerechtigkeit nichts zu tun.

Und daraus folgt: Das System muss weg, her mit den Barrikaden. Die Unruhen in Griechenland seit Anfang Dezember 2008, der sich anschließende Generalstreik, die Unruhen in anderen europäischen Metropolen nach griechischem Vorbild, aber offenbar ohne unmittelbaren Anlass, zeigen, dass es gärt. Immer mehr Menschen wollen nicht mehr hinnehmen, dass »die da oben« immer mehr bekommen und für die anderen immer weniger übrig bleibt. Von Thailand wollen wir lieber nicht reden, wo wochenlang der Regierungssitz blockiert wurde, dann die Flughäfen in Bangkok, bis die demokratisch gewählte Regierung schließlich vom Obersten Gericht abgesetzt wurde. Dass eine antidemokratische, monarchistische Bewegung ein demokratisches Recht wahrnimmt, um die Demokratie abzuschaffen und ein ständisches Wahlrecht einzuführen, kann ja nicht in unserem Sinne sein.

Nicht zu vergessen, dass auch bei uns die Gefahr besteht, dass die postdemokratischen Tendenzen eher den rechten Mob mobilisieren, der dann die erwiesenermaßen unfähige Demokratie aufmischt und »denen da oben« auf bekannte Weise Zunder gibt.

München im Jahr 2020: Die Unterschicht probt den Aufstand. Arme, Ausgesonderte, »Marktuntüchtige« randalieren durch die Innenstadt, nehmen sich, was ihnen von der Gesellschaft vorenthalten wird. Der soziale Frieden ist ebenso gefährdet wie der Lebensstandard einer alternden Gesellschaft, in der immer weniger Erwerbstätige für immer mehr Ruheständler aufkommen müssen. Die Sozialsysteme drohen zusammenzubrechen. So stellt sich die Redakteurin der *Frankfurter Allgemeinen Zeitung*, Inge Kloepfer, den Aufstand der Unterschicht vor,[23] der mit großer Wahrscheinlichkeit »auf uns zukommt«, wenn alles so weitergeht wie bisher.

Ob nun tatsächlich etwas auf uns zukommt oder ob wir in Lethargie und Apathie abgleiten oder ob wir es uns in den Verhältnissen gemütlich machen, solange es noch geht – die entscheidende Frage ist und bleibt, was eine Gesellschaft zusammenhält oder auseinanderfetzt, nach welchen Kriterien wir von einem guten und erstrebenswerten Leben reden können. Und im Zentrum all dieser Überlegungen steht immer wieder und immer noch die Frage: Was ist gerecht in einer Gesellschaft?

13 Auch eine Revolution: Radikaler Humanismus

Lasst nicht die roten Hähne flattern, ehe der Habicht schreit.
Lasst nicht die roten Hähne flattern vor der Zeit.
Franz Josef Degenhardt, Joss Fritz

Wir müssen zurück zu den einfachen Dingen. Der Mensch hat nur sich selbst und sein Leben. Das ist ihm nicht gegeben – von einem Gott, von einem Propheten, von einem heiligen Geist, Weltgeist oder sonstigem Geist oder ähnlichen halluzinatorischen Wesen. Der Mensch hat nichts als seine irdische Existenz. Erasmus von Rotterdam, der große Gelehrte des europäischen Humanismus, sagte: »Der Mensch wird nicht geboren, sondern erzogen.« Er hatte unrecht. Bevor der Mensch erzogen werden kann, ist er geboren worden, und dieser Geborene hat – außer seiner körperlichen und geistigen Grundausstattung – auch Rechte. Ernst Bloch stellt in seinem großen Naturrechtsbuch fest: »Es gibt keine *angeborenen* Rechte, sie sind alle erworben oder müssen im Kampf noch erworben werden.«[1] Ja, die muss man sich erkämpfen. Aber man kann nur erkämpfen, was einem zusteht, ohne dass ein anderer die Verfügungsgewalt darüber hat. »Der Mensch hat nur sich selbst« heißt eben auch, dass mit diesem Haben Rechte verbunden sind.

Das Allererste ist die Existenz, daraus erwächst die Einzigartigkeit und Unvergleichbarkeit jedes einzelnen, also des Individuums, des Unteilbaren. Dieser Gedanke ist das Erbe von Renaissance, Humanismus und Aufklärung.[2] Wer über Mensch und Gesellschaft ohne dieses Erbe reden will, mit dem ist nicht zu reden. Mit diesem Erbe im Gepäck kann uns das Gerede vom

Homo oeconomicus zum Beispiel gar nicht stören. Denn wir wissen, dass der Mensch auch dieses sein mag, ja sein muss: Ein wirtschaftender. Aber wir wissen eben auch vom Menschen als Homo faber, also als schöpferisch-produzierender Mensch; als Uomo universale, also als umfassend gebildeter, vielseitig fähiger, universell interessierter und lernbegieriger Mensch; als Entdecker, Forscher, Erfinder; schließlich vom Menschen als selbstbewusstem Einzelnen, der weder den Institutionen noch sonstigen Mächten schicksalhaft ausgeliefert ist.

Diese revolutionäre Wende des Humanismus ist wieder ernst zu nehmen. Es war eine Wende gegen die religions- und theologiezentrierte Vorstellung von Mensch und Welt im Mittelalter. Wo alle Werke und Taten des Menschen gesehen wurden »sub specie dei« und »sub specie aeternitatis«, also unter dem Gesichtspunkt oder angesichts Gottes, angesichts der Ewigkeit. Genau wie seit dem späten 18. Jahrhundert alles »sub specie oeconomiae« gesehen werden sollte. Im Humanismus wird der Mensch dagegen »sub specie hominis« verstanden. Er ist nicht mehr »das erbärmlichste und verächtlichste aller Geschöpfe«, wie noch im 12. Jahrhundert Papst Innozenz dekretieren konnte, sondern ein – von Natur, nicht von Gott – mit Würde und Selbstwert ausgestattetes Wesen. Und die revolutionäre Wende des Humanismus ist – in Ansätzen – auch eine Wende gegen den Anspruch von weltlichen Obrigkeiten auf das Individuum. Ein Anspruch, den dann die europäische Aufklärung deutlicher und radikaler formuliert hat.

Aus der unvergleichlichen Eigenheit und Einzigkeit des Individuums erwächst seine Freiheit. Die kann ihm keiner geben oder schenken, die ist mit ihm gegeben. Natürlich ist das ein emphatischer Begriff von Freiheit, natürlich ist der Mensch »Sklave« seiner biologischen Voraussetzungen und immer auch abhängig von dem, was ihn umgibt, worin er lebt. Natürlich muss jeder einzelne in seinen gesellschaftlichen Umständen und Verhältnissen um seine Freiheit kämpfen, er muss sie verwirklichen und behaupten gegen manche Widerstände. Aber sie kommt aus nichts anderem als aus seiner puren Existenz. Von keiner höheren Macht, ob auf Erden oder in irgendwelchen Himmeln.

Wenn das alles so ist, dann hat das Konsequenzen. Zum Beispiel die, dass diese Eigenheit erste und letzte Instanz ist. Das heißt: Nur das Individuum selbst verfügt über sich, kein anderer hat das Recht dazu. Das heißt auch: Der Mensch ist unberührbar, unverletzbar, untötbar für jeden anderen. Du sollst nicht töten: Das ist als göttliches Gebot nur fehlinterpretiert worden. Es ist Ausfluss von Humanität. Die Eigenheit des einzelnen ist seine Würde, sie ist zu achten. Er hat keine andere. Vor allem keine von »oben« gegebene. Nur so ergibt das Wort Würde einen Sinn.

Insofern die Menschen frei sind, sind sie auch gleich. Nämlich weil alle es sind, weil »keiner mehr oder weniger Mensch ist als der andere«, wie Johann Gottlieb Fichte formulierte. Es gibt keine unterschiedliche »Ausstattung« mit Freiheit. Und gleichzeitig ist der Mensch Individuum im Sinne prinzipieller Andersheit und Unvergleichbarkeit. Also sind alle Menschen tatsächlich ungleich, das macht ihre Individualität aus. Die Vorstellung, dass alle Menschen faktisch gleich seien, ist Ergebnis einer verkommenen, platt gewordenen Aufklärung. Das Gegenteil ist richtig, das sagt uns der Augenschein, das wissen Humanismus und Renaissance, weshalb Bildung in ihrem Sinne auf Entwicklung der individuellen Eigenheit und möglichen Vielfalt jedes einzelnen Menschen zielt und nicht auf Abrichtung von Funktionstypen.

Unantastbarkeit von Leib und Leben – das ist das erste Recht, das sich aus der Faktizität der Existenz ergibt. Darin steckt auch das Recht auf Erhaltung dieser Existenz, also das Recht auf Nahrung, Kleidung, Wohnung. Nicht in dem Sinne, dass aus diesem Recht ein Anspruch an andere erwüchse. Die Tatsache, dass nur das Individuum selbst über sich verfügt, bedeutet auch, dass es – zunächst – für sich verantwortlich ist. Grundsätzlich ist diese Verantwortung nicht abtretbar. Sondern jeder Mensch muss die Möglichkeit haben, für sich und die Erhaltung seiner Existenz zu sorgen. Das heißt: gleicher Zugang zu und gleiche Verfügung über Ressourcen.

Natürlich muss dieses Prinzip der Selbstverantwortung relativiert werden, es gilt – wie gesagt – »zunächst« und »grundsätzlich«. In sozialen Zusammenhängen, und Menschen leben ausschließlich in sozialen Zusammenhängen, ist Verantwortung sehr wohl delegierbar an gesellschaftliche Institutionen. Zum Beispiel die Verantwortung für die Sicherheit, sofern sie über den engeren Bereich des Privaten hinausgeht, die Verantwortung für Lebensrisiken – Krankheit, Berufsunfähigkeit, Arbeitslosigkeit. Aber auch die Verantwortung für solche Menschen, die aus verschiedenen Gründen nicht oder nur bedingt in der Lage sind, für die Erhaltung ihrer Existenz selbst zu sorgen.

Über das Recht auf Leben und Erhaltung dieses Lebens hinaus geht das Recht auf Bildung und Entwicklung. Jeder Mensch muss die Chance haben, das Beste aus sich und seinen Möglichkeiten zu machen. Und wenn diese Möglichkeiten – körperlich und/oder geistig – begrenzt sind, hat er ein Anrecht auf größtmögliche Unterstützung der Gesellschaft.

Ja, und? Das versteht sich doch von selbst, das steht doch so oder so ähnlich in den meisten westlichen Verfassungen, in der Erklärung der Menschenrechte, in Gesetzen, zum Beispiel Sozialgesetzen – wozu jetzt der rhetorische Aufwand? Deshalb: Radikaler Humanismus heißt, dieses alles aus den Grundsatzerklärungen und Sonntagsreden zu übersetzen in gesellschaftliche Wirklichkeit. »Der Mensch steht im Mittelpunkt«, dieser Satz ist längst so heruntergekommen, dass er nicht mal mehr als Parteitagsmotto der Unionsparteien taugt. Er muss wieder radikal ernst genommen werden.

Die Sache an der Wurzel fassen

Auch hier kann Karl Marx mit einem hübschen Zitat dienen. Radikal kommt von Radix, die Wurzel. »Radikal sein«, sagt Marx, »ist die Sache an der Wurzel fassen. Die Wurzel für den Menschen ist aber der Mensch selbst.«[3] Das ist Marxens Aktualisierung der revolutionären Wendung des bürgerlichen Humanismus. Der Mensch und nicht der Markt steht im Zentrum. Oder irgendein System, in dessen geheimnisvollen Gang der Mensch mit seinen sozialromantischen Vorstellungen nicht eingreifen darf, weil sonst alles zuschanden geht.

Das ist die Melodie, die uns von den Apologeten des herrschenden Systems immer gesungen oder gepfiffen wird: Redet nicht von Gleichheit, redet nicht von Gerechtigkeit, das hat alles mit dem Markt nichts zu tun, der kennt nur Freiheit. Und zwar die Freiheit der Marktteilnehmer, sich am Markt durchzusetzen, koste es, was es wolle. Wenn es zu viele Opfer kostet, dann darf der Staat mildernd eingreifen, aber der Gang der Dinge darf auf keinen Fall gestört werden. Das erzählen uns ja nicht nur die Funktionäre von Wirtschaftsverbänden, nicht nur Matadore des Marktliberalismus wie der Herr Professor Sinn, nicht nur turboliberale Politiker, sondern auch ganze Bataillone von Fachleuten in den Wirtschaftsredaktionen großer Zeitungen, in den meinungsbildenden Magazinen, in Rundfunk und Fernsehen. Und das ist schlicht perverses Denken.

Das Denken muss endlich die Richtung ändern. Wirtschaft hat dem Menschen zu dienen und nicht umgekehrt. Ob nun die Globalisierung den Kapitalismus um einige Millionen Umdrehungen beschleunigt hat oder nicht: Das macht die Perversität ja nicht schöner. Und auch die »Argumente«, ohne eine funktionierende Wirtschaft ginge es den Menschen schlecht oder man müsse immer erst erwirtschaften, bevor man was verteilen könne, sind nichts weiter als Kalauer aus der Vorstandskantine. Denn sie sollen davon ablenken, dass die Menschen nicht leben, um einem Wirtschaftssystem zu dienen, sondern dass die Menschen wirtschaften, um ihre Lebensgrundlagen zu sichern. Und dass danach das Leben anfängt.

Und die Menschen wollen, wie zu zeigen war, dass es in dieser Welt gerecht zugeht. In einem sehr umfassenden Sinn. Natürlich bezieht sich das grundsätzlich darauf, dass Gesetze gerecht sind, also alle gleich behandeln, dass sie auch von allen eingehalten werden, dass Verfahren gerecht gehandhabt werden und dergleichen mehr. Gerecht heißt im Empfinden der allermeisten Menschen aber auch Rechtschaffenheit, Aufrichtigkeit. In dem altmodischen Sinn: »Das ist ein gerechter Mann.« Also kein windiger, winkliger, verschlagener, schmieriger Typ. Und wenn Wirtschaftsbosse korrupt sind und gierig und Steuerbetrüger und Kapitalflüchtlinge, wenn Politiker lügen und opportunistisch und bestechlich sind, dann empfinden die Menschen das als Unrecht, das ihnen und der Gemeinschaft angetan wird. Und fühlen sich selbst auch nicht mehr zu Rechtschaffenheit verpflichtet.

Gerecht ist das dem Menschen Gemäße, das, was ihm zukommt. Dafür haben die meisten ein feines Gespür. Und damit ist nicht nur »Verteilungsgerechtigkeit« gemeint, bei der jeder das vom Kuchen abbekommt, was ihm zusteht. Sondern eben auch, dass es insgesamt gerecht zugeht, dass nicht nur jeder einen gerechten Anteil bekommt, sondern auch das Seine beiträgt, seinen Anteil am gerechten Ganzen leistet. Die vielzitierte Anspruchsmentalität – ja, sie ist ein Übel, sie geht einem ziemlich auf die Nerven.

Aber schauen wir auf Unternehmen, die sich »vom Staat« in nichts hineinreden lassen wollen, aber jede Art von Subvention abgreifen, um dann Arbeitsplätze zu vernichten; die jede Art von Mist bauen, um dann nach »dem Staat« zu rufen; die Produktionen ins billige Ausland verlagern, deren Auslandstöchter Verlust machen, damit die Inlandsbilanzen nicht zu glänzend sind, die sich von hochbezahlten Steuerberatern arm rechnen lassen, damit sie kaum noch Steuern zahlen müssen; die sich jeder Sozialität konsequent entziehen, also im engsten Sinne des Wortes asozial sind, deren Topmanager aber in Deutschland ganz selbstverständlich Straßen, Verkehrsmittel, Kindergärten, Schulen, Universitäten und jede Art von Infrastruktur nutzen, bezahlt von »normalen« Steuerzahlern, also auch von ihren Arbeitern und Angestellten. Und wir müssen uns wieder und wieder erzählen lassen, dass das nicht anders geht, weil das System nur so funktioniert.

Ja, dann bleibt uns doch gestohlen mit eurem System. Was nicht dem Menschen dient, kann in dieser Menschenwelt keinen Platz haben. Wir müssen wieder konsequente Ptolemäer werden, wie Friedrich Dürrenmatt das nach der Mondlandung im Jahr 1969 vorgeschlagen hat: »Der Weltraumflug hat nur dann einen Sinn, wenn wir durch ihn die Erde entdecken und damit uns selber. Am 20. Juli 1969 bin ich wieder Ptolemäer geworden (Ptolemäus nahm an, dass die Erde im Mittelpunkt des Universums ruhe).«[4]

Auf dieser Menschenwelt müssen wir Menschen Ptolemäer sein. Es dreht sich alles um uns, es muss sich in einem emphatischen Sinn alles um uns drehen. Das ist keine Hybris, keine Unbescheidenheit, sondern Voraussetzung dafür, dass wir uns durch allerlei mythische, religiöse, metaphysische Betrügereien nicht mehr von unserer Sache ablenken lassen. Es ist radikaler Humanismus. Alles Gerede davon, wie klein wir doch sind, nur ein Bruchteil eines Staubkorns im Universum, oder wie klein wir vor Gott sind, was für ein Gott das auch gerade sein mag, oder wie unwichtig alles irdische Streben doch sei angesichts der Wichtigkeit der Ewigkeit und des ewigen Lebens, in welcher Religion auch immer – das alles dient der Ablenkung davon, dass wir uns und für uns wichtig sind, dass unsere Diesseitigkeit den einzigen für uns benennbaren Wert hat.

Ja, es gibt ein Leben vor dem Tod, nämlich unseres. Sonst keins. Die quasi-religiöse Ausrichtung des Marktwirtschaftsprinzips arbeitet auch mit diesem »Du bist nur ein Stäubchen« oder ein »Rädchen« im Getriebe.[5] Wir müssen dagegen darauf bestehen: Wir sind die Hauptsache, und diese Menschenwelt zu einer menschen-lebenswerten Welt zu machen, das ist unser Menschenwerk. Wenn ein Markt, ein System, eine »Wirtschaft«, die nun mal so ist, wie sie ist, uns daran hindern, dann müssen wir uns von ihnen verabschieden.

Der Kapitalismus ist nicht gerecht, hatten wir gesehen, will und kann es nicht sein. Kann es nicht sein wollen, muss man genauer sagen. Die ehrlichen Verteidiger der kapitalistischen Ordnung sagen das auch so und setzen hinzu: Da der Kapitalismus aber für den Wohlstand aller sorgt, ist es nicht so schlimm, wenn nicht alle gleich daran teilhaben. Wenn das aber nicht mehr funktioniert, wird es eng. Wenn immer mehr und am Ende nur noch »die da oben« vom System profitieren, dann sagen die anderen, die immer mehr werden, irgendwann: »Tschüss, ihr da oben.«

Neuer Sozialismus?

Wenn wir tschüss sagen, wohin gehen wir dann? Die Ära des Turbokapitalismus ist zu Ende, der Kapitalismus ist am Ende, die Marktwirtschaft hat versagt, die Welt steht vor einer Neuordnung – so tönt es in Zeitungen und Magazinen. Und nicht etwa in linksradikalen Sektenzirkularen. Sondern in der etablierten bürgerlichen Presse bis hin zu den Wirtschaftsmagazinen. Aber was kommt nach diesem Ende?

Vorschläge gibt es. Zum Beispiel von der sogenannten schottischen Schule: Paul Cockshott, Computerwissenschaftler an der Universität Glasgow, und Allin Cottrell, schottischer Wirtschaftswissenschaftler, der inzwischen an der Wake Forest University in den USA lehrt. Die beiden haben 1993 ein Buch mit dem Titel *Towards a New Socialism*[6] veröffentlicht, das explizit gegen den ihrer Meinung nach immer stärker werdenden Einfluss der marktradikalen Theoretiker Ludwig von Mises und Friedrich August von Hayek gerichtet war.

»Hayek und Mises nannten drei Gründe, warum Sozialismus nicht funktionieren kann: Zum einen fehle es an einem Maß für die Effektivität der Wirtschaft; zum zweiten sei die Komplexität der Wirtschaft so groß, dass man Millionen Gleichungen lösen müsse, um die Wirtschaft ordentlich planen zu können, was nicht möglich sei; zum dritten meinten sie, die Möglichkeit, tatsächliches Wissen über die Wirtschaft zu erlangen und dieses öffentlich zu machen, sei im Sozialismus nicht gewährleistet.«[7] Drei falsche Einwände, sagen Cockshott und Cottrell, vor allem die Verarbeitung von Wirtschaftsdaten sei kein Problem. Der Computer kann das, er kann zum Beispiel den Arbeitswert errechnen. »Die Input-Output-Tabelle für eine Wirtschaft zeigt, wie viel von einem Produkt verwendet wird, um den End-Output zu erreichen. Diese Berechnung lässt sich für die Planung verwenden, um festzustellen, wie viel Arbeit in jeder Ware steckt.«[8] Und weiter: »Bei Wettervorhersagen sind weitaus mehr Rechenschritte erforderlich.«

Der Kern des Modells sind elektronische Arbeitskonten[9]: »Wir schlagen vor, dass die Menschen den vollen Wert ihrer Arbeit erhalten, wobei, wie Marx erläuterte, etwas für Steuern und Versicherungen abgezogen werden muss. Das sollte aber nicht mehr versteckt erfolgen, sondern die Abgaben sollten auf der Grundlage einer Abstimmung in der Bevölkerung explizit einberechnet werden. An diesem Punkt ist die Mehrwertproduktion nicht mehr Ausbeutung, sondern eine freiwillige Entscheidung, sie bedeutet: Wie viele Stunden am Tag gibt man freiwillig der gesamten Gesellschaft?«[10] Es gibt also Arbeitsgutscheine, die den geleisteten Zeiteinheiten entsprechen. Die kann man nicht verkaufen, nicht übertragen und auch nicht als Werte anlegen, also sie verzinsen sich nicht.

Entscheidende Frage: Wie berechne ich, was eine Arbeit wert

ist, das heißt, wie reduziere ich Arbeit (also Leistung) auf Zeit, Qualität auf Quantität? Die Autoren fragen umgekehrt: Wie viel kostet die Arbeit die Gesellschaft? Zum Beispiel die eines Flugzeugpiloten. Antwort: Das lässt sich berechnen. Da ist seine Arbeitszeit, dann der Aufwand, der für seine Ausbildung betrieben worden ist, das, was seine Ausbilder gekostet haben, Spritkosten und dergleichen mehr. Das kann man alles ausrechnen, zum Beispiel auch, wie viel zusätzliche Arbeit für den Job eines Piloten im Vergleich zum Busfahrer notwendig ist. Oder Busfahrer zum Professor. Oder Putzfrau zum Bankdirektor.

Das geht natürlich nicht, sagt die herrschende Klasse. Denn der Pilot, der Professor, der Bankdirektor sind höher qualifiziert als Busfahrer und Putzfrau. Kein Argument für Cockshott und Cottrell: »Wir sagen nun, dass man zunächst separat betrachten muss, wie viel es die Gesellschaft kostet, jemanden auszubilden. Denn die Ausbildungskosten werden in einer sozialistischen Wirtschaft von der Gesellschaft getragen.«[11] Das Argument, dass höherqualifizierte Arbeit auch höher bezahlt werden muss, ist für die Autoren damit hinfällig, weil die Qualifikation schon bezahlt worden ist.

Auch unterschiedliche Produktivität soll berücksichtigt werden, und zwar durch die Einführung von drei Kategorien: Kategorie B ist der Mittelwert, entspricht also der durchschnittlichen Produktivität des jeweiligen Berufes, Kategorie A liegt darüber, Kategorie C darunter.

Und sonst geht alles streng basisdemokratisch zu. Über Steuern, Verteilung des Nationalvermögens, Investitionen und dergleichen soll in Volksabstimmungen entschieden werden. Bürgerkontrollkomitees, die wie öffentlich-rechtliche Einrichtungen konstruiert sind, regulieren und kontrollieren und treffen wirtschaftliche Entscheidungen. Dabei orientieren sich die Autoren explizit am Vorbild der klassischen griechischen Polis-Demokratie.

Eine Planungsbehörde soll über alle kollektiven Produktionsmittel verfügen, außer denen der lokalen Gemeinschaften. Werke, Betriebe, Institutionen koordinieren ihre Prozesse selbst, haben daher also Verfügung über die Arbeitswertrechnung, aber sie können nicht kaufen oder verkaufen.

Individuen haben Recht auf privaten Besitz, Häuser, Verbrauchsgüter, aber nicht auf Aktien, Anleihen, produktives Kapital. Damit darf nur kollektiv gearbeitet werden. Sie dürfen auch niemanden für sich arbeiten lassen oder selbst für jemanden arbeiten. Also ist Selbständigkeit als Unternehmensform möglich, aber eben begrenzt. Grundeigentum ist öffentlich. Die natürlichen Ressourcen stehen unter dem Regime eines Umwelttrusts.

Arno Peters und die Äquivalenzwirtschaft

Mitte der neunziger Jahre entwickelte der Bremer Historiker Arno Peters eine Theorie der Äquivalenz-Ökonomie, die einige Ähnlichkeiten mit dem Ansatz der schottischen Schule aufweist. Seit Beginn ihrer Wirtschaftsgeschichte, sagt Peters, lebte die Menschheit fast 800 000 Jahre lang in einer äquivalenten Ökonomie, in der Güter getauscht werden, die die gleiche Menge Arbeit enthalten. Vor etwa 6000 Jahren wurde mit der nicht-äquivalenten Ökonomie die Wirtschaft auf eine neue Grundlage gestellt. In deren Mittelpunkt steht die freie Entfaltung der Wirtschaft, deren entscheidende Antriebskraft das individuelle Gewinnstreben ist.

»Handel und private Aneignung des Bodens führen zur Dienstbarmachung des Menschen durch den Mitmenschen, an die Stelle der alten Solidarität zwischen Freien und Gleichen treten Befehl und Gehorsam zwischen Herr und Knecht. Der Staat entsteht als stabilisierender Ordnungsfaktor einer sich zunehmend feindlich gegenüberstehenden Menschengemeinschaft: Macht und Zwang im Innern, Krieg, Raub, Unterwerfung, Ausbeutung im Verhältnis der Stämme und Völker untereinander. Militärische Organisation, auch der Wirtschaft, ersetzt das natürliche Wachstum der menschlichen Gemeinschaft. Reichtum und Armut entstehen.«[12]

Peters versucht nun in einem interessanten Bogen zurück zu den alten Griechen den Rückgang zur äquivalenten Ökonomie zu begründen: Aristoteles definiert die Ökonomie als Kunst der Hausverwaltung, als natürliche Erwerbskunst, die auf Bedarfsdeckung und Bedürfnisbefriedigung zielt. Die Ökonomie beschäftigt sich mit der Beschaffung und Bewahrung der Güter, die für das Haus oder den Staat nützlich und notwendig sind: »In diesen Dingen besteht ja auch wohl einzig der wahre Reichtum.«[13]

Daneben kennt Aristoteles die Chrematistik als Kunst des Gelderwerbs, eine widernatürliche Erwerbskunst, die nur auf Anhäufung von Reichtum, auf endlose Vermehrung von Geld zielt. »Sie wird mit Recht getadelt, weil sie nicht der Natur folgt, sondern auf Ausbeutung ausgeht. (...) Deshalb ist diese Art des Erwerbs die allernaturwidrigste.«[14]

Die Rückkehr zur äquivalenten Ökonomie wird also begründet als Abkehr von einer widernatürlichen Erwerbsform zugunsten einer natürlichen. In dieser Äquivalenzwirtschaft »entspricht der Lohn der aufgewendeten Arbeitszeit, unabhängig vom Lebensalter, vom Geschlecht, vom Familienstand, von der Hautfarbe, von der Staatsangehörigkeit, vom Wesen der Arbeit, von der körperlichen Anstrengung, von der Vorbildung, von der Beanspruchung, von der Fertigkeit, von der Berufserfahrung, von der persönlichen Hingabe an die Arbeit, unabhängig auch von der Schwere der Arbeit und deren gesundheitlichen Gefahren – kurz: Der Lohn entspricht der Arbeitszeit direkt und absolut. Die Preise entsprechen den Werten, und sie enthalten nichts anderes als den vollen Gegenwert der in den Gütern verkörperten Arbeit.«[15]

Auf diese Weise sollen auch Dienstleistungen entlohnt werden und alle »Tätigkeiten, deren Ergebnisse nicht unmittelbar in Güter eingehen«. Dazu gehört auch der Handel, dazu gehört Unternehmertätigkeit. Alle öffentlichen Tätigkeiten, die keine Werte schaffen (Bildung, Gesundheitspflege, Altersvorsorge, Rechtsprechung, Verwaltung), sollen über Steuern bezahlt werden. Maßstab ist auch hier die geleistete Arbeitszeit. »So reduziert sich der ganze Wirtschaftsvorgang auf individuelle Leistungen zum Zwecke bestmöglicher allgemeiner Bedürfnisbefriedigung. Das Äquivalenzprinzip ist durch die Entsprechung von Leistung und Gegenleistung auf allen Ebenen verwirklicht.«[16]

Wie die schottische Schule, so ist auch Arno Peters überzeugt, dass die allgemeine Computerisierung den Übergang in die äquivalente Ökonomie erleichtern wird. »Die weltweite Ermittlung des Bedarfs (einschließlich der Rangordnung dieser Bedürfnisse), die Lenkung der Produktion (einschließlich der Errichtung neuer Produktionsstätten) und die Verteilung von Gütern und Dienstleistungen wäre vom Computer bereits heute zu bewältigen.«[17] Konrad Zuse, der Erfinder des Computers, hat dafür das Wort »Computer-Sozialismus« geprägt.[18] In einem Vortrag im Deutschen Museum München im Jahr 1993 erklärte Zuse, »dass der Computer letzten Endes dazu dient, die Belange der Gesellschaft zu lösen. (...) Mir schwebt so etwas vor wie eine Art Computer-Sozialismus.«[19]

Sozialismus des 21. Jahrhunderts

Der deutsche Sozialwissenschaftler Heinz Dieterich (eigentlich Heinz Dieterich Steffan) lebt seit Mitte der siebziger Jahre in Lateinamerika und ist seit 1977 Professor für Soziologie und Methodologie an der Universidad Autónoma Metropolitana in Mexiko-Stadt. Er engagiert sich für lateinamerikanische Befreiungsbewegungen, liefert Analysen für Boliviens Präsident Evo Morales, für Ecuadors Präsidenten Rafael Correa, er ist ein Vertrauter von Venezuelas Präsident Hugo Chávez. Er ist so etwas wie der Chefideologe linker Bewegungen in Südamerika, die sich alle auf seine Theorie eines »Sozialismus des 21. Jahrhunderts« berufen. In Venezuela ist dies sogar die offizielle Bezeichnung für den neuen Weg unter Hugo Chávez.

Dieterichs Kernthese: Weder der industrielle Kapitalismus noch der sogenannte real existierende Sozialismus haben es vermocht, »die drängenden Probleme der Menschheit wie Armut, Hunger, Ausbeutung, Unterdrückung ökonomischer, sexistischer und rassistischer Natur, die Zerstörung der natürlichen Lebensgrundlagen und das Fehlen einer real teilhabenden Demokratie zu lösen«.[20] Der Sozialismus ist verschwunden, der Kapitalismus ist noch da. Aber: »Niemand (...) kann glauben, dass der Kapitalismus ein System für die Zukunft ist, welches der Menschheit das geben wird, was sie schon immer gefordert hat: Frieden, Würde, reale Demokratie und soziale Gerechtigkeit.«[21]

Dieterich entwickelt sein Konzept in enger Anlehnung an die Äquivalenztheorie von Arno Peters. Das gegenwärtige System, so die Annahme, befindet sich in der Übergangsphase zur postkapitalistischen Zivilisation. Auch Dieterichs Modell basiert auf gesellschaftlicher Planung, gestützt durch höchstentwickelte Computersysteme. Eine Planung, die Freiheit, Gleichheit und Gerechtigkeit nicht einengen und ersticken, sondern überhaupt erst ermöglichen soll. Maßstab soll die Arbeitswertlehre sein, die eine gerechte Beurteilung von Leistung und eine gerechte Verteilung von Gütern gewährleisten soll.

Gleichzeitig soll Planung nicht »von oben« kommen, eben keine Kommandowirtschaft, sondern demokratisch legitimiert sein. Gesellschaftliche Teilhabe von kritisch-verantwortlichen, selbstbestimmten Subjekten ist erklärtes oberstes Prinzip des »Sozialismus des 21. Jahrhunderts«. In Dieterichs Worten: »Der Markt und sein Preiskalkül als fünftausendjähriger obsoleter Modus der Ressourcenverteilung, ersetzt durch Mehrheitendemokratie und wertökonomisch operierendes, elektronisch gesteuertes gesellschaftliches Produktiveigentum, das wäre das geschichtliche Ende der bürgerlichen Klasse.«[22]

Ein weiteres Modell für das 21. Jahrhundert[23] haben die US-amerikanischen Autoren Michael Albert und Robin Hahnel seit den achtziger Jahren entwickelt, ein postkapitalistisches Wirtschafts- und Gesellschaftsmodell, das auf umfassender Teilhabe aller Menschen beruht. Das heißt: Jeder muss an den Entscheidungen, die ihn betreffen, beteiligt werden. Und zwar in dem Ausmaß, in dem er davon betroffen ist. Da der Markt ohne dieses Mitspracherecht funktioniert, soll das Marktsystem überwunden werden. Ebenso das Privateigentum an Produktionsmitteln, da dieses den Eigentümern überproportionalen Einfluss auf ökonomische Entscheidungen gibt. Was produziert werden soll und wie, wie viel produziert werden soll und von wem – diese und andere Fragen betreffen alle, werden aber nur von wenigen entschieden.

Albert und Hahnel nennen ihr Modell Parecon, das steht für Participatory Economics, also partizipatorisches Wirtschaften. Ziel ist eine solidarische und selbstorganisierte Gesellschaft, in der auf lokaler, regionaler und überregionaler Ebene »councils« über Produktion und Verteilung von Gütern und Dienstleistungen und Einsatz von Investitionen beraten und entscheiden. Dieses weit gespannte Netz von Räten soll nicht nur Privateigentum und Ausbeutung überwinden, sondern auch zentralistische Planwirtschaft, autoritäre Staatsgebilde und die Entstehung neuer Klassen vermeiden.

Ja, und jetzt?

Natürlich schleppen solche Entwürfe eine Menge Probleme mit sich. Zunächst die Planwirtschaft: Da ziehen sich einem die Därme zusammen, denn der Begriff erinnert an DDR und LPG und Sowjetunion und Kolchosen und Sowchosen, also an lauter

Menschenunfreundliches. Allerdings: Der Kapitalismus tut immer nur so, als sei Planwirtschaft etwas völlig Fremdes und Systemwidriges. In jedem System muss geplant werden, wer als Wirtschaftstreibender auf Planung verzichtet, tut das um den Preis seines Untergangs. Natürlich eruiert ein Hersteller den Bedarf für sein Produkt und plant aufgrund dessen seine Produktion. Wer am Bedarf vorbei produziert, scheitert. Die angebliche Marktwirtschaft, die durch Angebot und Nachfrage reguliert wird, ist längst eine planende Bedarfsdeckungswirtschaft geworden.

Besonders plastisches Beispiel: die Just-in-time-Produktion. Ein Produkt wird genau dann fertiggestellt, wenn es benötigt wird. In der Automobilindustrie zum Beispiel werden die Zulieferteile erst dann abgerufen, wenn sie benötigt werden. Mithin wird nur noch ein geringer Lagerbestand in Fließbandnähe vorgehalten. Dafür müssen die Verbrauchsmengen exakt geplant werden, die Zeitabläufe in der Produktion, bei der Lieferung.

Perfekt wird das System dann, wenn auch der Bedarf der Verbraucher geplant werden kann. Der große Vorteil ist die Kosteneinsparung: Die Lagerhaltung wird drastisch reduziert, dadurch wird weniger Raum benötigt, auch weniger Arbeitskräfte, kürzere Wege. Ein großer Nachteil: Das Lager wird auf die Straße verlegt, das Verkehrsaufkommen erhöht sich, die gesellschaftlichen Kosten – erhöhter Energieverbrauch, Luftverschmutzung, Lärmbelästigung, Straßenschäden, Staus – steigen. Aber die werden ja in marktwirtschaftlichen Gesamtrechnungen gerne mal vergessen.

Wichtig ist aber: Wirtschaftsplanung ist ein selbstverständliches Element auch und gerade der kapitalistischen Wirtschaftsweise. Die entscheidende Frage ist, was und wozu geplant wird: zur Maximierung des Profits oder zur Optimierung der Versorgung aller Menschen. Und dabei ist wiederum entscheidend, wer Bedürfnisse und deren Befriedigung definiert. Das soll in den vorgestellten Modellen ja mehr oder weniger basisdemokratisch geregelt werden. Entsprechende Institutionen müssten freilich noch erfunden werden.

Eins ist klar: Dass von Staats wegen Inhalte und Ziele von Produktion und Konsumtion vorgegeben werden und ein Staatskommissar die Einhaltung dieser Vorgaben überwacht, ist und bleibt eine Horrorvorstellung. Genau wie eine Wirtschaft, die glaubt, nicht ohne Konsumtaumel leben zu können und dazu zunehmend manipulativ Bedürfnisse erzeugt unter der Maßgabe, sie befriedigen zu wollen oder zu müssen. Die zentrale Vorausplanung »realsozialistischer« Art war starr, einlinig, nicht lernfähig. Korrekturen waren nicht vorgesehen, Innovation war nicht vorgesehen, menschliche Phantasie war nicht vorgesehen. Denn all dies hätte den Status der Planer gefährdet und die Legitimität der Zentrale in Frage gestellt. Und so kam es unter anderem zu dem Problem, dass die Menschen in der DDR nicht kaufen konnten, was sie wollten. Im vereinten Deutschland haben sie das Problem, kaufen zu können, was sie nicht wollen. Da muss es einen Mittelweg geben, ein Miteinander von Vorausplanung und begleitender, notfalls eingreifender Kosten-Nutzen-Rechnung; ein Miteinander, das schon immer zum vernünftigen Verhalten des »ehrbaren Kaufmanns« gehörte.

Im Prinzip ist zwar nicht einzusehen, warum jemand gehindert werden soll, Blödsinn zu produzieren oder Blödsinn zu kaufen. Aber ein gesellschaftliches Gremium, einen Produktions- und Konsum-Kulturrat, der den Kern des Wirtschaftens definiert, den könnte man sich schon vorstellen. Andererseits bleibt die Gefahr, dass Planungsverfahren, auch wenn sie noch so gut demokratisch legitimiert sind, bürokratisch und/oder »expertokratisch« entarten. Da bilden sich dann Eliten und Machtapparate heraus, neue Klassenstrukturen, die der demokratischen Kontrolle flugs entschlüpfen. Das Maß muss immer das Menschengemäße sein.

Problem Arbeitswert

Das nächste Problem ist die Ermittlung des Arbeitswerts und die »Bezahlung« in Arbeitszeit-Zertifikaten. Damit würde tendenziell das Geld abgeschafft und damit ein Sack voller Probleme der marktkapitalistischen Produktionsweise. Die schlichte Gleichung Wert der Arbeit gleich geleistete Arbeitszeit bei Arno Peters allerdings kann der komplexen Wirklichkeit moderner arbeitsteiliger Gesellschaften kaum gerecht werden. Aber selbst wenn man, wie in der »schottischen Schule«, einen Faktor für Produktivität einsetzt und wenn berufliche Qualifizierung von der Gesellschaft bezahlt wird, also dem einzelnen nicht mehr als »Verdienst« zugerechnet werden kann, dann bleibt immer noch ein Problem mangelnder Differenzierung.

Nichts gegen die Gleichung: Fünfzig Arbeitsstunden eines Professors sind genauso viel wert wie fünfzig Arbeitsstunden einer Putzfrau. Denn wir gehen in postkapitalistischen Systemen ja davon aus, dass die Qualifikation des Professors gesellschaftlich »eingepreist« ist. Aber wie will ich die Leistung eines Künstlers, eines Musikers, eines Zirkusakrobaten, eines Kabarettisten bewerten? Zu schweigen von den Stars der Unterhaltungsindustrie, von Popsängern bis zu Fußballmillionären. Wenn Menschen bereit sind, ihren Lieblingen Phantasiesummen für etwas zu bezahlen, was mit keiner Form von Objektivität gemessen werden kann, dann wird's schwierig.

Welche Rolle soll die Arbeitsintensität spielen? Sind fünfzig Stunden eines Verwaltungsbeamten tatsächlich gleichwertig mit fünfzig Stunden, die ein verschrobener Tüftler mit großer Hingabe an seiner – gesellschaftlich möglicherweise ziemlich unbedeutenden – Verbesserung des Kugelschreibers arbeitet? Was ist mit Ideen, mit Innovation, welche Rolle spielt Fleiß? Oder Faulheit? Jeder hat ein Recht auf Faulheit, und der frühere Bundeskanzler Gerhard Schröder hatte unrecht, als er meinte, das Gegenteil dekretieren zu können. Aber die Gesellschaft muss Faulheit nicht bezahlen. Sie sollte aber Fleiß würdigen.

Leistung ist ein emanzipatorischer Begriff, der durch den parteipolitisch missbrauchten Slogan »Leistung muss sich wieder lohnen« zum politischen Kalauer wurde. Das Leistungsprinzip war die Maxime der bürgerlich-selbstbewussten Gesellschaft, die sich mit dieser Maxime zu befreien suchte vom feudalen Privilegiensystem. Das Bürgertum der Aufklärung ersetzt das blinde Herkunftsgewinnlertum durch ein leistungsspezifisches Gewinnstreben in einer Gesellschaft der Freien und Gleichen. Die Perversion dieser Befreiung: Die Freien und Gleichen streben leistungsspezifisch nach Gewinn, bis sich die schwächeren Freien und Gleichen den stärkeren geschlagen geben müssen. So leisten immer mehr Freie und Gleiche für immer weniger Freiere und Gleichere viel, damit Letztere sich das Ihrige leisten können. Will sagen: Die Ziele des Leistungsstrebens sind dem Strebenden entfremdet, von ihm nicht mehr wählbar, bestimmbar.

Hinter diese Perversion muss eine »gerechte« Gesellschaft zurück, sie muss die individuelle Bestimmbarkeit der Leistungsinhalte und -ziele zurückgewinnen. Menschen sind stolz auf das, was sie geleistet haben. Derlei nennt man altmodisch »Handwerkerstolz«, und dessen Geltung hat auch etwas mit der Würde des einzelnen und seiner Selbstbestimmung zu tun. Die Denunziation dieser Leistungskategorie hat mit Menschenfreundlichkeit nichts zu tun.

Wenn es um die Menschen geht und nicht um das System, dann muss das System die faszinierende Vielfalt der Individuen nicht etwa nur »berücksichtigen«, weil's nun mal nicht anders geht, sondern positiv würdigen. Es geht um das, was Marx die »allseitige Entwicklung der Individuen«[24] genannt hat. Die Marktwirtschaft behauptet, das zu tun, indem sie angeblich jeden machen lässt, was er will. Tatsächlich hat in ihr nur der eine Chance, der marktkompatibel ist. Es kann keine postkapitalistische Gesellschaft geben, die dieses Versprechen der Marktwirtschaft nicht einlöst. Das System, jedes System muss Garantie der Buntheit und Lebendigkeit der Individualitäten sein.

Karl Marx hat im Zusammenhang mit der Kritik an der Religion gesagt: »Die Kritik hat die imaginären Blumen an der Kette zerpflückt, nicht damit der Mensch die phantasielose, trostlose Kette trage, sondern damit er die Kette abwerfe und die lebendige Blume breche.«[25] Will eine postkapitalistische Gesellschaft nicht zur Karikatur dessen verkommen, was Kritiker allen sozialistischen Vorstellungen immer als Gleichmacherei vorwerfen, dann muss das Arbeitswert-Modell entschieden differenziert werden.

Dazu gehört auch, dass Unternehmertum im Sinne von Initiative und Wagemut gesellschaftlich honoriert wird. Auch hier behauptet der Kapitalismus, ein Hort solcher Tugenden zu sein. Er ist tatsächlich ihr Grablicht, indem er dem unternehmerischen Einzelnen immer noch verspricht, es vom Tellerwäscher zum Millionär oder vom Garagenbastler zu Bill Gates zu schaffen, aber ihm gerade noch erlaubt, eine Ich-AG zu bilden. Der Handwerker, der eine »Marktlücke« entdeckt hat, der Computerfreak, der eine neue Idee für Internetkommunikation hat, der Landwirt, der Kartoffeln und Kartoffelschnaps herstellt und dies Doppelprodukt auf dem Wochenmarkt anbietet – wenn die Menschen bereit sind, deren »unternehmerischen« Impetus zu honorieren, dann soll sie keiner durch Pochen auf Arbeitswertscheine daran hindern.

Problem Eigentum

Im Postkapitalismus der beschriebenen Art soll das Eigentum zwar nicht abgeschafft, aber doch sehr eingeschränkt werden. Für viele eine schreckliche Vorstellung. »Ihr entsetzt euch darüber, dass wir das Privateigentum aufheben wollen. Aber in eurer bestehenden Gesellschaft ist das Privateigentum für neun Zehntel ihrer Mitglieder aufgehoben, es existiert gerade dadurch, dass es für neun Zehntel nicht existiert. Ihr werft uns also vor, dass wir ein Eigentum aufheben wollen, welches die Eigentumslosigkeit der ungeheuren Mehrzahl der Gesellschaft als notwendige Bedingung voraussetzt.«[26] So steht's im *Kommunistischen Manifest*. Wird aber noch schlimmer: »Der Kommunismus nimmt keinem die Macht, sich gesellschaftliche Produkte anzueignen, er nimmt nur die Macht, sich durch diese Aneignung fremde Arbeit zu unterjochen.«[27]

Natürlich ist und bleibt der Eigentumsbegriff ein Grundproblem kapitalistischer Gesellschaften. Eigentum lässt sich auch innerhalb dieser Ideologie nicht wirklich begründen. Frühe Theoretiker des Kapitalismus wie John Locke erklären Eigentum aus Natur plus Arbeit: Was der einzelne durch Arbeit der Natur hinzufügt, also was er »erarbeiten« kann, das gehört rechtmäßig ihm. Und auch Adam Smith, auf den sich so viele Ideologen des Marktkapitalismus berufen, geht von einem solchen Zustand aus: »Ursprünglich, vor der Landnahme und der Ansammlung von Kapital, gehört dem Arbeiter der ganze Ertrag der Arbeit. Er muss weder mit einem Grundbesitzer noch mit einem Unternehmer teilen.«[28] Wie aber kommt es nun zu »Landnahme« und »Ansammlung von Kapital«? Es geschieht einfach. Einer nimmt sich was, und die anderen gucken in die Röhre. Das meinte Pierre Joseph Proudhon mit seinem Slogan »Eigentum ist Diebstahl«.

Nun wird auch eine postkapitalistische Gesellschaft das Eigentum nicht einfach aufheben können. Jedenfalls nicht so schnell. Keinem Arbeiter wird die Villa im Tessin weggenommen, keinem das Auto, das Segelboot, das Reitpferd. Und auch »Oma ihr klein Häuschen« bleibt unangetastet. Und das Privateigentum an Produktionsmitteln, Dreh- und Angelpunkt der Marxschen Theorie, muss uns auch nicht weiter interessieren. Wenn es die Schleifmaschine des Steinmetzen ist, die Drehbank des Drechslers, die Fräse des Werkzeugmachers, das Taxi des Kleinunternehmers.

Aber wenn Produktionsmittel Instrumente der Ausbeutung sind, dann muss man schon mal fragen, ob deren private Aneignung gesellschaftlich erwünscht sein kann. Erst recht gilt das für Ressourcen, für Schlüsselindustrien, für Banken – mit welchem Argument man überhaupt noch die privatwirtschaftliche Organisation der Finanzindustrie rechtfertigen will, erschließt sich immer weniger Menschen. Freilich spricht gerade bei Banken auch wenig für Verstaatlichung. Noch schlimmer und dümmer, als Landesbanken in der Finanzkrise agiert haben, geht's kaum noch.

Nun muss Verstaatlichung nicht der letzte Ausweg sein. »Wenn Unternehmen monopolartige Bedeutung haben, können sie in Gemeineigentum übergeführt werden.« So geht's ja auch. »Wenn der Unternehmenszweck besser in gemeinwirtschaftlicher Form erreicht werden kann, soll das Unternehmen verstaatlicht werden.« Oder so: »Schlüsselindustrien dürfen wegen ihrer überragenden Bedeutung für die Wirtschaft des Landes nicht in Privateigentum stehen.« Diese entsetzlichen Forderungen stehen nicht in irgendwelchen kommunistischen Brevieren, sondern in den Verfassungen von Rheinland-Pfalz, Nordrhein-Westfalen, Bremen und des Saarlands. Bayern macht da keine Ausnahme. »Für die Allgemeinheit lebenswichtige Produktionsmittel, Großbanken und Versicherungsunternehmen können in Gemeineigentum übergeführt werden, wenn die Rücksicht auf die Gesamtheit es erfordert.« Sagt Artikel 160 der bayerischen Landesverfassung.

Das sind keine Skurrilitäten von Länderverfassungen, die zum Teil vor dem Grundgesetz entstanden sind und somit noch den antikapitalistischen Überschwang der unmittelbaren Nachkriegszeit atmeten, in der es auch für Christdemokraten denkbar war, den Kapitalismus zu geißeln und den Sozialismus zu fordern. Wenigstens programmatisch. Nein, auch im Bund wurde so gedacht, die »Mütter und Väter« des Grundgesetzes waren da ziemlich rigoros. »Grund und Boden, Naturschätze und Produktionsmittel«, heißt es in Artikel 15, »können zum Zwecke der Vergesellschaftung durch ein Gesetz, das Art und Ausmaß der Entschädigung regelt, in Gemeineigentum oder in andere Formen der Gemeinwirtschaft überführt werden.« Im Artikel davor steht der berühmte Satz: »Eigentum verpflichtet. Sein Gebrauch soll zugleich dem Wohle der Allgemeinheit dienen.« Und weil das so ist, kennt das Grundgesetz auch die Möglichkeit der Enteignung. Und zwar »zum Wohle der Allgemeinheit«. Offensichtlich ist seit 1949 noch niemand ernsthaft auf die Idee gekommen, dass das »Wohl der Allgemeinheit« einmal anders definiert werden könnte denn als »Wohl der Wohlhabenden«. Das ging ja auch so lange gut, wie »Wohlstand für alle« ein nicht allzu verblasenes Versprechen war. Auch diese Party ist vorbei.

Am nächsten Wochenende ist Weltrevolution

Der Kommunist, der malte rote Sonnen, prophezeite schon
für das nächste Wochenende die Weltrevolution.
Franz Josef Degenhardt, Väterchen Franz

Es gibt nichts Gutes, außer man tut es.
Erich Kästner

Worum geht es also? Um die Verwirklichung einer gerechten Gesellschaft. Oder zumindest um die Annäherung an eine gerechte Gesellschaft. Zu der jeder Mensch das beiträgt, was er kann, und von der jeder Mensch das bekommt, was ihm zusteht, was ihm »gemäß« ist. Karl Marx hatte das Ideal einer solchen Gesellschaft mit der Parole »Jeder nach seinen Fähigkeiten, jedem nach seinen Bedürfnissen!« beschrieben. Damit ist das Prinzip Gerechtigkeit auf eine schlüssige Formel gebracht. Aber damit ist noch nichts gewonnen. Marx sagt sehr genau, was noch alles passieren muss, bevor die Gesellschaft sich diese Parole auf die Fahne schreiben kann: »In einer höheren Phase der kommunistischen Gesellschaft, nachdem die knechtende Unterordnung der Individuen unter die Teilung der Arbeit, damit auch der Gegensatz geistiger und körperlicher Arbeit verschwunden ist; nachdem die Arbeit nicht nur Mittel zum Leben, sondern selbst das erste Lebensbedürfnis geworden; nachdem mit der allseitigen Entwicklung der Individuen auch ihre Produktivkräfte gewachsen und alle Springquellen des genossenschaftlichen Reichtums voller fließen.«[29] Es ist ein elend weiter Weg zu einer »höheren Phase« von Gesellschaft. Ein elend weiter Weg von der Theorie zur Praxis.

Nur: Wenn man nicht anfängt, wenn man bei der Theorie stehen bleibt, dann wird gar nichts draus. Erich Kästner hat das gewusst. Und ein spanisches Sprichwort sagt: »Es gibt keine Wege. Wege entstehen im Gehen.« Und das heißt auch, dass schwierige Transformationsprozesse zu bewältigen sind. Die Vorstellung, dass nächstes Wochenende Weltrevolution sei, taugte schon 1968 nur noch zur Satire.

Die Gemeinwirtschaft, die offenbar nur noch als Verfassungslyrik existiert, kann ja nicht deshalb desavouiert sein, weil unfähige und korrupte Gewerkschafter diese Idee in Verruf gebracht haben. Und die Genossenschaftsbewegung ist nicht deshalb von gestern, weil die Produktionsgenossenschaften in der DDR das Gegenteil von freien Zusammenschlüssen freier Bürger waren. Der Missbrauch einer Idee fällt auf die Missbraucher zurück, nicht auf die Idee.

Nicht zu vergessen: Genossenschaften und andere gemeinwirtschaftliche Unternehmensformen sind durchaus lebendig, viel lebendiger, als der Marktkapitalismus eigentlich zulassen könnte. Während des spanischen Bürgerkrieges wurden die gesamte katalanische Agrarproduktion, die Schwerindustrie, das Verkehrssystem und weite Teile des Dienstleistungssektors von den Arbeitenden selbstverwaltet. Schätzungsweise drei Millionen Menschen gehörten diesen Kollektivwirtschaften an, die unter der Diktatur Francos zerschlagen wurden.

In Jugoslawien wurde seit 1951 eine sozialistische Selbstverwaltung eingeführt. Der Staat verzichtete auf Planvorgaben im Detail und überließ den Unternehmen Entwicklung und Verkauf ihrer Produkte, in Grenzen auch die Preisgestaltung. In Argentinien wurden nach dem Zusammenbruch der Wirtschaft 2001 viele Betriebe von Arbeitern übernommen. Sie sind als Kooperativen organisiert, die Betriebsversammlung ist das Entscheidungsorgan, und jedes Mitglied hat darin dieselben Rechte. Zwar hatten diese Kooperativen eine Menge Probleme, aber immerhin werden heute noch über 200 Firmen in Argentinien mit mehr als 10 000 Mitarbeitern selbstverwaltet.

Paradebeispiel für genossenschaftliches Wirtschaften: Eine Kleinstadt im Norden Spaniens, in der baskischen Provinz Gipuzkoa. 25 000 Einwohner, ein enges Tal, darüber grüne Hügel, schwarzbunte Kühe, ein bisschen Landwirtschaft. Aber vor allem: MCC, die Mondragón Corporación Cooperativa, die größte Genossenschaft der Welt. MCC ist eine Dachorganisation, zu der 264 Unternehmen und Einrichtungen gehören, 120 davon sind reine Genossenschaften. Und die stellen alles Mögliche her: Haushaltsgeräte, Autos, Maschinen, sie bauen Förderanlagen und Windkrafträder, Hubsysteme, Rolltreppen, Aufzüge, Hydraulikpressen, Steuersysteme und vieles mehr. Auch eine Supermarktkette, Banken und Versicherungen gehören zur Genossenschaft, und Mondragón hat sogar eine eigene Universität. Fast 82 000 Mitarbeiter hat MCC in Spanien und ist damit das siebtgrößte Unternehmen. Rund 102 000 Menschen arbeiten weltweit für MCC, 65 Werke liegen im Ausland, davon zwei Maschinenbaufirmen in Hessen.

Das wäre nun nicht besonders aufregend, wenn das andere nicht wäre: MCC ist ein durch und durch demokratisches Unternehmen. Es gehört allen, jeder Mitarbeiter ist zugleich Unternehmer. Jeder darf rein, sofern er qualifiziert ist. Der Betrieb ist selbstverwaltet, jeder hat eine Stimme, hat Teil am Management und am Gewinn. Oberstes Firmenprinzip: Es gibt keine Entlassungen. Über die Einhaltung dieser Prinzipien wacht in den einzelnen Genossenschaften die Generalversammlung der Mitglieder. Sie wählt den Vorstand, der entscheidet über die Besetzung der leitenden Positionen.

Was für die Einzelgenossenschaften gilt, gilt auch für die Dachorganisation MCC: 650 Vertreter der Genossenschaften treffen sich einmal im Jahr zur Generalversammlung, es gibt einen Generalvorstand, der die Unternehmensziele und -strategien festlegt. Ja, es gibt eine Hierarchie in Mondragón. Und die ist in den neunziger Jahren noch gestärkt worden – ein Tribut an Erfolg und das Wachstum des Unternehmens. Es gibt Vorstand, Verwaltungsrat, Geschäftsführung, Aufsichtsrat. Die Selbstbestimmung der einzelnen Genossenschaften ist dadurch geschmälert worden, die demokratische Kontrolle, die Kultur des Mitdenkens und Mitentscheidens aber wurden nicht beeinträchtigt.

Und auch die Unternehmensziele blieben unberührt: Keine Entlassungen, stattdessen Schaffung immer weiterer Arbeitsplätze, das ist die oberste Maxime neben der demokratischen und kooperativen Struktur. Vor allem: Mit MCC-Anteilen lässt sich nicht handeln, die kann man nicht verkaufen. Jeder Genosse, und das sind über 80 Prozent der Beschäftigten, hält Anteile an der Genossenschaft, und die können erst dann ausbezahlt werden, wenn er die Genossenschaft verlässt. Nicht zu vergessen die Einkommenssolidarität. Es gibt zwar Unterschiede, aber bei Mondragón darf ein leitender Angestellter höchstens das Achtfache des untersten Arbeiterlohns verdienen. Bei der Deutschen Bank liegt die Lohnspreizung bei 1 zu 400.

Gegründet wurde diese weltweit erfolgreichste Genossenschaft von einem Priester. Während des spanischen Bürgerkrieges hatte José María Arizmendiarrieta die Idee, eine Selbsthilfeorganisation auf Grundlage von Kooperation und Solidarität im

Kampf gegen die Massenarbeitslosigkeit zu gründen. 1943 baute er eine demokratisch organisierte Fachhochschule auf. Mit vier Absolventen übernahm er 1956 eine kleine Gasherdfabrik: Die erste Genossenschaft entstand. Eine Sparkasse folgte, die bestehende Genossenschaften und Neugründungen finanzierte, und seit 1997 hat Mondragón auch eine Universität.

Nun steht Mondragón nicht alleine auf der Welt. Genossenschaften, Kooperativen, genossenschaftliche Unternehmen gibt es seit langem und in großer Anzahl. Und mit großen Unterschieden. Das geht von kleinen landwirtschaftlichen Kooperativen vor allem in Entwicklungsländern über Konsumgesellschaften auf der ganzen Welt zu Spar- und Kreditgenossenschaften, die zum Beispiel in Ecuador, Brasilien und Mexiko dafür sorgen, durch eigenständiges wirtschaftliches Handeln die wirtschaftliche und soziale Lage ärmster Bevölkerungsgruppen zu verbessern. Nach Schätzung der Vereinten Nationen wird die Existenz von über drei Milliarden Menschen weltweit durch Genossenschaften mit mehr als 800 Millionen Mitgliedern gesichert. Die Internationale Genossenschaftsallianz ICA, 1895 in England gegründet, verbindet damit die Hoffnung auf faire Globalisierung: »Faire Globalisierung meint, sich zuerst der Menschen anzunehmen, ihre Rechte zu respektieren, ihre kulturelle Identität und Autonomie, sowie die Stärkung jener lokalen Gemeinschaften, in denen sie leben.« Immerhin war die Genossenschaftsbewegung einmal ein emanzipatorischer Gegenentwurf zum Industriekapitalismus. Dem könnte ja mal wieder Leben eingehaucht werden. Programme der Vereinten Nationen zielen darauf, die Potenzen von Genossenschaften für die Lösung sozialer und globaler Probleme zu erschließen, und die Zahlen über Neugründungen von Genossenschaften lassen darauf schließen, dass die Lebendigkeit dieser Bewegung nicht unterschätzt werden darf.

Soziale Kapitalisten

Der Weg zum Postkapitalismus wird aber auch von Kapitalisten gerne mal beschritten. Da sind zum einen Unternehmen, die uns werbewirksam versichern, dass die »verstanden« haben. Dabei geht's meist um den Umweltschutz. Der Energie-Multi Chevron, die Ölfirmen BP und Total, die Autobauer Renault und Opel bezahlen horrende Summen, um für ihr Umweltbewusstsein werben zu dürfen. Der Elektronikriese Canon steht Unicef im Kampf gegen den Hunger bei. Führer von Weltunternehmen bemühen sich, gute Plätze in den Sozialrankings zu ergattern. Und das »Sustainability Yearbook« der Schweizer Vermögensverwalter SAM (Sustainable Asset Management), das die Nachhaltigkeit der Produktion von 1200 Firmen in aller Welt bewertet, bringt vor allem Chemie- und Pharmaproduzenten ins Schwitzen.

Dazu kommen superreiche Einzelkämpfer, die des Milliardenscheffelns müde sind und nun einen globalen Feldzugs gegen Klimawandel und Armut anführen, eine »neue Internationale von Weltverbesserern«, wie der *Spiegel*[30] spottete. »Es sind vor allem Manager und Milliardäre wie Bill Gates, George Soros, Richard Branson, Warren Buffett, die sich vorgenommen haben, die Erde zu sanieren. Ein neuer Typus des Weltverbesserers hat die Bühne der Zeitgeschichte betreten. Der Umweltschutz, der Kampf gegen Aids und Armut, das Eintreten für Menschenrechte sind nun in der Hand von Leuten, die als Manager wissen, wie man Probleme nicht nur benennt, sondern auch löst.«[31] Mit anderen Worten: Die Profis übernehmen die Weltrettung, Prominente aus dem Show-Geschäft tun das Ihre – grün ist schick, sozial ist in, Revolution wird wieder getragen. Nun gut. Wenn's der Wahrheitsfindung dient.

Oder man nutzt die Mechanismen des Marktes, um gemeinnützig zu wirtschaften. Der brasilianische Milliardär Celso Grecco, zum Beispiel, der sein Geld mit Werbung gemacht hatte. Als er davon genug hatte, wandelte er in seinem Heimatland

Sozialprojekte in Aktiengesellschaften um. Das heißt Bürgerinitiativen, soziale Vereine und andere Organisationen, die lauter gute Werke verrichten, werden zu professionellen Unternehmen, die ihr Geld an der Börse einsammeln. Weltverbesserung wird professionalisiert, und zwar mit den Mitteln des Kapitalismus.

Grecco hat an der Börse von São Paulo eine »Sozialbörse« eingerichtet, da kann man die Papiere der Hilfsprojekte kaufen. Und von dem Kapital profitieren arme Menschen. Seit ihrer Gründung konnte die Sozialbörse über 1,75 Millionen Euro an Projekte vermitteln, und der Trend geht aufwärts. Die Unesco zeichnete Ceslo Grecco für seine Initiative aus, im November 2008 bekam er den Vision Award, ausgelobt vom »Genisis Institute for Social Business and Impact Strategies«, das von Friedensnobelpreisträger Muhammad Yunus gegründet wurde.

Yunus, Professor für Wirtschaftswissenschaften in Bangladesh, wurde weltberühmt durch die Grameen Bank und deren Konzept der Mikrokredite. Arme Menschen brauchen nur wenig Geld, um eine Existenz aufzubauen, aber ohne Sicherheiten bekommen sie von Banken nicht einmal allergeringste Summen. Yunus begann ab 1976, Kleinstkredite nach einem System zu vergeben, das die Rückzahlung garantierte. 1983 gründete er die Grameen Bank, die inzwischen an die sieben Milliarden Dollar verliehen hat. Und: Die Kreditnehmer werden Eigentümer, das heißt, die Bank gehört ihren Kunden. Nach dem Vorbild der Grameen Bank erhalten heute mehr als 100 Millionen Menschen in Schwellen- und Entwicklungsländern Mikrokredite.

Schon 1980 wurde Ashoka gegründet, eine gemeinnützige Organisation zur Unterstützung von »Social Entrepreneurs«, also von Sozialunternehmern, ein Begriff des Ashoka-Gründers Bill Drayton, ehemaliger McKinsey-Berater. Sein Motto: »Die Welt zu verbessern ist eine Aufgabe für Unternehmer, nicht für Träumer.« Unternehmerisch und sozial zugleich handeln, das ist die Grundidee. Bildung, Familie, Umweltschutz, Armutsbekämpfung, Integration, Menschenrechte, das sind einige der Betätigungsfelder. Die Organisation dient dabei als Förderer und Finanzier: Sie stellt das Startkapital für risikoreiche Neugründungen zur Verfügung und sorgt in den ersten schwierigen Jahren für weitere Unterstützung. Prominentes Mitglied des Ashoka-Netzwerks: Muhammad Yunus.

Wer eine gute Idee hat oder schon ein Projekt betreibt, kann »Fellow« werden. Zu den deutschen »Ashoka Fellows 2008« zählt Till Behnke, Gründer einer Internetplattform, auf der kleine soziale Organisationen ihre Projekte vorstellen und Kleinspender die Möglichkeit bekommen, ihr Geld strategisch zu vergeben. Oder Ursula Sladek, die Stromrebellin aus dem Schwarzwald, die gemeinsam mit ihrem Mann die Elektrizitätswerke Schönau (EWS) gründete und damit einem Stromgiganten die Stirn bot. Inzwischen beliefern die EWS bundesweit 75 000 Verbraucher mit atomkraftfreiem Strom.

Kapitalismus 3.0

Peter Barnes ist Unternehmer. Er hat 1976 eine Solarfirma gegründet, hat eine Genossenschaftsbank und ein Forschungsinstitut auf den Weg gebracht und sich danach vor allem um die Gründung von Anlagefonds und Telefonunternehmen gekümmert. Deren Aufgabe sollte es sein, nicht nur Profite zu erwirtschaften, sondern auch soziale und ökologische Ziele zu erreichen. Durch Abzweigung von einem Prozent des Bruttoumsatzes für gemeinnützige Organisationen. Denn er war in seiner und durch seine Arbeit zu dem Ergebnis gekommen, dass der Kapitalismus zwar im Prinzip eine ganz erfolgreiche Veranstaltung sei, dass aber nun das Betriebssystem auf den neuesten Stand gebracht werden müsse: Er nennt es »Kapitalismus 3.0«[32].

Die Assoziation mit der Entwicklung von Computer-Software ist gewollt. Das System in den Versionen Kapitalismus 1.0 und

2.0, so die Argumentation, hat eine Weile ganz gut funktioniert. Aber Barnes sieht eben auch, »wie dieses System die Natur vernichtet, die Ungleichheit vergrößert und uns dabei unglücklich macht«. Also schlägt er vor, das neue System mit zwei »Maschinen« laufen zu lassen: »einer auf private Profitmaximierung gerichteten und einer zweiten, die auf den Erhalt und die Mehrung des gemeinschaftlichen Reichtums orientiert ist«.[33]

Der gemeinschaftliche Reichtum basiert auf Gemeinschaftsgütern, die bislang von Privatunternehmen kostenfrei genutzt und tendenziell zerstört werden: Boden, Wasser, Luft zum Beispiel. Dazu kommen Güter, die durch gemeinsame Arbeit von Generationen entstanden sind: Infrastrukturen im Verkehr, in der Energieversorgung, Institutionen wie Sozialversicherung und dergleichen mehr. Privateigentum an diesen Gütern hält Barnes für unzulässig. Also müssen die Bürger, muss die Gesellschaft sich die Gemeinschaftsgüter wieder aneignen.

Barnes schlägt vor, auf lokaler, regionaler, nationaler und internationaler Ebene Trusts zu gründen, die Gemeinschaftsgüter betreuen. Sie werden geleitet von Personen, die besonderen Prinzipien verpflichtet sind, die aber weder Staatsdiener noch Marktagenten sind. Also so etwas wie Treuhänder an der Spitze von Treuhandgesellschaften. Sein Vorbild: Der »Alaska Permanent Fund«, finanziert aus Gebühren für die Erdölförderung, der jedem Einwohner von Alaska ein zusätzliches Jahreseinkommen garantiert. Dieser Fonds wurde 1976 aufgrund eines Volksentscheids eingerichtet, und der war Ergebnis massiver Kritik an der Regierung: Die Gewinne aus dem Ölgeschäft würden zu schnell ausgegeben und für die falschen Dinge. Seither fließt ein Viertel der Einnahmen an den Fonds. Die Hälfte des jährlichen Gewinns wird angelegt, die andere Hälfte direkt an die Bewohner Alaskas ausgeschüttet.

Dieses Prinzip will Barnes auf die ganzen USA ausdehnen. Ein nationaler Fonds kassiert von den Benutzern und Nutznießern der Gemeinschaftsgüter Gebühren, daraus entsteht ein gemeinsames Vermögen, das jedem Bürger Einkünfte garantiert. »Die Gewinnausschüttung erfolgt teils in bar, teils in Gestalt einer effizienten Gesundheitsversorgung, eines freien Internetzugangs, als gesunde Ernährung, saubere Luft und viele Stellen, an denen man angeln kann.«[34] Auch ein Trustfonds ist vorgesehen, der allen Kindern ein gleiches Startkapital auszahlt.

Was hier als andere Version des Kapitalismus, als neues Betriebssystem scheinbar harmlos daherkommt, ist natürlich mit den üblichen Realisierungsproblemen behaftet. Wenn sich die Gesellschaft die Gemeinschaftsgüter wieder aneignen will, müssen sie denen weggenommen werden, die sie sich bislang privat angeeignet haben. Die müssen also enteignet werden. Das weiß Barnes, und er spricht von einer schwierigen Übergangsphase mit einer schleichenden Enteignung der großen Unternehmen. Er will offenbar die Protagonisten des Kapitalismus 2.0 nicht allzu sehr ängstigen. Aber er besteht darauf: »Ein- oder zweimal pro Jahrhundert eröffnet sich für eine kurze Dauer die Möglichkeit der Machtübernahme durch nichtunternehmerische Kräfte. Keiner kann sagen, *wann* dies das nächste Mal geschehen wird, aber es *wird* geschehen, so viel steht sicherlich fest.«[35] So kann man auch Revolutionen ankündigen. Das »Update« des herrschenden Kapitalismus könnte also viel weiter gehen als jede Auffrischung eines Computer-Betriebssystems.

Es tut sich was

Also: Es tut sich was. Hier und da, vereinzelt, immer noch schrecklich wenig, immer noch zu wenig vernetzt, zu wenig »globalisiert«. Aber da ist Bewegung. Auch wenn es noch nicht die Weltrevolution ist. Aber zwei Dinge sind wichtig an all den schönen, manchmal auch skurrilen Versuchen, gegen den marktkapitalistischen Strom zu schwimmen: Es sind Bewegungen von unten. Es sind die Menschen, die ihre Sache in die

Hand nehmen, die sich um sich selbst und ihre Mitmenschen kümmern und die vor allem nicht mehr glauben, dass große Organisationen, Parteien, Verbände diese Welt ändern können. Selbst die Milliardäre, die plötzlich ihr Herz fürs Soziale oder für die Umwelt entdeckt haben, suchen nicht den Kontakt nach oben, sondern organisieren Vernetzung nach unten. Zu Kommunen, kleinen Verbänden, lokalen Projekten.

Und das heißt zweitens: Es geht nicht um den Staat. Es geht um Gesellschaft. Auch hier muss sich die Denkrichtung ändern. Der Unterschied zwischen Staat und Gesellschaft wird gerne vergessen. Deshalb kann es bei der »Abschaffung« des Kapitalismus auch nicht um Verstaatlichung gehen. Der Staat, dieses verkopfte Unwesen, ist kein erstrebenswerter Akteur, da haben die Wirtschaftsliberalen völlig recht. Dass in der aktuellen großen Krise, die möglicherweise das Ende des Systems Kapitalismus einläutet, der Staat zu Hilfe gerufen wird und auch gerne einspringt, kann für die Bürger keine gute Nachricht sein. Ist aber, wie die Dinge nun einmal stehen, durchaus systemimmanent. In einem System, in dem die Richtlinien der Politik im wesentlichen von der Wirtschaft bestimmt werden, in dem eine vielfältige Lobbymacht mal listig, mal brutal, aber immer wirksam ihre Interessen durchsetzt, ist »der Staat« nichts, worauf die Bürger sich verlassen sollten.

Gesellschaft und Staat sind zweierlei. Die Gesellschaft ist das Ganze ihrer Bürger, der Staat ist geschäftsführender Ausschuss, ist Verwalter ihrer Interessen. Sollte es sein! Diese urdemokratische, urrepublikanische Einstellung hält sich aufs sympathischste im US-amerikanischen Begriff für Regierung durch: Administration. Dass hinter dieser bescheidenen Bezeichnung ein Staatsmoloch übelster Art gewuchert ist, steht auf einem anderen Blatt.

Die Gesellschaft muss sich zurückholen, was sie dem Staat abgegeben oder was sich der Staat genommen hat. Das ist vor allem die Definition dessen, was die Menschen wollen, wohin sie wollen, die Definition des Weges, auf dem das geschehen soll, die Definition der Mittel, mit denen das umgesetzt werden soll. Die staatlichen Institutionen sind dazu nicht in der Lage, es ist aber auch nicht ihre Aufgabe. Und die Parlamente und andere Institutionen der repräsentativen Demokratie haben längst jede Fähigkeit verloren, diese Aufgabe überhaupt zu denken, geschweige denn zu übernehmen.

Wir müssen uns wieder um uns selbst kümmern, das heißt auch, dass wir »die da oben« enteignen müssen. Wichtige Entscheidungen müssen zurück nach unten, wir brauchen sehr viel mehr plebiszitäre Elemente, echte Demokratie, wirkliche Teilhabe. Entscheidungen auf unterer und mittlerer Ebene. Wie man so was organisiert, können wir zum Beispiel von funktionierenden Genossenschaften lernen. Größe ist nur dann ein Hindernis, wenn sie schlecht organisiert wird.

Das Geschrei angesichts solcher Vorschläge ist bekannt: Alles wird nur noch komplizierter, der deutsche Föderalismus macht Politik ja schon nahezu handlungsunfähig, die EU noch mehr, und die Globalisierung bringt uns dann völlig durcheinander. Wir brauchen mehr Zentralisation, straffe Entscheidungsstrukturen, Effizienz und nicht noch mehr Differenzierung. Diese Klage verkennt, dass verhältnismäßig wenige Angelegenheiten großflächig geregelt werden müssen. Vor zwanzig Jahren hätte noch jeder für unmöglich gehalten, dass ein kleiner Ort im Schwarzwald ein eigenes Kraftwerk hat. Einerseits. Und andererseits glaubt auch heute noch kaum jemand, dass ein Unternehmen mit weltweit über 100 000 Mitarbeitern als Genossenschaft betrieben werden kann. Oder dass eine Bank im Besitz ihrer Kunden ist. Alles ist möglich. Man muss es nur tun.

Es geht um eine gerechte Welt. Eine Welt, in der das Wohlergehen der Menschen an erster Stelle steht und nicht die Kapitalvermehrung. Es geht darum, dass wir alle gut leben in dieser einen Welt, dass nicht die einen sich krumm arbeiten, damit die anderen umso besser leben, sondern darum, dass Lasten und

Genuss gerecht verteilt sind. Dazu braucht niemand ständig steigende Renditen, auch kein grenzenloses Wachstum, das ja ohnehin – was die Ressourcen betrifft – prinzipiell unmöglich ist. Und das auf anderen Gebieten – etwa was die Geldmenge betrifft – systemschädlich sein kann. Kapitalvermehrung ist jedenfalls kein vernünftiger Maßstab für den Umgang mit Ressourcen.

Dem Großteil der Gesellschaft ist es ziemlich schnuppe, ob das Kapital sich vermehrt oder nicht. Die meisten Menschen haben nichts davon. Nur die Kapitalbesitzer, die dann – wann? – möglicherweise nicht mehr von der Rendite leben könnten. Was für ein Schicksal. Natürlich werden die Kapitalbesitzer wie die Berserker um den Erhalt des Systems kämpfen. Aber die da unten sind mehr als die da oben.

Die freilich auch begreifen müssen, dass sie mit dieser Welt nicht mehr als Eroberer und Unterwerfer umgehen können – bei Gefahr des eigenen Untergangs. Das Ziel ist eine lebenswerte Welt, in der die Interessen, Bedürfnisse, Wünsche, Träume der Menschen im Mittelpunkt stehen und nicht irgendwelche Systeme. In der jedem die gleiche Teilhabe am gesellschaftlichen Reichtum – der nicht nur materieller Reichtum ist – ermöglicht wird. In der jeder nach seinen Fähigkeiten zu diesem Reichtum beiträgt und in der Lage ist, diese Fähigkeiten immer weiter zu entwickeln. Dazu gehört eine Wirtschaftsordnung, die diese Art Teilhabe möglich macht.

Die gegenwärtige kann das nicht und will das nicht. Sie ist auf den Staat als »Lückenbüßer« angewiesen. Diese Verhältnisse aufzuheben, muss das Ziel selbstbewusster Bürger sein. Wenn sie das wollen. Einigen ist das alles gleichgültig und bleibt es auch. Viele haben nur ein flaues Gefühl, bei manchen kommt allmählich die Wut hoch, bei anderen ist sie längst da, die meisten fühlen sich ohnmächtig und sind es doch nicht. Aber dass man »die da unten« nicht ewig in Ohnmacht halten kann, wissen »die da oben« ziemlich gut. Dieses Wissen ist unten noch nicht überall angekommen.

Aber wie wäre es mit der schlichten Überlegung, dass der Kapitalismus keinen Ewigkeitsanspruch hat. Auch wenn wir alle nichts anderes kennen, aber das heißt ja nichts. Es gibt ihn in dieser Form seit dem letzten Drittel des 19. Jahrhunderts, er hatte seine Blüten, seine Krisen, seine Weiterentwicklungen, hatte viele Möglichkeiten, seine unglaubliche Elastizität zu beweisen, und nun erstickt er an sich selbst. Er hat ausgedient, Zeit für einen Wechsel.

Denn die Stufe, auf der die Akkumulation des Kapitals angekommen ist, könnte eine des Todes sein. Die unermessliche Steigerung des finanziellen Reichtums seit Mitte der siebziger Jahre – ein logischer Schritt in der Kapitalentwicklung – geht einher mit der Vernichtung realwirtschaftlichen Reichtums. Diese Vernichtung kann man aber nicht mehr rückgängig machen, die Entwicklung ist unumkehrbar. Mit anderen Worten: Das Grundprinzip der kapitalistischen Wirtschaft, nämlich die beständige Anhäufung und Vermehrung des Kapitals, stellt sich als schädliches Prinzip heraus. Das ist einer der Kernwidersprüche des Kapitalismus. Das System produziert seinen eigenen Untergang. So könnte man es ja auch mal sehen.

Freilich: Die Zeiten, da selbsternannte Avantgarden den anderen sagen, was sie denken und tun müssen, sind vorbei. Wer sein Leben nicht als »Schicksal« – von wem auch immer eingefädelt – versteht, muss es selbst ergreifen. »Je länger die Ereignisse der denkenden Menschheit Zeit lassen, sich zu besinnen, und der leidenden, sich zu sammeln, umso vollendeter wird das Produkt in die Welt treten, welches die Gegenwart in ihrem Schoße trägt.«[36] Das schreibt Karl Marx 1843 an seinen Freund Arnold Ruge. Und in einem späteren Brief heißt es: »Es wird sich dann zeigen, dass die Welt längst den Traum von einer Sache besitzt, von dem sie nur das Bewusstsein besitzen muss, um sie wirklich zu besitzen.«[37]

Der Weg vom Traum zum Bewusstsein ist steinig. Und vom Bewusstsein zur Tat noch mehr. Da muss vieles zusammenkommen, da müssen Menschen zusammenkommen, da muss Gegenwehr organisiert werden. Vermutlich brauchen wir noch einmal so etwas wie eine außerparlamentarische Opposition. Nur breiter und kräftiger. Und wenn die so weit ist, dann kann es heißen »Tschüss, ihr da oben«. Wege sind denkbar, machbar. Man muss sie nur gehen, damit sie entstehen. Morgen fangen wir damit an.

Hernach: Etwas fehlt

You may say I'm a dreamer, but I'm not the only one,
I hope someday you'll join us, and the world will be as one.
John Lennon

Etwas fehlt. Das ruft Paul seinen Freunden in Bertolt Brechts *Aufstieg und Fall der Stadt Mahagonny* zu. Einer der tiefsten Sätze Brechts, meinte Ernst Bloch, und Theodor W. Adorno stimmte ihm zu.[1] Etwas fehlt im Leben, aber was es ist, das ist nicht ganz klar. Das »eigentliche«, das »richtige« Leben – davon gibt es noch keinen Begriff. Aber es gibt einen Vorschein davon, und von dem war in diesem Buch fast gar nicht die Rede. Etwas fehlt auch hier.

Es gilt als ausgemacht, dass der Mensch durch Humanbiologie, Psychologie und Sozialwissenschaften in das naturwissenschaftliche Paradigma integriert worden ist.[2] Ob das tatsächlich so ist, steht dahin. Aber mit diesem Paradigma, ergänzt durch das ökonomische, wird durchweg argumentiert. Also kam es mir darauf an, die Verengungen und Irrtümer der ökonomistischen und genetisch-biologistischen Versuche aufzuzeigen, den Menschen als ökonomisch-rational handelnden egoistischen Roboter darzustellen. Und zwar durch Hinweis auf die Revision dieser Irrtümer in den jeweiligen Fachgebieten. Der Ökonomie, der Biologie, der Soziologie. Auf deren Spielfeld wurde das Match ausgetragen.

Da ist also viel »Kältestrom«, und der »Wärmestrom« fehlt weitgehend. Was fehlt, das sind all die großartigen Zeugnisse menschlichen Geistes in Kunst, Literatur, Musik, Philosophie, die jedem zeigen, der lesen, hören, fühlen, denken kann, dass der Mensch nicht als ökonomisch-biologische Maschine definiert ist. Die Menschen haben über Jahrtausende nicht nur gestohlen, gemordet, vernichtet, sondern in Gedanken, Taten und Werken gezeigt, dass sie das Andere der Barbarei nicht nur denken, wünschen, ersehnen können, sondern auch fähig sind, es zu leben.

Die große Sehnsucht der meisten Menschen ist nicht Raub, Krieg und Vernichtung, sondern Mitmenschlichkeit, Leben, Frieden. Die große Sehnsucht ist, sich von den Ketten des großen Raubtiers, das in uns allen noch schlummern mag, zu lösen und ein kleines oder großes, aber mitmenschliches Leben zu leben. Ob diese Sehnsucht nun evolutionsgeschichtlich verankert sein mag oder nicht, spielt dann keine Rolle mehr. Aber Gerechtigkeit spielt dabei eine große Rolle. Gerechtigkeit im Denken, im Handeln, im Geben, im Nehmen. Das ist die dreiste Behauptung dieses Buches.

Also schon wieder so ein Weltverbesserer. Schon wieder so ein Schlaumeier, der es besser weiß als die Wirklichkeit, der »das System« in Frage stellen muss, vom »nahen« Ende des Kapitalismus schwadroniert und dringend die Menschheit beglücken muss. Ja, ich weiß. Es ist lästig. Und ich höre auch lieber Geschichten darüber, wie schön alles ist. Wenn es denn so ist. Aber bei aller Skepsis: Am Ende fand ich Weltverbesserer immer sympathischer als Weltverschlechterer. Das ist als Trost gemeint.

Anmerkungen

Zuvor: Über alles

1 Kelsen, 2000, S. 9

1 Neulich im Café Größenwahn

1 »Da haben soziale Vergleichsprozesse eine Rolle gespielt. Wenn einer 20, 30 oder 40 Millionen pro Jahr bekommt, braucht er das nicht zum guten Leben. Diese Manager haben sich nur noch verglichen untereinander: Wer bekommt wie viel? Irgendwann ist das zum Selbstläufer geworden. In der Psychologie gibt es dafür das Phänomen der selbstdienlichen Wahrnehmungsverzerrung. Leute, die Tag und Nacht arbeiten, sagen sich irgendwann: Ich habe das verdient. Unternehmensintern fehlte es an Richtlinien, die solche Exzesse hätten verhindern können.« So der Wirtschaftsforscher Ernst Fehr im *Schweizer Tagblatt, 26. 11. 2008.*

2 Der Kick des Geldes. *Die Welt*, 6. 10. 2008

2 Die Obszönität des Systems

1 Marcuse, 1969, S. 21 f.
2 ebd., S. 22
3 Der Kick des Geldes. *Die Welt*, 6. 10. 2008
4 *Die Welt*, 20. 10. 2008
5 Ich fühle mich wie ein Sünder. *Süddeutsche Zeitung*, 15. 10. 2008
6 Anderson, 2008 (dt.: 2009)
7 »Cityboy« – ein Exbanker packt aus. *Financial Times Deutschland*, 19. 8. 2008
8 Viele haben Spielsuchtprobleme. *Taz*, 9. 10. 2008

9 Gabor Steingart, Die Enthemmten. *Spiegel*, 29. 9. 2008.
10 Bloch, 1923, S. 25
11 Party, bis es richtig kracht. *Süddeutsche Zeitung*, 18. 10. 2008
12 Hradil, 2006, S. 34 ff.
13 Miegel u. a., 2008
14 ebd.
15 Heinz Bude, Die Mitte beginnt prekär zu werden. *Süddeutsche Zeitung*, 19. 5. 2008. Für Meinhard Miegel und seine Mitarbeiter gilt diese These allerdings nur mit einer bedeutenden Einschränkung: »Die intensiv diskutierte Ausdünnung der Mittelschicht ist nur zum Teil auf den Abstieg von Bevölkerungsgruppen zurückzuführen. Bedeutsamer ist, dass die deutschstämmige Bevölkerung erheblich an Zahl abgenommen bzw. in die Gruppe der Einkommensstarken aufgestiegen ist, während die hinzukommenden Migranten in ihrer großen Mehrheit die Gruppe der Einkommensschwachen gestärkt haben.« Miegel u. a., 2008
16 Petra Böhnke, Armut und soziale Ausgrenzung im europäischen Kontext. Politische Ziele, Konzepte und vergleichende empirische Analysen. *Aus Politik und Zeitgeschichte* B 29–30/2002
17 Bude, 2008
18 Heinz Bude/Andreas Willisch: Die Debatte über die »Überflüssigen«. In: Dies. (Hrsg.), *Exklusion*. Frankfurt/Main 2008, S. 9 ff.; hier: S. 13

3 Richtige und falsche Armut

1 Ulrich Beck, Eine Utopie muss her! *Die Zeit*, 14. 6. 2007
2 ebd.

4 Was ist gerecht? Die Philosophen haben das Wort

1 Vgl. Wolf, 1950, S.218
2 Vgl. Schäfer, 2007, S. 131 ff., hier: S. 132
3 Platon, *Politeia* 358 a
4 Sein Dialog *Politeia*, mit »Der Staat« eher missverständlich übersetzt (denn Polis meint nicht den Staat im modernen Sinne, sondern die Stadt und ihre Gemeinschaft, ihren gesellschaftlichen Zusammenhalt), hat den Untertitel »peri dikaiou«, also »Über das Gerechte« bzw. »Über den Gerechten«.
5 Platon, *Politeia*, 592 b
6 Vgl. Höffe, 2007, S. 20 ff.
7 Platon, *Politeia*, 443 c–d
8 ebd., 433 a, vgl. 586 e
9 ebd., 433 e

10 ebd., 332 c
11 ebd., 362 c
12 ebd., 433 e
13 ebd., 433 a
14 Schäfer, 2007, S. 133; vgl. Platon, *Politeia*, 443 c–444 a
15 Aristoteles, *Nikomachische Ethik*, 1129 b 27–29. 1957, S. 97
16 ebd., 1130 b 30. S. 100
17 Kersting, 2005, S. 17 ff.; hier: S. 22; vgl. Kersting, 1999
18 Horn/Scarano, 2002, S. 160
19 Kersting, 2005, S. 23
20 ebd.
21 Rousseau, 1993, S. 173
22 ebd., S. 174
23 Horn/Scarano, 2002, S. 162 f.
24 Pufendorf, 1672, IV, IV, 5. Ähnlich hatte schon der Späthumanist Hugo Grotius argumentiert.
25 Kant, Akademie-Ausgabe XX, 1971, S. 36
26 Vgl. Horn/Scarano, 2002, S. 164
27 Kant, Akademie-Ausgabe IV, 1971, S. 421
28 Kelsen, 2000, S. 41
29 Kant, Akademie-Ausgabe VI, 1969, S. 312 ff.
30 ebd., S. 312
31 Kersting, 2005, S. 24
32 Kersting, 2002, S.120
33 Kant, Akademie-Ausgabe VI, 1969, S. 230
34 Kant, Akademie-Ausgabe VIII, 1973, S. 352
35 Kant, Akademie-Ausgabe VI, 1969, S. 237
36 ebd., S. 230
37 Hegel, 1971, S. 106
38 Hegel, 1979, § 474
39 Marx, 1976, S. 240
40 Marx/Engels, 1959, S. 481
41 ebd.
42 Marx/ Engels, 1962, S. 164
43 Marx, 1962, S. 99 (Anm. 38)
44 Marx, 1999, S. 356
45 Bloch, 1959, S. 1620 f. Vgl. Bloch, 1972, S. 316; Traub/Wieser, 1975, S. 132 f.
46 Marx, 1976, S. 385
47 Marx/ Engels, 1959, S. 465
48 Negt, 2003, S. 49
49 ebd., S. 50

50 Marx, 1964, S. 191
51 Marx, 1962, S. 18
52 ebd., S. 20
53 ebd.
54 ebd., S. 21
55 ebd.
56 ebd., S. 22

5 John Rawls und die Folgen

1 Rawls, 1971 (dt. 1975)
2 Kersting, 2001, S. 7
3 Rawls, 1975, S. 19
4 ebd., S. 27 f.
5 ebd., S. 494
6 Kant, Akademie-Ausgabe Bd. VIII, S. 366: »Das Problem der Staatserrichtung ist, so hart wie es auch klingt, selbst für ein Volk von Teufeln (wenn sie nur Verstand haben) auflösbar und lautet so: ›Eine Menge von vernünftigen Wesen, die insgesamt allgemeine Gesetze für ihre Erhaltung verlangen, deren jedes aber in Geheim sich davon auszunehmen geneigt ist, so zu ordnen und ihre Verfassung einzurichten, dass, obgleich sie in ihren Privatgesinnungen einander entgegen streben, diese einander doch so aufhalten, dass in ihrem öffentlichen Verhalten der Erfolg eben derselbe ist, als ob sie keine solche böse Gesinnungen hätten.‹«
7 Rawls, 1975, S. 336
8 ebd.
9 ebd., S. 93
10 ebd., S. 32; vgl. S. 346: »Die ursprüngliche natürliche Begabung und die Zufälligkeiten ihrer Entwicklung im Kindesalter sind moralisch gesehen willkürlich.« – Dazu kritisch Otfried Höffe: »Ist das egalisierende Ausgleichsprinzip tatsächlich eine Gerechtigkeitsforderung, oder gehört es nicht eher zu einer christlichen Caritas oder aber, säkularisiert, zu einer Brüderlichkeit bzw. Solidarität, jedenfalls zu einer verdienstlichen Mehrleistung, deren Anerkennung die Menschen einander nicht mehr schulden?« In: Höffe, 2006, S. 3 ff.; hier: S. 13
11 Rawls, 1975, S. 160
12 ebd., S.159
13 Rawls, 2001 (dt. 2003). Zuvor schon: Rawls, 1992
14 Krebs, 2000, S. 7 ff.; hier: S. 7
15 Wir hatten ja gesehen, dass schon Karl Marx über dieses Problem nachgedacht hat.

16 Ronald Dworkin, Equality of Resources. In: *Philosophy and Public Affairs* 10 (1981), S. 283 ff.; hier: S. 311. Vgl. Dworkin, 2000
17 Dworkin, 1985, S. 208
18 Gosepath, 2004
19 Stefan Gosepath, *Tagesspiegel*, 7. 7. 2008
20 Bernd Ladwig, Gleichheit und Gerechtigkeit. In: *Information Philosophie*, Januar 2001, S. 24 ff; hier: S. 24
21 Krebs, 2000, S. 7 ff.; hier: S. 17 f.
22 Frankfurt, in: Krebs, 2000, S. 38 ff.; hier: S. 41
23 ebd., S. 45 ff.
24 Einen ähnlichen Ansatz verfolgt Axel Honneth mit seinem Konzept der Anerkennung, allerdings ohne die radikale Kritik am Gleichheitsgrundsatz zu teilen. Honneth, 1992 und 2003, S. 208 ff.
25 Rainer Forst, Die erste Frage der Gerechtigkeit. In: *Aus Politik und Zeitgeschichte* 37. Berlin 2005, S. 24 ff.; hier: S. 27
26 ebd., S. 28
27 Bernd Ladwig, Gleichheit und Gerechtigkeit. In: *Information Philosophie*, Januar 2001, S. 25
28 ebd., S. 26
29 ebd.
30 ebd.
31 Rawls, 2003, S. 217 f.

6 Die moralische Landkarte: Der Gerechtigkeitssinn

1 Zum Folgenden siehe Miller, 2008, vor allem S. 104 ff.
2 Honneth, in: Miller, 2008, S. 7 ff.; hier: S. 13
3 Miller, 2008, S. 40
4 Honneth, in: Miller, 2008, S.16
5 Miller, 2008, S. 114. Miller zitiert hier aus einer Untersuchung der US-amerikanischen Politologin Jennifer L. Hochschild aus dem Jahr 1981. Vgl. Hochschild 1981.
6 Miller, 2008, S. 116
7 ebd., S. 120
8 U. a.: Norman Frohlich/Joe A. Oppenheimer, Choosing Justice in Experimental Democracies with Production. In: *American Political Science Review* 84/1990, S. 1 ff.; Frohlich/Oppenheimer 1987.
9 Miller, 2008, S. 124
10 ebd., S. 127 f.
11 ebd., S. 132
12 ebd., S. 135 f.
13 ebd., S. 122 f.

7 Nachrichten aus der ideologischen Antike

1 Nozick, 2006, S. 145
2 ebd., passim
3 »Epigonen dritter Hand nennen materialistische Geschichtsauffassung ›tiefstes neunzehntes Jahrhundert‹, der Nazi brachte diesen Ausdruck auf, die Hinterbliebenen sprechen ihn nach.« Bloch 1962, S. 426
4 Smith, 2005, S. 17
5 Smith, 2004, S. 251
6 Rüstow 2004, S. 19; vgl. Rüstow 2001, S. 28 ff.
7 Smith 2004, S. 47 f.
8 Rüstow 2004, S. 21 f.
9 Rüstow 2001, S. 28 ff.
10 ebd., S. 315 ff.
11 Smith, 2005. S. 370 f.
12 ebd., S. 371
13 Smith, 2004, S. 129
14 Smith, 2005, S. 68
15 ebd., S. 3
16 ebd., S. 30 f.
17 Marx, 2000, S. 162
18 Marx/Engels, 1959, S. 480
19 Marx, 1959, S. 416
20 ebd., S. 472
21 ebd., S. 474
22 Marx/Engels, 1969, S. 34 f.
23 Siehe hierzu: Maier-Rigaud/Maier-Rigaud, 2001, S. 201 ff.; hier: S. 213 ff.
24 Mises, 1932, S. V
25 ebd., S. 430
26 »An die Stelle der stets irreführend gewesenen Formel ›Laisser-faire‹ trat das ausdrückliche Bemühen um eine Gestaltung der Rechtsordnung, die der Erhaltung und dem ersprießlichen Wirken des Wettbewerbs günstig ist und das Entstehen von privaten Machtpositionen auf der Seite sowohl der Unternehmer wie der Arbeiter zu verhindern sucht.« Hayek, 1959, S. 591 ff.; hier: S. 595; vgl. Hayek, 1979, darin: Liberalismus und Gerechtigkeit, S. 30 ff.
27 Zu diesen Zusammenhängen vgl. Plickert, 2008; Bernhard Walpen, Von Igeln und Hasen oder: Ein Blick auf den Neoliberalismus. In: *Utopie kreativ*, Heft 121/122, Berlin 2000, S. 1066 ff.
28 Rüstow, 2001, S. 257
29 So die *Sunday Times*: »The most influential, but little-known think tank of the second half of the 20th century«.

30 Müller-Armack, 1966, S. 88
31 Angela Merkel, Das Prinzip individuelle Freiheit, *Financial Times Deutschland*, 18. 1. 2005
32 Hayek, 2005, S. 39
33 ebd., S. 4
34 Wolfgang Kersting, Warum niemand den Liberalismus liebt. *Cicero* 10/2004
35 Hayek, 1977, S. 23
36 Hayek, 1981, passim.
37 Hayek, 1994, S. 11
38 Hayek, 1991, S. 113 ff.
39 Kersting, 2000, S. 60
40 Hayek, 1981, S. 79; Hayek übernimmt diesen Begriff von Mario Pei, 1978.
41 Hayek, 1996, S. 168
42 Hayek, 1994, S. 24
43 Hayek, 1981, S.98. Vgl. ebd.: »Womit wir es im Falle der ›sozialen Gerechtigkeit‹ zu tun haben, ist einfach ein quasi religiöser Aberglaube von der Art, dass wir ihn respektvoll in Frieden lassen sollten, solange er lediglich seine Anhänger glücklich macht, den wir aber bekämpfen müssen, wenn er zum Vorwand wird, gegen andere Menschen Zwang anzuwenden.«
44 Hayek, 2005, S. 83
45 Interview mit der chilenischen Zeitung *El mercurio* vom 19. 4. 1981
46 Hayek, 1981, S. 95
47 Hans-Werner Sinn, *Süddeutsche Zeitung*, 24. 10. 2007
48 Wolfgang Kersting, Warum niemand den Liberalismus liebt. In: *Cicero* 10/2004
49 Kersting, 2000, S. 66
50 ebd.
51 Manfred E. Streit, Soziale Gerechtigkeit – ein ordnungspolitisches Ärgernis. *Frankfurter Allgemeine Zeitung*, 28. 5. 2008
52 Streit, 1992, S. 21 f.
53 Hayek, 1977, S. 25 ff.
54 Manfred E. Streit, Soziale Gerechtigkeit – ein ordnungspolitisches Ärgernis. *Frankfurter Allgemeine Zeitung*, 28. 5. 2008
55 Hayek, 1991, S. 113

8 Die Neidgesellschaft

1 RCDS-Bundesvorstand, Pressemitteilung 2008/17 vom 5. 8. 2008
2 So Hans-Werner Sinn in der *Süddeutschen Zeitung*, 24. 10. 2007
3 Hans-Werner Sinn in der *Welt*, 18. 10. 2008
4 Peter Sloterdijk, zitiert nach faz.net und spiegel.de, 16. 5. 2002
5 Neckel, 2001, S. 2 ff.; hier: S. 8
6 ebd., S. 6
7 ebd., S.7
8 Simmel, 1919, S. 37
9 ebd.
10 ebd., S. 37 f.
11 Neckel, 2001, S. 3
12 Schoeck, 1980; tatsächlich ist das ganze Werk gedacht als voluminöse »Abrechnung« mit dem, was Schoeck unter Sozialismus versteht.
13 ebd., S. 7
14 Lelord/André, 2005
15 Haubl, 2001
16 Dieter Frey, *Stern*, 9. 11. 2007
17 Rolf Haubl, *Focus*, 26. 8. 2002
18 Vgl. hierzu Ingo Techmeier, Der Neid der bürgerlichen Gesellschaft. In: *Forum Recht* 1/2004. Freiburg 2004, S. 25 ff.
19 Schoeck, 1980
20 Neckel, 2001, S. 3
21 ebd., S: 5
22 Sighard Neckel, Blanker Neid, blinde Wut? Sozialstruktur und kollektive Gefühle. In: *Leviathan* Jg. 27. Berlin 1999, S. 145 ff.
23 Bolz, 2002, S. 34
24 Antje Schrupp, Neid – ein ungeliebtes, aber vielsagendes Gefühl. Vortrag, 13. 3. 2002
25 »Solange Unzufriedene auf höhere Klassen nur neidisch sind, eifern sie ihnen mehr nach, als dass sie sie stürzen wollen. Durch den gemeinsamen Wertbezug auf ein gleichermaßen begehrtes Objekt bindet Neid Konkurrenten auch aneinander. Er ist deshalb als ein vergleichsweise integratives Gefühl zu bezeichnen«. Neckel, 2001, S. 7

9 Homo oeconomicus: Die ökonomische Maschine

1 Vermutlich hat der italienische Nationalökonom Vilfredo Federico Pareto in seinem Buch *Manuale d'economia politica* (1906) den lateinischen Begriff zum ersten Mal benutzt. Einen guten Überblick über Begriffs- und Debattengeschichte des Homo oeconomicus bietet Kirchgässner, 2000

2 Menger, 1883, S. 32 ff.
3 Weber, 1972, S. 3
4 Andreas Novy, Internationale Politische Ökonomie. In: *Lateinamerika-Studien* (Internet) 2005, S. 16
5 Ulrich, 2005, S. 22
6 Franz, in: Fuhrmann, 2004
7 Machlup, 1961, S. 21–57
8 Vgl. Blüm, 2006, S. 82: »Der verwirtschaftete Mensch ist die Leitfigur der Welt. Er ist der Bannerträger der globalisierten Wirtschaft. Die Rendite ist die Wegzehrung eines neuen Glaubens, der mit dem Versprechen des ewigen Reichtums lockt.«
9 Vgl. Ulrich, 2008, S. 139: »Statt dass in sachgemäßer Weise der Markt in die sozialen Beziehungen eingebunden würde, werden diese in radikaler Umkehrung in den Markt eingebettet. Die Missachtung des instrumentellen Charakters des Wirtschaftens macht aus dem wirtschaftenden Menschen den ›wirtschaftlichen Menschen‹ (Homo oeconomicus), lässt dessen zwischenmenschliche Beziehungen auf Tauschbeziehungen schrumpfen und führt so zur gedanklichen Entgrenzung der Idee einer effizienten Marktwirtschaft zur Ideologie einer totalen Marktgesellschaft.«
10 Becker, 1982 und 1998

10 Chicagoer Gangster: Die Genmaschine

1 Darwin, 2005, S. 700
2 Wilson, 1975. Die weitere Entwicklung dieser neuen Disziplin verlief nicht einheitlich. Teilweise in Auseinandersetzung mit und Abgrenzung von der Soziobiologie entstanden Richtungen wie die Biosoziologie, Neuer Sozialdarwinismus, Psychobiologie, Evolutionäre Psychologie. Auf diese Entwicklungen gehe ich hier nicht näher ein. Vgl. hierzu John Horgan, Die neuen Sozialdarwinisten. In: *Spektrum der Wissenschaft* 12/1995.
3 Vgl. Hansjörg Hemminger, Soziobiologie des Menschen – Wissenschaft oder Ideologie. In: *Spektrum der Wissenschaft* 6/1994.
4 Vgl. Voland, 2007
5 Eckart Voland, Blut ist dicker als Wasser. *Frankfurter Allgemeine Zeitung*, 29. 6. 2006
6 ebd.
7 Eckart Voland, Die Goldene Regel. *Frankfurter Allgemeine Zeitung*, 6. 6. 2006
8 Dawkins, 2008, S. 37; vgl. S. 67: »Ein Affe ist eine Maschine, die für den Fortbestand von Genen auf Bäumen verantwortlich ist,

ein Fisch ist eine Maschine, die Gene im Wasser fortbestehen lässt.«

9 Wilson, 1980

10 »Gene in den Körpern von Kindern werden aufgrund ihrer Fähigkeit selektiert, Elternkörper zu überlisten; Gene in Elternkörpern werden umgekehrt auf Grund ihrer Fähigkeit selektiert, die Jungen zu überlisten.« – Also Lügen, Täuschen, Ausbeuten gehören zum genetischen »Krieg der Generationen«. Womit kein moralisches Urteil verbunden sein soll. »Ich sage lediglich, dass die natürliche Auslese tendenziell Kinder begünstigen wird, die so handeln, und dass wir daher, wenn wir frei lebende Populationen beobachten, im engsten Familienkreis Betrug und Eigennutz erwarten müssen.« Dawkins, 2008, S. 239 f.

11 Joachim Bauer: Aus der Werkstatt der Evolution. Neue Erkenntnisse über Gene. SWR 2 / 23. 11. 2006

12 ebd.

13 Wilson, 1998. Vor allem Kapitel 7: Von den Genen zur Kultur, ebd., S. 169 ff.

14 Edward O. Wilson im *Zeit*-Interview, 27. 8. 1998. Vgl. auch Lorenz, 1987, und Gräfrath, 1997

15 Wilson, 1998

16 Joachim Bauer, siehe Anm. 11; vgl. Bauer, 2008, S. 23 ff.

17 Joachim Bauer: Neues aus der Werkstatt der Evolution. Mitteilung der Albert-Ludwigs-Universität Freiburg vom 3. 9. 2008

18 Bauer, siehe Anm. 11

19 Zitiert in: *Freitag*, 16. 10. 2008

11 Von Diktatoren und Ultimaten: Die Humanökonomik

1 Schlicht, 2003, S. 291 ff. Vgl. Erlei, 2003, S. 343 ff.: »Die experimentelle Wirtschaftsforschung nahm in den 1980er- und 1990er-Jahren einen aufsehenerregenden Aufschwung. Von einer wenig beachteten Randdisziplin fand sie den Weg in den Mainstream der Ökonomik.«

2 Die Spieltheorie wurde von den US-amerikanischen Mathematikern John von Neumann und Oskar Morgenstern seit den vierziger Jahren des 20. Jahrhunderts entwickelt (Neumann/Morgenstern, 1944). Die Erweiterung dieses Ansatzes durch den Mathematiker John F. Nash wurde wegweisend für die Theoriebildung in den Wirtschaftswissenschaften des 20. Jahrhunderts.

3 Vgl. Henrich u. a., 2004

4 Schlicht, 2003, S. 301

5 An dessen Entwicklung waren deutsche Forscher wie der Ökonom Werner Güth und der Mathematiker Reinhard Selten maßgeblich

beteiligt. Vgl. Güth/Selten, 1977; Werner Güth/Rolf Schmittberger/ Bernd Schwarze, An Experimental Analysis of Ultimatum Bargaining. In: *Journal of Economic Behaviour and Organization* 3, Amsterdam, Jena 1982, S. 376 ff.; Güth, 1999

6 Armin Falk, Homo oeconomicus versus homo reciprocans: Ansätze für ein neues wirtschaftspolitisches Leitbild? In: *Perspektiven der Wirtschaftspolitik* 4 (2003), S. 141 ff.; hier: S. 141

7 Vgl. Falk u. a., 2000

8 Karl Sigmund/Ernst Fehr/Martin A. Nowak, Teilen und Helfen – Ursprünge sozialen Verhaltens. In: *Spektrum der Wissenschaft* 3/02. Heidelberg 2002, S. 52 ff.; hier: S. 54

9 Christoph Vanberg, Why do People Keep Their Promises? An Experimental Test of Two Explanations. In: *Econometrica* 2008

10 Armin Falk, Homo oeconomicus versus homo reciprocans, Ansätze für ein neues wirtschaftspolitisches Leitbild? In: *Perspektiven der Wirtschaftspolitik* 4 (2003), S. 170; vgl. auch S. 143: »Unter *Reziprozität* wird ein Verhalten subsumiert, bei dem freundliches oder kooperatives Verhalten belohnt und unkooperatives oder unfreundliches Verhalten bestraft wird.«

11 ebd., S. 169

12 Bolton/Ockenfels, 2000

13 Axel Ockenfels in: *Stadt-Ansichten, Magazin der Autostadt*, Juli 2004, S. 29

14 ebd.; Axel Ockenfels in: *Gehirn und Geist* 4. Heidelberg 2007, S. 51

15 James Fowler u. a., Egalitarian Motives in Humans. *Nature,* Vol. 446, 12. April 2007, S. 794 ff.

16 Ernst Fehr u. a., Egalitarianism in young children. *Nature* Vol. 454, 29.8.2008, S. 1079

17 Sigmund/Fehr/Nowak, Teilen und Helfen – Ursprünge sozialen Verhaltens. In: *Spektrum der Wissenschaft* 3/02. Heidelberg 2002, S. 59

18 ebd.

19 Heuser, 2008, S. 35

20 ebd., S. 9

12 Das Kapital: In Ewigkeit. Amen.

1 Altvater, 2005

2 In einen Abgrund geblickt. *Spiegel*-Gespräch mit Peer Steinbrück, 29. 9. 2008

3 Franziska Augstein, Marx ist aktuell. *Süddeutsche Zeitung*, 26. 11. 2008

4 Oskar Negt, *Kant und Marx. Ein Epochengespräch.* Göttingen 2003, S. 91

5 Marx, 1962, S. 789, Fußnote 250: Marx zitiert hier zustimmend einen Artikel des *Quarterly Reviewer*.
6 ebd., S. 169
7 ebd., S. 89
8 Marx, 1964, S. 485
9 Marx/Engels, 1959, S. 465 f.
10 Hans-Werner Sinn in *Die Welt*, 18. 10. 2008
11 Erläuterung zur Herkunft der »Schwerkraft«-These von Smith et alii. Wird nachgeliefert.
12 Marx, 1962, S. 442
13 »Darin liegt die Dialektik des Systems: Seine Dynamik ermöglicht gewaltige Innovationen und Wohlstandssprünge aber sie kennt kein natürliches Ende, bevor das zerstörerische Element das schöpferische überwiegt.« Uwe Jean Heuser in *Die Zeit*, 1. 10. 2008
14 Thomas Steinfeld, Die Krise als Normalität. *Süddeutsche Zeitung*, 18. 11. 2008
15 Roger Köppel, Die plötzliche Rückkehr der Planwirtschaft. *Die Welt*, 1. 10. 2008
16 Wolfgang Hirn/Henrik Müller, Auf der Kippe. *Manager Magazin* 3/2008
17 ZDF, *Berlin direkt*, 5. 10. 2008
18 Crouch, 2008, S. 34
19 ebd., S. 10
20 ebd., S.133
21 Werkbank der Welt. *Süddeutsche Zeitung*, 3. 12. 2008
22 Altvater, 2005
23 Kloepfer, 2008

13 Auch eine Revolution: Radikaler Humanismus

1 Bloch, 1972, S. 215
2 Vgl. Zudeick, 2007, S. 24 ff.
3 Marx, 1976, S. 385
4 Dürrenmatt, 1980, S. 32
5 Walter Benjamin war sogar der Meinung, dass der Kapitalismus nicht nur quasi, sondern buchstäblich eine Religion sei. Siehe Benjamin, 1991, S. 100 ff.; hier: S. 100
6 Deutsch: Cockshott/Cottrell, 2006
7 Cockshott, 2006, S. 12 ff.; hier: S. 12
8 ebd., S. 13; Cockshott/Cottrell, 2006
9 Cockshott und Cotrell meinen, schon Marx habe »das uns vorschwebende System« beschrieben. Tatsächlich hat Marx dieses System kriti-

siert. Es ist nämlich das im Entwurf des »Gothaer Programms« vorgeschlagene System, das für Max eben ein System »im« Kapitalismus ist. Cockshott/Cotrell 2006. S. 41. Vgl. Marx 1962, S. 20

10 Cockshott, 2006, S. 13

11 Cockshott, 2006, S. 14; vgl. Cockshott/Cotrell, 2006, S. 51 ff.

12 Peters, 1996, S. 6

13 Aristoteles, *Politik* 1256 b30

14 ebd.

15 Peters,1996, S. 22 f.

16 ebd., S. 24

17 ebd.

18 Vgl. Peters, 2000, S. 12.

19 Zitiert nach: Siegfried Wenzel, Sozialismus des 21. Jahrhunderts? In: *Utopie kreativ* 191, Berlin 2006, S. 811 ff.; hier: S. 813

20 Dieterich, 2006, S. 13

21 ebd., S. 15

22 ebd., S. 79

23 Albert/Hahnel,1991. Albert, 2005

24 Marx, 1962, S. 21

25 Marx, 1976, S. 379

26 Marx/Engels, 1959, S. 477

27 ebd.

28 Smith, 2005, S. 56

29 Marx, 1962, S. 21

30 Die Retter der Welt. *Spiegel*, 23. 7. 2007

31 ebd.

32 Barnes, 2008

33 ebd., S. 19

34 ebd., S. 194

35 ebd., S. 191

36 Marx, 1976, S. 343

37 ebd., S. 346

Hernach: **Etwas fehlt**

1 Traub/Wieser, 1975

2 Vgl. Gerhard Engel, Karl Marx und die Ethik des Kapitalismus. In: *Aufklärung und Kritik*, Sonderheft 10. Nürnberg 2005, S. 142 ff.; hier: S. 152

Literatur

Albert, Michael/Hahnel, Robin: *Participatory Economics for the Twenty First Century*. Cambridge/Mass. 1991.

Albert, Michael: *Parecon. Leben nach dem Kapitalismus*. Frankfurt/Main 2005.

Altvater, Elmar: *Das Ende des Kapitalismus, wie wir ihn kennen*. Münster 2005.

Anderson, Geraint: *Cityboy – Beer and Loathing in the Square Mile*. London 2008 (dt. *Cityboy – Geld, Sex und Drogen im Herzen des Londoner Finanzdistrikts*. Kulmbach 2009).

Aristoteles: *Nikomachische Ethik*. Werke Band 6, Berlin 1956.

Aristoteles: *Politik*. Werke Band 9, Berlin 1991.

Barnes, Peter: *Kapitalismus 3.0. Ein Leitfaden zur Wiederaneignung der Gemeinschaftsgüter.* Hamburg 2008.

Bauer, Joachim: *Das kooperative Gen*. Hamburg 2008.

Bauer, Joachim: Neues aus der Werkstatt der Evolution. Mitteilung der Albert-Ludwigs-Universität Freiburg vom 3. 9. 2008.

Becker, Gary Stanley: *Der ökonomische Ansatz zur Erklärung menschlichen Verhaltens*. Tübingen 1982.

Becker, Gary Stanley: *Die Ökonomik des Alltags*. Stuttgart 1998.

Benjamin, Walter: Kapitalismus als Religion. In: *Gesammelte Schriften Band 6*. Frankfurt/Main 1991.

Bloch, Ernst: *Spuren*. Berlin 1923.

Bloch, Ernst: *Das Prinzip Hoffnung*. Frankfurt/Main 1959.

Bloch, Ernst: *Subjekt-Objekt. Erläuterungen zu Hegel.* Frankfurt/Main 1962.

Bloch, Ernst: Das Materialismusproblem, seine Geschichte und Substanz. Frankfurt/Main 1972.

Bloch, Ernst: *Naturrecht und menschliche Würde*. Frankfurt/Main 1972.

Blüm, Norbert: *Gerechtigkeit. Eine Kritik des Homo oeconomicus*. Freiburg 2006.

Böhnke, Petra: Armut und soziale Ausgrenzung im europäischen Kontext. Politische Ziele, Konzepte und vergleichende empirische Analysen. In: *Aus Politik und Zeitgeschichte* B 29–30, Bonn 2002.

Böhnke, Petra: Marginalisierung und Verunsicherung. Ein empirischer Beitrag zur Exklusionsdebatte. In: Bude/Willisch 2006, S. 97 ff.

Bolton, Gary E./Axel Ockenfels: ERC. A Theory of Equity, Reciprocity and Competition. *American Economic Review* 90. Nashville 2000.

Bolz, Norbert: *Das konsumistische Manifest*. München 2002.

Breitscheidel, Markus: *Arm durch Arbeit. Ein Undercover-Bericht*. Berlin 2008.

Bude, Heinz: *Die Ausgeschlossenen*. München 2008.

Bude, Heinz/Willisch, Andreas (Hrsg.): Das Problem der Exklusion. Ausgegrenzte, Entbehrliche, Überflüssige. Hamburg 2006.

Bude, Heinz/Willisch, Andreas (Hrsg.): Exklusion. Die Debatte über die „Überflüssigen". Frankfurt/Main 2008.

Cockshott, Paul: Die Technik des Sozialismus existiert. In: »Mit dem Sozialismus rechnen«. Broschüre, Berlin 2006.

Cockshott, Paul/Cottrell, Allin: *Alternativen aus dem Rechner. Für eine sozialistische Planung und direkte Demokratie*. Köln 2006.

Crouch, Colin: *Postdemokratie*. Frankfurt/Main 2008.

Darwin, Charles: *Die Abstammung des Menschen*. Paderborn 2005.

Darwin, Charles: *Die Entstehung der Arten*. Hamburg 2008.

Dawkins, Richard: *Das egoistische Gen*. Heidelberg 2008.

Dieterich, Heinz: *Der Sozialismus des 21. Jahrhunderts. Wirtschaft, Gesellschaft und Demokratie nach dem globalen Kapitalismus*. Berlin 2006.

Dürrenmatt, Friedrich: *Die vier Verführungen des Menschen durch den Himmel*. Werkausgabe, Band 27. Zürich 1980, S. 26 ff.

Dworkin, Ronald: Equality of Resources. In: *Philosophy and Public Affairs* 10 (1981), S. 283 ff.

Dworkin, Ronald: *A Matter of Principle*. Cambridge 1985.

Dworkin, Ronald: *Sovereign Virtue. The Theory und Practice of Equality*. Cambridge 2000.

Empter, Stefan (Hrsg.): *Soziale Gerechtigkeit – eine Bestandsaufnahme*. Gütersloh 2007.

Engel, Gerhard: Karl Marx und die Ethik des Kapitalismus. In: *Aufklärung und Kritik*, Sonderheft 10. Nürnberg 2005.

Erlei, Mathias: Experimentelle Ökonomik: Was folgt für die Theorie der Institutionen? In: *Experimente in der Ökonomik. Normative und institutionelle Grundfragen der Ökonomik, Jahrbuch 2*. Marburg 2003, S. 343 ff.

Falk, Armin: Homo oeconomicus versus homo reciprocans: Ansätze für ein neues wirtschaftspolitisches Leitbild? In: *Perspektiven der Wirtschaftspolitik* 4 (2003), S. 141 ff.

Falk, Armin/Fehr, Ernst/Fischbacher, Urs: *Testing Theories of Fairness – Intentions Matter*. Working Paper Nr. 63, Institut für empirische Wirtschaftsforschung. Universität Zürich 2000.

Fehr, Ernst u. a., Egalitarianism in young children. *Nature* Vol. 454, 29.8.2008.

Forst, Rainer: Die erste Frage der Gerechtigkeit. In: *Aus Politik und Zeitgeschichte* 37. Berlin 2005, S. 24 ff.

Fowler, James u. a.: Egalitarian Motives in Humans. *Nature*, Vol. 446, 12. April 2007, S. 794 ff.

Frankfurt, Harry: Gleichheit und Achtung. In: Angelika Krebs, *Gleichheit oder Gerechtigkeit*. Frankfurt/Main 2000, S. 38 ff.

Franz, Stephan: Grundlagen des ökonomischen Ansatzes: Das Erklärungskonzept des Homo Oeconomicus. In: Fuhrmann, W. (Hrsg.): *Working Paper, International Economics*, Heft 2, 2004, Universität Potsdam.

Frohlich, Norman/Oppenheimer, Joe A.: *Choosing Justice. An Experimental Approach to Ethical Theory*. Berkeley 1987.

Frohlich, Norman/Oppenheimer, Joe A.: Choosing Justice in Experimental Democracies with Production. In: *American Political Science Review* 84/1990, S. 1 ff.

Gosepath, Stefan: *Gleiche Gerechtigkeit – Grundlagen eines liberalen Egalitarismus*. Frankfurt/Main 2004.

Gräfrath, Bernd: *Evolutionäre Ethik? Philosophische Programme, Probleme und Perspektiven der Soziobiologie*. Berlin 1997.

Güth, Werner: *Spieltheorie und ökonomische (Bei)Spiele*. Berlin 1999.

Güth, Werner/Selten, Reinhard: Macht Einigkeit stark? Spieltheoretische Analyse einer Verhandlungssituation. *Working Paper* Nr. 58, Institut für Mathematische Wirtschaftsforschung. Universität Bielefeld 1977.

Güth, Werner/Schmittberger, Rolf/Schwarze, Bernd: An Experimental Analysis of Ultimatum Bargaining. In: *Journal of Economic Behaviour and Organization* 3, Amsterdam, Jena 1982, S. 376 ff.

Haubl, Rolf: *Neidisch sind immer nur die anderen. Über die Unfähigkeit, zufrieden zu sein*. München 2001.

Hayek, Friedrich August von: Liberalismus. *Handwörterbuch der Sozialwissenschaften*, Band 6. Stuttgart 1959, S. 591 ff.

Hayek, Friedrich August von: *Drei Vorlesungen über Demokratie, Gerechtigkeit und Sozialismus*. Tübingen 1977.

Hayek, Friedrich August von: *Liberalismus*. Tübingen 1979.

Hayek, Friedrich August von: *Die Illusion der sozialen Gerechtigkeit*. Tübingen 1981.

Hayek, Friedrich August von: *Die Verfassung der Freiheit*. Tübingen 2005.
Hayek, Friedrich August von: *Freiburger Studien*. Tübingen 1994.
Hayek, Friedrich August von: *Die Anmaßung von Wissen*. Tübingen 1996.
Hegel, Georg Wilhelm Friedrich: *Vorlesungen über die Geschichte der Philosophie*. Werke Band 19, Frankfurt/Main 1971.
Hegel, Georg Wilhelm Friedrich: *Enzyklopädie der Wissenschaften*. Werke Band 8, Frankfurt/Main 1979.
Heil, Joachim (Hrsg.): *Philosophie und soziale Gerechtigkeit*. London 2005.
Held, Martin/Kubon-Gilke, Gisela/Sturn, Richard (Hrsg.): Normative und institutionelle Grundfragen der Ökonomik. *Jahrbuch 1: Gerechtigkeit als Voraussetzung für effizientes Wirtschaften*. Marburg 2002.
Held, Martin/Kubon-Gilke, Gisela/Sturn, Richard (Hrsg.): Normative und institutionelle Grundfragen der Ökonomik. *Jahrbuch 2: Experimente in der Ökonomik*. Marburg 2003.
Hemminger, Hansjörg: Soziobiologie des Menschen – Wissenschaft oder Ideologie. In: *Spektrum der Wissenschaft* 6/1994.
Henrich, Joseph/Boyd, Robert/Bowles, Samuel/Camerer, Colin/ Fehr, Ernst/Gintis, Herbert: *Foundations of Human Sociality: Economic Experiments and Ethnographic Evidence from Fifteen Small-Scale Societes*. Oxford 2004.
Heuser, Uwe Jean: *Humanomics. Die Entdeckung des Menschen in der Wirtschaft*. Frankfurt 2008.
Hochschild, Jennifer L.: *What's Fair? American Beliefs about Distributive Justice*. Cambridge 1981.
Höffe, Otfried: *Politische Gerechtigkeit*. Frankfurt/Main 1989.
Höffe, Otfried: Einführung in Rawls' Theorie der Gerechtigkeit. In: ders. (Hrsg.), *John Rawls, Eine Theorie der Gerechtigkeit*. Berlin 2006, S. 3 ff.
Höffe, Otfried: *Gerechtigkeit*. München 2007.
Honneth, Axel: *Kampf um Anerkennung. Zur moralischen Grammatik sozialer Konflikte*. Frankfurt/Main 1992.
Honneth, Axel: Philosophie als Sozialforschung: Die Gerechtigkeitstheorie von David Miller. Einleitung zu: David Miller, *Grundsätze sozialer Gerechtigkeit*. Frankfurt 2008, S. 7 ff.
Honneth, Axel: Umverteilung als Anerkennung. In: Nancy Fraser/Axel Honneth (Hrsg.): *Umverteilung oder Anerkennung?* Frankfurt/Main 2003, S. 208 ff.
Horgan, John: Die neuen Sozialdarwinisten. In: *Spektrum der Wissenschaft* 12/1995.
Horn, Christoph/Scarano, Nico (Hrsg.): *Philosophie der Gerechtigkeit*. Frankfurt/Main 2002.
Hradil, Stefan: Die Angst kriecht die Bürotürme hinauf. Gesellschaftliche Mitte und drohender Statusverlust in der »Dienstleistungsgesellschaft«.

In: Herbert-Quandt-Stiftung (Hrsg.), *Die Zukunft der gesellschaftlichen Mitte in Deutschland*. Frankfurt/Main 2006, S. 34 ff.

Kant, Immanuel: *Grundlegung zur Metaphysik der Sitten*. Akademie-Ausgabe IV. Berlin, New York 1971.

Kant, Immanuel: Metaphysik der Sitten. Akademie-Ausgabe VI. Berlin, New York 1969.

Kant, Immanuel: *Zum ewigen Frieden*. Akademie-Ausgabe VIII. Berlin, New York 1973.

Kant, Immanuel: *Bemerkungen zu den Beobachtungen über das Gefühl des Schönen und Erhabenen*. Akademie-Ausgabe XX. Berlin, New York 1971.

Kelsen, Hans: *Was ist Gere*chtigkeit? Stuttgart 2000.

Kersting, Wolfgang: *Platons Staat*. Darmstadt 1999.

Kersting, Wolfgang: *Theorien der sozialen Gerechtigkeit*. Stuttgart 2000.

Kersting, Wolfgang: *John Rawls zur Einführung*. Hamburg 2001.

Kersting, Wolfgang: *Jean-Jacques Rousseaus »Gesellschaftsvertrag«*. Darmstadt 2002.

Kersting, Wolfgang: Warum niemand den Liberalismus liebt. In: *Cicero* 10/2004.

Kersting, Wolfgang: Zur Philosophie der sozialen Gerechtigkeit. In: Heil, Joachim (Hrsg.), *Philosophie und soziale Gerechtigkeit*. London 2005, S. 17 ff.

Kirchgässner, Gebhard: *Homo oeconomicus – Das ökonomische Modell individuellen Verhaltens und seine Anwendung in den Wirtschafts- und Sozialwissenschaften*. Tübingen 2000.

Kloepfer, Inge: *Aufstand der Unterschicht – was auf uns zukommt*. Hamburg 2008.

Krebs, Angelika: Die neue Egalitarismuskritik im Überblick. In: dies. (Hrsg.), *Gleichheit oder Gerechtigkeit*. Frankfurt/Main 2000.

Ladwig, Bernd: Gleichheit und Gerechtigkeit. In: *Information Philosophie*, Januar 2001, S. 24 ff.

Leggewie, Klaus/Sachße, Christoph. *Soziale Gesellschaft, Zivilgesellschaft und Bürgertugenden*. Frankfurt/Main 2008.

Lelord, François/André, Christophe: *Die Macht der Emotionen und wie sie unseren Alltag bestimmen*. München 2005.

Lorenz, Konrad: *Die Rückseite des Spiegels*. München 1987.

Machlup, Fritz: Idealtypus, Wirklichkeit und Konstruktion, in: *Ordo – Jahrbuch für die Ordnung von Wirtschaft und Gesellschaft*, Band XII. Stuttgart 1961, S. 21 ff.

Maier-Rigaud, Frank P. und Gerhard: *Das neoliberale Projekt*. In: dies. (Hrsg.), Alexander Rüstow, *Das Versagen des Wirtschaftsliberalismus*. Marburg 2001, S. 201 ff.

Marcuse, Herbert: *Versuch über die Befreiung*. Frankfurt/Main 1969.

Marx, Karl: Brief an Arnold Ruge, Mai 1843. In: *Marx-Engels-Werke Band 1*. Berlin 1976, S. 337–343
Marx, Karl: Brief an Arnold Ruge, September 1843. *Marx-Engels-Werke Band 1*. Berlin 1976, S. 346
Marx, Karl: Zur Kritik der Hegelschen Rechtsphilosophie. Kritik des Hegelschen Staatsrechts. *Marx-Engels-Werke Band 1*. Berlin 1976. S. 203–333.
Marx, Karl/Engels, Friedrich: Die deutsche Ideologie. *Marx-Engels-Werke Band 3*, Berlin 1969. S. 5–330.
Marx, Karl/Engels, Friedrich: Manifest der kommunistischen Partei. *Marx-Engels-Werke Band 4*, Berlin 1959. S 459–493.
Marx, Karl: Lohnarbeit und Kapital. *Marx-Engels-Werke Band 6*, Berlin 1959. S. 397–423
Marx, Karl: Bürgerkrieg in Frankreich. *Marx-Engels-Werke Band 17*, Berlin 1999. S.313–365
Marx, Karl: Randglossen zum Programm der deutschen Arbeiterpartei. *Marx-Engels-Werke Band 19*, Berlin 1962. S. 13–32
Marx, Karl/Engels, Friedrich: Zirkularbrief an Bebel, Liebknecht, Bracke u. a. *Marx-Engels-Werke Band 19*. Berlin 1962. S. 150–166
Marx, Karl: Das Kapital Band 1. *Marx-Engels-Werke Band 23*, Berlin 1962.
Marx, Karl: Das Kapital Band 3. *Marx-Engels-Werke Band 25*. Berlin 1964.
Marx, Karl: Theorien über den Mehrwert. *Marx-Engels-Werke Band 26/2*, Berlin 2000. S. 158–159; 471–535.
Menger, Carl: *Untersuchungen über die Methode der Socialwissenschaften und der politischen Ökonomie insbesondere*. Leipzig 1883.
Miegel, Meinhard/Wahl, Stefanie/Schulte, Martin: *Von Verlierern und Gewinnern. Die Einkommensentwicklung ausgewählter Bevölkerungsgruppen in Deutschland*. Bonn 2008.
Miller, David: *Grundsätze sozialer Gerechtigkeit*. Frankfurt 2008.
Mises, Ludwig von: *Die Gemeinwirtschaft. Untersuchungen über den Sozialismus*. Jena 1932 (Stuttgart 2007).
Müller-Armack, Alfred: *Wirtschaftsordnung und Wirtschaftspolitik*. Bern und Stuttgart 1966.
Neckel, Sighard: Blanker Neid, blinde Wut? Sozialstruktur und kollektive Gefühle. In: *Leviathan* Jg. 27. Berlin 1999, S. 145 ff.
Neckel, Sighard: Deutschlands gelbe Galle. Eine kleine Wissenssoziologie des teutonischen Neides. In: *Kursbuch 143*. Berlin 2001, S. 2 ff.
Negt, Oskar: *Kant und Marx. Ein Epochengespräch*. Göttingen 2003.
Neumann, John von/Morgenstern, Oscar: *Theory of Games and Economic Behavior*. Princeton NJ 1944.
Novy, Andreas: Internationale Politische Ökonomie. In: *Lateinamerika-Studien* (Internet) 2005.
Nozick, Robert: *Anarchie, Staat, Utopia*. München 2006.

Pei, Mario: *Weasel Words. The Art of saying what you don't mean*. New York 1978.
Peters, Arno: *Das Äquivalenz-Prinzip als Grundlage der Global-Ökonomie*. Vaduz 1996.
Peters, Arno: *Computer-Sozialismus. Gespräche mit Konrad Zuse*. Berlin 2000.
Platon, *Der Staat*. München 2007.
Plickert, Philip: *Wandlungen des Neoliberalismus*. Stuttgart 2008.
Prodi, Paolo: *Eine Geschichte der Gerechtigkeit*. München 2005.
Pufendorf, Samuel: *De jure naturae et gentium libri octo*. Amsterdam 1672 (dt. *Acht Bücher von Natur und Völkerrecht*. Hildesheim 2001).
Raphael, D. D.: *Adam Smith*. Frankfurt/Main 1991.
Rawls, John: A *Theory of Justice*. Cambridge 1971 (dt.: *Eine Theorie der Gerechtigkeit*. Frankfurt/Main 1975).
Rawls, John: *Die Idee des politischen Liberalismus*. Frankfurt/Main 1992.
Rawls, John: *Gerechtigkeit als Fairness*. Frankfurt/Main 2003.
Rousseau, Jean-Jacques: *Diskurs über die Ungleichheit*. Paderborn 1993.
Rüstow, Alexander: *Das Versagen des Wirtschaftsliberalismus*. Marburg 2001.
Rüstow, Alexander: *Die Religion der Marktwirtschaft*. Münster 2004.
Schäfer, Christian: Gerechtigkeit. In: Schäfer, Christian (Hrsg.): *Platon-Lexikon*, Darmstadt 2007.
Schlicht, Ekkehart: Der Homo oeconomicus unter experimentellem Beschuss. In: *Experimente in der Ökonomik. Normative und institutionelle Grundfragen der Ökonomik, Jahrbuch 2*. Marburg 2003, S. 291 ff.
Schoeck, Helmut: *Der Neid. Die Urgeschichte des Bösen*. München, Wien 1980.
Schreiner, Ottmar: *Die Gerechtigkeitslücke*. Berlin 2008.
Schrupp, Antje: Neid – ein ungeliebtes, aber vielsagendes Gefühl. Vortrag 13. 3. 2002 (Internet).
Sigmund, Karl/Fehr, Ernst/Nowak, Martin A.: Teilen und Helfen – Ursprünge sozialen Verhaltens. In: *Spektrum der Wissenschaft* 3/02. Heidelberg 2002, S. 52 ff.
Simmel, Georg: *Philosophische Kultur*. Leipzig 1919.
Smith, Adam: *Theorie der ethischen Gefühle*. Hamburg 2004.
Smith, Adam: *Der Wohlstand der Nationen. Eine Untersuchung seiner Natur und seiner Ursachen*. München 2005.
Streit, Manfred E.: Soziale Gerechtigkeit – ein ordnungspolitisches Ärgernis. In: *Frankfurter Allgemeine Zeitung*, 28. 5. 2008.
Streit, Manfred E.: Wissen, Wettbewerb und Wirtschaftsordnung. Zum Gedenken an Friedrich August von Hayek. In: *Ordo, Jahrbuch für die Ordnung von Wirtschaft und Gesellschaft*. Stuttgart 1992, S. 21 f.

Traub, Rainer/Wieser, Harald (Hrsg.): *Gespräche mit Ernst Bloch.* Frankfurt/Main 1975

Techmeier, Ingo: Der Neid der bürgerlichen Gesellschaft. In: *Forum Recht* 1/2004. Freiburg 2004, S. 25 ff.

Ulrich, Peter: *Zivilisierte Marktwirtschaft*. Freiburg 2005.

Ulrich, Peter: *Integrative Wirtschaftsethik. Grundlagen einer lebensdienlichen Ökonomie*. Bern 2008.

Vanberg, Christoph: Why do People Keep Their Promises? An Experimental Test of Two Explanations. In: *Econometrica* 2008.

Voland, Eckart: *Die Natur des Menschen: Grundkurs Soziobiologie*. München 2007.

Walpen, Bernhard: Von Igeln und Hasen oder: Ein Blick auf den Neoliberalismus. In: *Utopie kreativ*, Heft 121/122, Berlin 2000, S. 1066 ff.

Weber, Max: *Wirtschaft und Gesellschaft*. Tübingen 1972.

Wenzel, Siegfried: Sozialismus des 21. Jahrhunderts? In: *Utopie kreativ* 191, Berlin 2006, S. 811 ff.

Wesel, Uwe (Hrsg.): *Recht, Unrecht, Gerechtigkeit.* München 2003.

Wilson, Edward Osborne: *Sociobiology: The New Synthesis*. Cambridge 1975.

Wilson, Edward Osborne: *Biologie als Schicksal*. München 1980.

Wilson, Edward Osborne: *Die Einheit des Wissens*. Berlin 1998.

Wolf, Erik: *Griechisches Rechtsdenken*. Frankfurt 1950.

Zudeick, Peter: Uomo universale oder Untertan. Banales über Bildung. In: Francesca Vidal (Hrsg.), *Träume von besserer Bildung. Bloch-Jahrbuch 2007*. Mössingen-Talheim 2007.

WESTEND

Heiner Flassbeck
Gescheitert

Warum die Politik vor der Wirtschaft kapituliert. 272 Seiten. Gebunden

Die große Krise bringt an den Tag, was der globale Boom für ein paar Jahre verdeckt hatte: Die deutsche Wirtschaftspolitik hat kein Konzept, weder für den Boom noch für die Krise. Das ist leider nicht neu. In deutschen Ministerien wurstelt man seit drei Jahrzehnten ohne jede klare Idee vor sich hin. Jetzt aber wird es wirklich gefährlich. Nachdem das neoliberale Modell endgültig gegen die Wand gefahren ist, steht die deutsche Wirtschaftspolitik vor einer fundmentalen Wende. Reagiert sie nicht aus eigenen Stücken, werden die Verhältnisse sie zwingen. Deutschland muss endlich wirtschaftspolitisch erwachsen werden. Heiner Flassbecks neuestes Buch ist ein Muss für alle, die die gesamtwirtschaftlichen Zusammenhänge verstehen und bei den aktuellen wirtschaftspolitischen Diskussionen mitreden wollen.

11/1007/01/R